학문을 키워주는 미래로의 산책

온고지신
인문학

에게 드립니다

온고지신(溫故知新)

'온고(溫故)'는 옛것을 익힌다는 뜻이고, '지신(知新)'은 새것을 안다는 뜻으로
새로운 것을 알기 위해서 옛것을 익히고 배워야 한다.

온고지신 인문학 2

원저:추적, 범립본 / 편저:박일봉

일봉 명심보감

개정판

육문사
Yukmoonsa

編著者 **朴一峰**

高麗大學校 文科大學 國語國文學科 卒業.
同大學院 修了(文學碩士).
前 高麗大學校 講師. 陸軍士官學校 講師.
前 首都女子師範大學 講師.

온고지신 인문학 2

일봉 명심보감

초판 1쇄 | 2015년 9월 15일 발행

원저자 | 추적, 범립본
편저자 | 박일봉
교   정 | 이정민
디자인 | 인지숙
펴낸이 | 이경자
펴낸곳 | 육문사

주소 | 서울 마포구 월드컵로 11길 35, 101동 502호
전화 | 02-336-9948
팩시밀리 | 02-337-4315
출판등록 | 제313-2011-2호 (1974. 5. 29)

ISBN 978-89-8203-023-9 04140
      978-89-8203-100-7 (세트)

국립중앙도서관 출판시도서목록(CIP)

(일봉) 명심보감 / 원저자:추적, 범립본 ; 편저자:박일봉.
-- 서울 : 육문사, 2015
  p. ;   cm. -- (온고지신 인문학 ; 2)

원표제: 明心寶鑑
원저자명: 秋適, 范立本
중국어 원작을 한국어로 번역
ISBN 978-89-8203-023-9 04140 : ₩15000
ISBN 978-89-8203-100-7 (세트) 04140

명심 보감[明心寶鑑]

199.1-KDC6
179.9-DDC23   CIP2015023773

一峰 明心寶鑑

명심보감을 시작하며……

《명심보감(明心寶鑑)》은 1393년 명(明)나라 때 범립본(范立本)이 저술하였다. 이 책은 고려시대 충렬왕 때 예문관(藝文館) 제학(提學)을 지낸 추적(秋適)에 의해 다시 편찬되었다.

'명심보감'은 문자 그대로 마음을 밝게 해 주는 보배로운 거울이다. 명심(明心)이란 마음을 밝게 한다는 말이고 보감(寶鑑)이란 보물과 같은 거울을 교과서로 삼는다는 뜻이다. 우리 선조들은 어려서부터 인간의 본성을 착하고 올바르게 확립해야 하는 것에 주안점을 두었으며 유교의 바탕 원리인 인(仁)·의(義)·예(禮)·효(孝)를 근간으로 하는 인격도야(道冶)의 교육방법을 중요시하였다.

《명심보감》은 중고생들의 대입수능과 기업의 입사시험 문제로 자주 출제되는 교양서로서 중국의 고전(古典) 중 283편의 단장(斷章)의 잠언을 추려 계선(繼善), 천명(天命), 치가(治家), 권학(勸學) 등 25장으로 편집되어 있다. 어느 장을 읽어도 세상을 살아가는 데 교과서로 삼을 만한 훌륭한 말이나 명

언들이 실려 있어 조선시대에 가정이나 서당에서 학동들의 한문 교습서로 널리 사용되었다.

현대 문명사회의 시각으로는 시대의 흐름에 맞지 않는 부분도 다소 있지만 윤리와 도덕은 결코 변할 수 없는 것이며, 예전 고등학교 한문 교과서에《명심보감》을 실은 목적도 여기에 있다. 장차 이 나라를 이끌어갈 청소년들이 실력 향상을 도모하면서 인생의 희망찬 의의(意義)를 발견하고 삶의 지혜를 터득하는 데 도움이 되기를 바란다.

시중에 많은 명심보감이 있지만 이 책은 한자 공부를 위해 한자의 음(音)과 훈(訓)은 물론, 문장 해석과 문법에 이르기까지 명쾌하고 상세하게 해석을 달아 학생뿐만 아니라 일반인들도 쉽게 읽을 수 있도록 편집하였다. 독자 여러분의 학문과 인생에 지침이 되기를 바란다.

차 례 / 명심보감(明心寶鑑)

〈일러두기〉

- 이 책은 세상을 움직이는 책 《일봉 명심보감》을 원본으로 하여 자신의 내면을 바르고 건전하게 가꾸며 타인, 공동체, 자연과 더불어 사는 데 필요한 인간다운 성품과 역량을 기르는 인성교육의 도움이 되도록 온고지신 인문학 시리즈로 발간하였다.
- 한자의 뜻과 문장을 【글자 뜻】, 【말의 뜻】, 【뜻 풀이】로 음과 훈을 달아 자세히 풀어 한자 사전을 찾는 번거로움을 덜도록 하였다.
- 한자와 어구(語句)를 익힌 다음, 【뜻 풀이】로 문장을 참고해 가며 원문을 큰 소리로 되풀이하여 읽으면 한문 실력이 좋아질 것이다.

제1장
계선편
(繼善篇)

꾸준히 착한 일을 행하라.

착한 일을 하는 사람에게는 하늘이 복으로써 갚고, 악한 일을 하는 사람에게는 하늘이 재앙으로써 갚는다.

착함이 작다 하여 아니하지 말고, 악함이 작다 하여 하지 말라.

하루라도 선함을 생각지 아니하면 모든 악함이 다 스스로 일어난다.

착한 일을 보거든 목마른 것같이 하고, 악한 일을 보거든 귀머거리같이 하라.

평생 동안 선을 행하여도 선함은 오히려 부족하고, 하루 동안 악을 행하여도 악함은 스스로 남음이 있다.

나에게 착하게 하는 사람에게도 나 또한 착하게 하고, 나에게 악하게 하는 사람에게도 나 또한 착하게 해야 한다.

하루 동안 선을 행함에 복은 비록 이르지 아니하나 재앙은 스스로 멀어지고, 하루 동안 악을 행함에 재앙은 비록 이르지 아니하나 복은 스스로 멀어진다.

子曰 爲善者 天報之以福 爲不善者 天報之以禍.
자왈 위선자 천보지이복 위불선자 천보지이화

공자(孔子)께서 이렇게 말씀하셨다.

"착한 일을 하는 사람에게는 하늘이 복으로써 갚고, 악한 일을 하는 사람에게는 하늘이 재앙으로써 갚는다."

【글자 뜻】 子:아들 자, 자네 자, 스승 자. 爲:할 위. 善:착할 선. 者:놈 자, 사람 자. 報:갚을 보. 禍:재앙 화.

【말의 뜻】 子:선생님. 공자(孔子)는 孔선생님, 맹자(孟子)는 孟선생님의 뜻. 子라고만 했을 때에는 孔子를 가리킴. 孔子(B.C. 552~479)의 이름은 구(丘), 자는 중니(仲尼). 중국 춘추시대 말기에 노(魯)나라(지금의 山東省)에서 탄생. 인(仁)을 근본 사상으로 하는 윤리 도덕을 확립하여 유교(儒敎)의 시조가 됨. 예수, 석가모니와 더불어 세계의 3대성인으로 추앙됨. 曰:말하다, 말씀하시다. 爲善者:착한 일을 하는 사람. 報之以福:복으로써 갚는다. 不善:착하지 않음, 악함.

【뜻 풀이】 이 글은 악한 마음과 악한 행실을 버리고 착한 마음과 착한 행실을 하도록 강조하고 있다.

선을 행하는 자에게는 하늘이 복을 주고 악을 행하는 자에게는 하늘이 재앙을 준다. 선한 행실은 선한 마음에서 나오고 악한 행실은 악한 마음에서 나오게 마련이다. 그러므로 선한 행실을 하려면 먼저 마음부터 선하게 닦아야 한다.

극단적으로 말하면 사람은 누구나 자신의 마음을 가꾸기 위하여 일생을 산다고 해도 과언이 아니다. 인간의 마음은 그만큼 가꾸기가 어려운 것이다. 그러나 본인이 마음만 먹는다면 누구나 온전한 마음을 지닐 수 있는 것이다.

사람은 누구나 부자가 되고 싶고, 높은 지위에 오르고 싶고, 이름을 널리 떨치고 싶어한다. 이것은 인간의 본능적인 욕구이다. 이와 같은 부귀와 공명은 뜻대로 할 수가 없다. 하지만 인간에게는 이 부귀나 공명보다 더 소중한 것이 있다. 그것은 곧 자기 자신의 마음을 꾸준히 가꾸어 항상 선에 머물러 있게 하는 일이다.

더구나 선행을 하는 사람은 복을 누리고 악행을 하는 사람은 재앙을 받는다. 설사 어떤 사람이 악한 마음과 악한 행실로 일시적인 부귀를 누린다 하더라도 그 부귀는 절대로 오래가지 못하고 패가망신을 하게 마련이다. 이것이 하늘의 이치요 자연의 법칙인 것이다.

2

漢昭烈將終 勅後主曰 勿以善小而不爲 勿以惡小而
한 소 열 장 종 칙 후 주 왈 물 이 선 소 이 불 위 물 이 악 소 이
爲之.
위 지

한(漢)나라의 소열왕(昭烈王)이 죽을 때 후주에게 칙서(勅書)를 내려 말
했다.

"착함이 작다 하여 아니하지 말고, 악함이 작다 하여 하지 말라."

【글자 뜻】昭:밝을 소. 烈:매울 렬. 將:장수 장, 장차 장. 勅:신칙할 칙.
　勿말 물.

【말의 뜻】漢昭烈:촉한(蜀漢)의 소열왕(昭烈王). 성은 유(劉)요, 이름은 비
　(備), 자는 현덕(玄德). 병법에 뛰어난 제갈량(諸葛亮)의 보필로 촉한
　을 세워 위(魏)나라, 오(吳)나라와 더불어 삼국시대를 이룸. 將終:죽
　을 때, 임종. 勅:왕이 내리는 글, 칙서(勅書). 後主:劉備의 아들. 이
　름은 선(禪). 어리석었으며 제갈량이 죽은 뒤 위(魏)에 항복했음. 勿~
　不爲:아니하지 말라. 하라의 뜻. 勿은 금지사.

【뜻 풀이】 이 글은 삼국지(三國志)로 우리 나라에까지 널리 알려진 촉한
　의 유비가 임종할 때 아들에게 경계하여 이른 말이다.

　　선한 일은 아무리 작은 일이라도 실행하고, 악한 일은 아무리 작은
　일이라도 하지 말라.

　　이것은 매우 중요한 얘기다. 우리는 아침에 눈을 뜨면 저녁에 잠자
　리에 들 때까지 하루 동안에 수많은 행동을 한다. 따지고 보면 대개가

사소한 일일는지도 모른다. 그러나 이 사소한 행동들이 모두 선에서 벗어나지 않도록 하는 것이 자기 인생을 닦는 길인 것이다.

길거리에 휴지나 담배꽁초를 버리지 않는 것도 선한 일이요, 차내에서 노약자에게 좌석을 양보하는 것도 선한 일이요, 버스 기사에게 수고하라는 인사 한마디쯤 던지는 것도 선한 일이다. 어른들께 인사를 공손히 하는 것도 선한 일이요, 이웃과 다정하게 지내는 것도 선한 일이요, 친구의 잘못을 충고해 주는 것도 선한 일이다. 수도나 전기를 아껴 쓰는 것도 선한 일이요, 교통법규나 공중도덕을 지키는 것도 선한 일이다.

서울의 거리를 바라보라. 거리마다 웬 휴지조각과 담배꽁초 따위가 그리도 많이 뒹굴고 있는 것일까! 이러고도 우리가 문화국민으로 자처할 수 있을까? 요즈음 버스나 전철에는 노약자 지정석이 마련되어 있다. 그런데 이 좌석들은 대개 동작이 빠른 젊은이들이 차지한다. 그리고 연세 많은 노인이나 아기를 업은 아이 엄마가 옆에 서 있으면 시선을 창밖으로 돌리고 모르는 체하는 젊은이들이 많다. 이 얼마나 아이러니컬한 장면인가! 도대체 그 젊음의 끓는 피를 무엇에 쓰기 위해 그렇게까지 인색하게 구는지 모르겠다. 그것도 책이나 읽고 있는 젊은이라면 얼마나 귀엽고 대견하게 보이랴!

인생은 하루하루의 생활이 중요하다. 그리고 작은 선이 쌓이면 큰 선이 되고, 작은 악이 쌓이면 큰 악이 되기 마련이다. 하루의 일상생활부터 성실히 가꾸어 나가자.

3

莊子曰 一日不念善 諸惡皆自起.
장 자 왈 일 일 불 념 선 제 악 개 자 기

장자(莊子)가 이렇게 말했다.

"하루라도 선함을 생각지 아니하면 모든 악이 다 스스로 일어난다."

【글자 뜻】莊:장자 장. 念:생각 념. 諸:모두 제. 皆:다 개. 起:일어날
기.

【말의 뜻】莊子:중국 전국시대(戰國時代) 송(宋)나라 사람. 이름은 주(周).
노자(老子)의 무위자연론(無爲自然論)을 발전시켜 노장사상(老莊思
想)을 이룩하였음. 不念:생각하지 않음. 諸惡:모든 악. 自起:스스로
일어남.

【뜻 풀이】사람의 마음이 밭이라면 선한 생각은 곡식이요, 악한 생각은
잡초다. 곡식을 잘 가꾸어 좋은 수확을 하려면 잡초가 돋아나는 대로
이를 뽑아야 한다. 만일 성장력이 강한 잡초를 그대로 두면 그 밭은 잡
초만이 무성한 묵밭이 되어 버리고 만다.

　원래 사람의 마음은 그 사람의 생각을 먹고 산다. 마음은 텅 비워 둘
수가 없는 것이다. 착한 생각이거나 악한 생각이거나 마음에는 항상
어떤 생각이 들어 있어야 하기 마련이다. 마음이 방이라면 생각은 그
방의 주인이다. 그런데 착한 생각과 악한 생각은 사이가 좋지 않아서
한 방에서 함께 살지 못한다. 착한 생각이 마음을 차지하면 악한 생각
이 쫓겨나고, 악한 생각이 마음을 차지하면 착한 생각이 쫓겨난다.

그러므로 우리는 항상 귀한 손님처럼 착한 생각만을 마음에 모시도록 노력해야 하는 것이다. 만일 조금이라도 방심하면 어느 사이엔가 온갖 악한 생각의 잡초들이 마음을 차지하고 뿌리를 내리게 된다.

스베덴보리는 "누구든지 악을 멀리하는 한, 그는 착한 일을 행한다."고 말하고 있다.

4

太公曰 見善如渴 聞惡如聾. 又曰 善事須貪 惡事
태 공 왈 견 선 여 갈 문 악 여 롱 우 왈 선 사 수 탐 악 사
莫樂.
막 락

태공(太公)이 이렇게 말했다.

"착한 일을 보거든 목마른 것같이 하고, 악한 일을 듣거든 귀머거리같이 하라."

또 이렇게 말했다.

"착한 일은·모름지기 탐내고, 악한 일은 즐거워하지 말라."

【글자 뜻】 渴:목마를 갈. 聞:들을 문. 聾:귀먹을 롱. 須:모름지기 수. 貪:탐할 탐. 莫:말 막. 樂:즐거울 락.

【말의 뜻】 太公:강태공(姜太公). 이름은 여상(呂尙). 위수(渭水)에서 낚시질하다가 주문왕(周文王)에게 등용(登用), 文王이 죽은 뒤 그의 아들 武王을 도와 은(殷)나라 폭군 주왕(紂王)을 멸하고 주(周)나라 왕조를 세웠음. 如渴:목마른 것같이 함. 목마를 때 물을 본 것같이 함. 如聾:

귀먹은 것같이 함.   須貪:모름지기 탐냄.

【뜻 풀이】 착한 일을 눈앞에 보거든 마치 목마를 때 물을 본 것처럼 서둘러 하고, 악한 말이 들려오거든 귀머거리처럼 못 들은 체하라는 말이다. 그리고 착한 일은 얼마든지 탐내어 많이 하고, 악한 일은 조금도 즐겨 해서는 안 된다.

세상에는 남의 좋은 얘기는 별로 하지 않으면서 남의 안 된 얘기나 잘못한 얘기는 신바람이 나서 떠들고 돌아다니는 사람들이 많다. 이런 말은 귀를 막고 듣지 말아야 한다. 그런 말에 동조하면 자신도 모르는 사이 악에 물들게 된다. 다른 사람의 잘못한 얘기는 조금도 입밖에 내지 말고, 오직 남의 잘한 얘기를 사람들에게 하도록 노력하라. 물론 착한 일은 눈앞에 나타나는 대로 서둘러 실행하면서 말이다.

5

馬援曰 終身行善 善猶不足 一日行惡 惡自有餘.
마 원 왈 종 신 행 선 선 유 부 족 일 일 행 악 악 자 유 여

마원(馬援)이 이렇게 말했다.

"평생 동안 선을 행하여도 선함은 오히려 부족하고, 하루 동안 악을 행하여도 악함은 스스로 남음이 있다."

【글자 뜻】 援:구원할 원. 猶:오히려 유, 같을 유. 餘:남을 여.

【말의 뜻】 馬援:後漢의 名將. 終身:몸이 마치도록. 평생. 猶不足:오히려 부족함. 有餘:남음이 있음.

【뜻 풀이】 선은 많이 행할수록 좋고 악은 행하지 않을수록 좋다. 설사 일생 동안 꾸준히 많은 선을 행할지라도 오히려 선은 부족하기 마련이다. 그리고 평생 선을 행하고 단 하루의 악을 행한 일이 있어도 그 악함은 언제까지나 남아 있어 우리의 마음을 회한에 잠기게 한다.

증자(曾子)는 매일같이 하루에 세 번씩 자신의 행실을 반성했다고 하거니와, 우리는 누구나 하루의 생활이 끝나면 그날 자신의 하루를 반성할 필요가 있다. 그리하여 좋은 일은 더욱 열심히 하도록 노력하고 후회되는 일은 다시는 저지르지 않도록 조심하는 것이 좋다. 또 하루에 한 가지씩이라도 선행을 하는 생활 태도를 기르는 것도 좋다.

司馬溫公曰 積金以遺子孫 未必子孫能盡守 積書以
사 마 온 공 왈 적 금 이 유 자 손 미 필 자 손 능 진 수 적 서 이
遺子孫 未必子孫能盡讀 不如積陰德於冥冥之中以
유 자 손 미 필 자 손 능 진 독 불 여 적 음 덕 어 명 명 지 중 이
爲子孫之計也.
위 자 손 지 계 야

사마온공(司馬溫公)이 이렇게 말했다.

"돈을 쌓아서 자손에게 물려줄지라도 반드시 자손이 능히 다 지킬 수
있는 것이 아니고, 책을 쌓아서 자손에게 물려줄지라도 반드시 자손이 능
히 다 읽을 수 있는 것이 아니니, 남모르는 덕을 드러나지 않는 가운데
쌓아 자손을 위한 계획으로 삼느니만 같지 못하다."

【글자 뜻】 積:쌓을 적. 遺:끼칠 유. 能:능할 능. 盡:다할 진. 冥:어두울
명. 計:계교 계, 셈할 계.

【말의 뜻】 司馬溫公:북송(北宋)의 정치가요 학자. 성은 사마(司馬), 이름은
광(光). 積金:돈을 쌓음. 돈을 모음. 遺子孫:자손에게 물려줌. 未必:
반드시 ~하지는 않음. 能盡守:능히 다 지킴. 不如:~함만 같지 못하
다. ~하느니만 못하다. 陰德:남모르게 선행하여 쌓는 덕. 冥冥之中:
어두운 가운데. 드러나지 않는 가운데. 子孫之計:자손을 위한 계획.
(훈자편 3장 참조)

【뜻 풀이】 원래 부귀와 공명은 뜬구름처럼 변화가 무쌍하여 믿을 것이 되
지 못한다. 자손 대대로 복을 누리고 살기 위한 계획으로는 오직 선행

을 널리 베풀어 많은 덕을 쌓아 두는 것이 제일이다.

설사 많은 재산을 자손에게 물려줄지라도 자손 중에 방탕한 사람이 하나라도 있으면 그 재산을 지켜 나가지 못하고 파산해 버리고 만다. 또 아무리 성현의 말씀이 담긴 좋은 책을 자손에게 많이 물려줄지라도 자손이 현명치 못하면 아무 소용이 없다.

그러므로 자손들이 잘 살게 하기 위한 가장 좋은 일은 세상 사람들이 알지 못하는 사이에 선행을 많이 하여 음덕을 널리 쌓아 두는 것이다. 은혜를 입은 사람들은 두고두고 그 은혜를 갚기 때문이다.

또 이와 같이 선행의 씨앗을 뿌려 놓으면 반드시 그 수확을 거두어들이게 된다. 이것이 곧 자연의 법칙이며, 하늘이 복으로써 갚아 준다고 이르는 것이다.

세상 사람들은 흔히 작은 선행을 하여도 그것이 사람들에게 알려지도록 드러내고 하거니와, 이와 같은 선행에는 하늘의 보답이 적기 마련이다. 선행은 되도록 남들이 알지 못하도록 숨어서 하는 것이 원칙이다. 선행을 베풀면 누구나 기쁨과 만족감을 느낀다. 이것만으로도 일단 충분한 보답은 받은 셈이다. 그리고 이와 같은 선행에는 하늘이 많은 복을 주기 마련이다.

7

景行錄曰 恩義廣施 人生何處不相逢. 讐怨莫結 路
경 행 록 왈 은 의 광 시 인 생 하 처 불 상 봉   수 원 막 결   노

逢狹處難回避.
봉 협 처 난 회 피

《경행록(景行錄)》이란 책에서 이렇게 말하고 있다.

"은혜와 의리를 널리 베풀라. 인생이 어느 곳에서 서로 만나지 아니하
랴? 원수와 원한을 맺지 말라. 길목 좁은 곳에서 만나면 피하기 어렵다."

【글자 뜻】 恩:은혜 은. 施:베풀 시. 逢:만날 봉. 讐:원수 수. 怨:원망
원. 結:맺을 결. 狹:좁을 협. 難:어려울 난. 回:돌 회. 避:피할 피.

【말의 뜻】 景行錄:중국 송(宋)나라 때 책 이름. 恩義:은혜와 의리. 廣施:
널리 베풂. 不相逢:서로 만나지 않음. 讐怨:원수와 원한. 莫結:맺지
말라. 路逢狹處:길 좁은 곳에서 만남. 難回避:피하기 어렵다.

【뜻 풀이】 널리 선행을 베풀고 인생을 올바르게 살아가는 일은 몹시 중요
하다. 올바른 사람들은 이런 사람을 좋아하고 따른다. 인생은 혼자 살
아갈 수 없다. 직접 간접으로 많은 사람들의 협조를 얻어야만 살 수
있는 것이다. 또 사람의 팔자는 알 수 없다. 부자가 항상 부자일 수 없
듯이 가난하던 사람이 잘사는 경우도 얼마든지 있다.

가난하고 어려운 역경에 처한 사람이 은혜를 받는다면 그 은혜는
평생토록 잊지 못할 것이다. 그리고 은혜를 베풀었던 사람이 역경에
처하게 되면 그들은 자진해서 찾아와 그를 도와주게 될 것이다. 남을
도와주는 사람은 남들도 그를 도와준다. 이리하여 큰 성공을 거두게

된다. 또 남을 도와주는 사람은 마음이 부자다. 마음이 부자인 사람은 점점 더 부자가 되는 것이 자연의 법칙이다.

그러나 마음이 악하여 남에게 원수와 원한을 살 악행을 하면 어떻게 되는가? 우선 마음이 악에 물들어 있기 때문에 절대로 성공하거나 부자가 되지 못한다. 유유상종(類類相從)이란 말이 있다. 이런 사람에게는 올바른 사람은 따르지 않고 악한 무리들만이 찾아들게 된다. 그러고서야 어찌 인생에 성공하기를 바랄 수 있겠는가? 그뿐만이 아니다. 남에게 원수와 원한을 사게 되면 언제 어디서 그 복수를 당할지 알 수 없는 일이다. 이것을 자승자박(自繩自縛, 자기 밧줄로 자신을 묶음)이나 자작지얼(自作之孼, 스스로 지은 죄의 대가를 받음)이라고 한다.

스스로 뿌린 씨앗은 스스로 거두게 되는 것이 하늘의 이치이다. 선행의 씨앗을 심어 복을 거두어들이도록 노력하라.

莊子曰 於我善者 我亦善之 於我惡者 我亦善之.
장 자 왈 어 아 선 자 아 역 선 지 어 아 아 악 자 아 역 선 지
我既於人無惡 人能於我無惡哉.
아 기 어 인 무 악 인 능 어 아 무 악 재

장자(莊子)가 이렇게 말했다.

"나에게 착하게 하는 사람에게도 내 또한 착하게 하고, 나에게 악하게 하는 사람에게도 내 또한 착하게 해야 한다. 내가 이미 남에게 악하게 함이 없으면 남도 나에게 악하게 할 수 없을 것이로다."

【글자 뜻】 於:어조사 어. 亦:또 역. 既:이미 기. 哉:어조사 재.
【말의 뜻】 於我:나에게. 善者:착하게 하는 사람. 我亦善之:나도 또한 착하게 함. 無惡哉:악하게 함이 없을 것이로다. 哉는 감탄 어조사.

【뜻 풀이】 나에게 잘하는 사람에게는 물론 나도 그에게 잘해야 한다. 그러나 나에게 잘못하는 사람에게는 어떻게 대하여야 하는가? 그에게도 잘하라는 말이다.

선은 선으로 갚고 악은 악으로 갚는 것이 널리 통용되는 대인 관계이다. 오는 말이 고와야 가는 말도 고운 법이다. 이것이 세상이다.

그러나 장자의 말에는 인생의 깊은 진리가 깃들어 있다. 첫째, 악을 악으로 대하려면 내 마음이 먼저 악에 물들게 된다. 남을 미워하거나 원망하거나 시기하는 감정은 악을 마음속으로 끌어들이는 매체로, 건강을 해치고 부와 성공의 길을 막는 악질적인 감정이다. 이런 감정을 마음에 품어서는 안 된다.

둘째, 이와 같은 처세법으로는 원만한 대인 관계를 이루지 못한다. 그래서 세상의 대부분의 사람들은 성공도 하지 못하고 부자도 되지 못하는 것이다.

인류 역사상 크게 성공한 행복한 사람들의 전기를 읽어 보라. 그들은 대개가 마음이 관대했다. 악을 악으로 대하는 대신 선으로 대했다. 그리하여 상대방을 내 편으로 만들었던 것이다.

미국의 에이브라함 링컨이 대통령이 되었을 때, 당시의 국방장관인 스탠턴은 링컨을 가리켜 '무식한 촌뜨기'라고 흉을 보았다. 이때 링컨이 어떻게 했겠는가? 보통 사람 같으면 그를 당장에 파면시켰을지도 모른다. 그러나 링컨은 다른 사람들에게, '스탠턴은 미국의 역대 국방장관 중 가장 뛰어난 인물'이라고 칭찬했던 것이다. 스탠턴은 링컨의 고매한 인격에 감복하고 그의 수족처럼 열심히 일하여 링컨을 도왔다.

그야말로 내가 먼저 남에게 잘하면 남도 나에게 잘하게 마련인 것이다.

당신도 인생에서 성공하는 사람이 되려거든 남이 먼저 나에게 잘해 주기를 기대하지 말고 당신 자신이 먼저 남에게 잘하도록 노력하라. 그리고 악을 악으로 갚지 말고 선으로 갚도록 노력하라.

9

東岳聖帝垂訓曰 一日行善 福雖未至 禍自遠矣一
동악성제수훈왈 일일행선 복수미지 화자원의일

日行惡 禍雖未至 福自遠矣 行善之人 如春園之草
일행악 화수미지 복자원의 행선지인 여춘원지초

不見其長 日有所增 行惡之人 如磨刀之石 不見其
불견기장 일유소증 행악지인 여마도지석 불견기

損 日有所虧.
손 일유소휴

동악성제(東岳聖帝)가 훈계로 내린 글에서 이렇게 말했다.

"하루 동안 선을 행함에 복은 비록 이르지 아니하나 재앙은 스스로 멀어지고, 하루 동안 악을 행함에 재앙은 비록 이르지 아니하나 복은 스스로 멀어진다. 선을 행하는 사람은 마치 봄 동산의 풀과 같아서 그 자라남이 보이지 않을지라도 날로 더하는 바가 있고, 악을 행하는 사람은 마치 칼을 가는 숫돌과 같아서 그 줄어듦이 보이지 않을지라도 날로 이지러지는 바가 있다."

【글자 뜻】岳:뫼뿌리 악. 垂:드릴 수. 訓:가르칠 훈. 雖:비록 수. 至:이를 지. 矣:어조사 의. 園:동산 원. 長:긴 장, 자랄 장. 增:더할 증. 磨:갈 마. 刀:칼 도. 損:덜 손, 손될 손. 虧:이지러질 휴.

【말의 뜻】東岳聖帝:도가(道家), 이름과 연대는 알 수 없음. 垂訓:훈계를 내림. 春園之草:봄 동산의 풀. 不見其長:그 자라남이 보이지 않음. 日有所增:날로 증가하는 바가 있음. 磨刀之石:칼을 가는 숫돌. 日有所虧:날로 닳아서 이지러지는 바가 있음.

【뜻 풀이】선행과 악행에 대하여 좋은 비유로 설명하고 있다. 선을 행한
다고 당장에 복이 돌아오는 것은 아니지만 재앙은 절로 멀어진다. 또
악을 행한다고 당장에 재앙이 닥쳐오지는 않더라도 복은 절로 멀어진
다. 선을 행하는 사람은 봄 동산의 풀과 같다. 봄 동산의 풀은 비록 그
자라나는 모습을 눈으로 확인할 수는 없지만 날마다 무럭무럭 자라나
아름다운 꽃을 피우고 씨앗을 맺게 마련이다.

　선을 행하는 사람의 복도 이와 흡사하다. 비록 큰 복이 이르는 것을
눈으로 볼 수는 없을지라도 여러 방면으로 꾸준한 복이 이르러 드디
어는 인생을 꽃피우고 보람찬 열매를 맺게 되는 것이다.

　그러나 악을 행하는 사람은 마치 칼을 가는 숫돌과 같다. 숫돌은 칼
을 갈 때 비록 닳아 없어지는 것이 눈에 보이지 않지만 얼마를 쓰다
보면 크게 이지러지게 마련이다. 악을 행하는 사람도 악을 행할 때마
다 조금씩 자기 인생을 손상시켜 드디어는 인생에 실패하고 패가망신
하는 지경에 이르게 마련인 것이다.

　꾸준히 선을 실천해 나가라. 이것이 재앙을 멀리 쫓고 복을 불러들
이는 길이다.

10

子曰 見善如不及 見不善如探湯.
자 왈 견 선 여 불 급 견 불 선 여 탐 탕

공자께서 이렇게 말씀하셨다.

"착한 것을 보거든 마치 미치지 못하는 것같이 하고, 악한 것을 보거든

마치 끓는 물을 만지는 것같이 하라."

【글자 뜻】 及:미칠 급. 探:더듬을 탐. 湯:끓을 탕.
【말의 뜻】 不及:미치지 못함. 따르지 못함. 探湯:끓는 물을 손으로 만짐.

【뜻 풀이】 다른 사람이 선을 행하는 것을 보거든 자기는 도저히 거기에
   미치지 못하는 것같이 하여 더욱 선을 행하기에 힘쓰고, 악을 행하는
   것을 보거든 마치 손으로 끓는 물을 만졌을 때처럼 하여 악을 멀리하
   라.
      콜튼은 "악행은 즐거움 속에서도 고통을 주지만, 선행은 고통 속에
   서도 위로를 준다."고 말하고 있다.

   이상으로 계선편(繼善篇)은 끝나거니와, 이 책에서 선행에 관한 것
   을 제일 첫머리에 실은 것은 착한 행실이 곧 인간 생활의 근본을 이루
   기 때문이다.
      다시 한 번 말하지만 선한 행실은 선한 마음으로부터 나온다. 그러
   므로 선행을 하려면 우선 당신 자신의 마음을 선하게 닦아야 한다. 당
   신의 마음을 언제나 착한 생각으로 가득 채우도록 노력하라. 그리고
   그 마음의 지시에 따라 행동하라. 이것이 곧 선행이다. 그리고 선행은
   재앙을 멀리하고 복을 불러들이는 길임을 명심하라.

제2장
천명편
(天命篇)

하늘이 준 운명에 순종하라.

하늘에 순종하는 사람은 살고, 하늘에 거역하는 사람은 망한다.

하늘의 들으심이 고요하여 소리가 없는지라, 푸르고 푸르러 어느 곳에서 찾을꼬? 높은 곳에 있는 것도 아니고 또한 먼 데 있는 것도 아니다. 모두가 다만 사람의 마음속에 있는 것이다.

인간의 사사로운 말도 하늘의 들으심은 우레와 같고, 어두운 방에서 마음을 속일지라도 귀신의 눈은 번개와 같다.

악한 마음이 만일 가득차면 하늘이 반드시 벤다.

악한 일을 하여 이름을 세상에 드날리는 자는 사람은 비록 해치지 않더라도 하늘이 반드시 죽인다.

오이를 심으면 오이를 얻고 콩을 심으면 콩을 얻는 법이니, 하늘의 그물이 넓고 넓어서 성기어도 새지 않는다.

죄를 하늘에 얻으면 빌 곳이 없다.

子曰 順天者存 逆天者亡.
자 왈 순 천 자 존 역 천 자 망

공자께서 이렇게 말씀하셨다.

"하늘에 순종하는 사람은 살고 하늘에 거역하는 사람은 망한다."

【글자 뜻】 順:순할 순, 따를 순. 存:있을 존. 逆:거스릴 역. 亡:망할 망.

【말의 뜻】 順天者:하늘에 순종하는 사람. 하늘의 섭리에 순종하는 사람.
存:존재함. 살아남음. 逆天者:하늘에 거역하는 사람. 하늘의 섭리에
역행하는 사람.

【뜻 풀이】 천명(天命)은 곧 하늘의 섭리(攝理)요 자연의 법칙이다. 하늘은
우주를 운행케 하고, 밤과 낮을 되풀이시키고, 춘하추동의 계절을 이
루게 하고, 비와 이슬을 내려 곡식과 채소와 초목을 자라게 하고, 이
세상 만물을 생존시킨다. 이것이 하늘의 섭리이다. 하늘의 섭리에는
악과 불의(不義)는 존재할 수 없다. 오직 선과 올바름이 있을 뿐이다.

그러므로 하늘의 섭리에 순응하는 사람은 흥하고 하늘의 이치에 역
행하는 사람은 망하게 마련이다. 즉, 선하고 올바른 마음을 지니고서
선하고 올바른 처세를 하는 사람은 번영하고, 악하고 옳지 못한 마음
을 지니고서 악하고 옳지 못한 처세를 하는 사람은 망하게 마련인 것
이다.

세르반테스는 "사람은 각자 자기 운명을 만든다."고 말했다.

2

康節邵先生曰 天聽寂無音 蒼蒼何處尋 非高亦非
강 절 소 선 생 왈 천 청 적 무 음 창 창 하 처 심 비 고 역 비
遠 都只在人心.
원 도 지 재 인 심

강절(康節) 소선생(邵先生)이 이렇게 말했다.

"하늘의 들으심이 고요하여 소리가 없는지라, 푸르고 푸르러 어느 곳
에서 찾을꼬? 높은 곳에 있는 것도 아니고 또한 먼 데 있는 것도 아니다.
모두가 다만 사람의 마음속에 있는 것이다."

【글자 뜻】康:편안 강. 節:마디 절. 邵:높을 소. 聽:들을 청. 寂:고요
적. 蒼:푸를 창. 尋:찾을 심. 都:도읍 도, 도무지 도. 只:다만 지.

【말의 뜻】康節 邵先生:송(宋)나라의 유학자. 성은 소(邵), 이름은 옹(雍),
강절(康節)은 그의 시호. 天聽:하늘이 인간의 말을 듣는 것. 寂無音:
고요하여 말소리가 없음. 蒼蒼:푸르고 푸르기만 함. 何處:어느 곳에
서 찾을까? 非高:높지 않음. 높은 데에 있는 것이 아님. 都只:모두가
다만. 在人心:사람의 마음에 있음.

【뜻 풀이】하늘은 말이 없다. 그러면서도 우주와 자연을 다스리고 만물을
기른다. 그리고 선을 행하는 사람에게는 복을 주고 악을 행하는 사람
에게는 재앙을 준다.

이 하늘을 어디에 가서 찾을 수 있을까? 하늘은 형태도 없고 오직
푸르기만 하다. 그러나 하늘은 높은 곳에 있는 것도 아니고 또 먼 곳
에 있는 것도 아니다. 바로 사람의 마음속에 있는 것이다. 그래서 인

간을 소우주(小宇宙)라고 말하기도 한다. 사람의 선한 마음과 올바른 마음은 곧 하늘의 마음인 것이다. 이 선한 마음과 올바른 마음을 꾸준히 가꾸어 나가면서 마음의 지시에 따라 착하고 올바르게 살아가는 것이 곧 하늘에 순응하는 길인 것이다.

3

玄帝垂訓曰 人間私語 天廳若雷 暗室欺心 神目如電.
현 제 수 훈 왈 인 간 사 어 천 청 약 뢰 암 실 기 심 신 목 여 전

현제(玄帝)가 훈계로 내린 글에 이렇게 말하고 있다.

"인간의 사사로운 말도 하늘의 들으심은 우레와 같고, 어두운 방에서 마음을 속일지라도 귀신의 눈은 번개와 같다."

【글자 뜻】 玄:검을 현. 私:사사로울 사. 若:같을 약, 만약 약. 雷:우레 뢰. 暗:어두울 암. 室:집 실. 欺:속일 기. 電:번개 전.

【말의 뜻】 玄帝:도가(道家). 이름과 시대는 알 수 없음. 私語:사사로이 하는 말. 若雷:우레와 같음. 暗室:어두운 방. 欺心:자기의 마음을 속임. 如電:번개와 같음.

【뜻 풀이】 하늘은 귀가 없으되 모든 사람들이 혼자서 중얼거리는 말까지 다 듣고 있고, 귀신은 눈이 없으되 어두운 방에서 홀로 속으로 품는 생각까지 환히 보고 있다. 사람들이 보지 않는다고 악한 마음을 지니거나 악한 행실을 해서는 안 된다.

앞의 문장에도 나왔듯이 하늘은 모든 사람들이 마음속에 있다. 이것을 흔히 양심(良心)이라고 말하거니와, 양심이란 하늘이 준 본디의 마음이란 뜻이다. 아무리 흉악범이라도 양심은 지니고 있기 마련이다. 그러므로 설사 사람이 모든 사람을 속일 수는 있어도 자신의 양심까지 속이지는 못한다.

그러므로 마음을 닦는 사람은 남들이 보고 듣는 앞에서뿐만 아니라 혼자 있을 때에도 한결같이 그 마음과 행실이 선과 정의에서 벗어나지 않도록 조심한다.

4

益智書云 惡鑵若滿 天必誅之.
익 지 서 운 악 관 약 만 천 필 주 지

《익지서(益智書)》란 책에 이렇게 씌어 있다.

"악한 마음이 만일 가득차면 하늘이 반드시 벌을 준다."

【글자 뜻】 益:더할 익. 智:지혜 지. 云:이를 운. 鑵:두레박 관. 誅:벨
주.

【말의 뜻】 益智書:송(宋)나라 때 책 이름. 惡鑵:악한 마음. 誅之:목을
벤다. 벌을 준다.

【뜻 풀이】 마음은 그 사람의 생각이 담기는 그릇이다. 여기에는 선한 생
각을 담을 수도 있고 악한 생각을 담을 수도 있다. 그런데 만일 이 마
음에 악한 생각이 꽉 차 도저히 고칠 수 없게 되면 하늘이 반드시 큰
벌을 준다.

그러므로 이 마음의 그릇을 착한 생각만으로 가득 채우도록 노력해
야 한다.

5

莊子曰 若人作不善 得顯名者 人雖不害 天必戮之.
장 자 왈 약 인 작 불 선 득 현 명 자 인 수 불 해 천 필 륙 지

장자(莊子)가 이렇게 말했다.

"만일 사람이 악한 일을 하여 이름을 세상에 드날리는 자는 사람은 비록 해치지 않더라도 하늘이 반드시 죽인다."

【글자 뜻】顯:나타낼 현. 害:해할 해. 戮:죽일 륙.

【말의 뜻】作不善:악한 일을 함. 得顯名:이름을 세상에 드날리게 됨. 戮之:죽임.

【뜻 풀이】세상에는 악하고 옳지 못한 방법으로 일시적인 성공을 거두는 사람들이 있다. 그러나 이러한 성공은 결코 오래가지 못한다. 설사 사람들이 그대로 내버려둘지라도 하늘이 그대로 두지 않는다. 착한 마음과 올바른 방법으로 이룩한 성공이라야 오래 누릴 수 있는 것이다.

6

種瓜得瓜 種豆得豆 天網恢恢 疏而不漏.
종 과 득 과 종 두 득 두 천 망 회 회 소 이 불 루

오이를 심으면 오이를 얻고 콩을 심으면 콩을 얻는 법이니, 하늘의 그
물이 넓고 넓어서 성기어도 새지 않는다.

【글자 뜻】種:씨 종, 심을 종. 瓜:오이 과. 網:그물 망. 恢:넓을 회. 疏:
　　성길 소. 漏:샐 루.

【말의 뜻】種瓜得瓜:오이를 심으면 오이를 얻음. 天網:하늘의 그물. 恢
　　恢:한없이 넓은 모양. 疏而不漏:성기어도 새나가지 못함. 而는 ~하
　　여도 뜻을 나타내는 어조사.

【뜻 풀이】오이 씨를 심으면 오이가 나와 오이가 달리고, 콩을 심으면 콩
　　이 나와 콩이 열린다. 누구도 오이에서 콩이 열리게 할 수 없고, 콩에
　　서 오이가 달리게 할 수 없다. 이것이 하늘의 섭리요 자연의 법칙이
　　다. 이와 마찬가지로 선을 행하면 복이 돌아오고 악을 행하면 재앙이
　　돌아온다. 이것은 만고불변의 진리이다.

　　　우리는 하늘이라는 크고 넓은 그물 안에서 살고 있다. 이 하늘의 그
　　물은 넓고 엉성하여 빠져나갈 구멍이 얼마든지 있는 것 같지만 실은
　　아무도 빠져나가지 못하고, 자기가 심은 선과 악의 씨앗에 따라 복과
　　재앙의 열매를 거두게 되는 것이다.

7

子曰 獲罪於天 無所禱也.
자 왈 획 죄 어 천 무 소 도 야

공자(孔子)께서 이렇게 말씀하셨다.
"죄를 하늘에 얻으면 빌 곳이 없다."

【글자 뜻】 獲:얻을 획. 禱:빌 도.

【말의 뜻】 獲罪:죄를 얻음. 無所禱:빌 곳이 없음.

【뜻 풀이】 사람이 인생을 살아가노라면 본의 아니게 실수를 저질러 남에
  게 피해를 주는 수도 있다. 이것은 사람에게 잘못을 저지른 것으로,
  변명과 사과의 여지도 있고 잘못을 고칠 수도 있다. 그러나 본질적으
  로 마음이 악하여 하늘에 거역하는 죄를 지으면 아무데도 호소할 곳
  조차 없다.

제3장
순명편
(順命篇)

당신이 타고난 운명에 순종하라.

죽고 사는 것은 명(命)에 있고, 부자와 귀하게 되는 것은 하늘에 있다.

세상의 모든 일은 분수가 이미 정하여져 있거늘, 세상 사람들이 부질없이 스스로 바쁘다.

재앙은 요행으로 면할 수 없고, 복은 두 번 구할 수 없다.

때가 옴에 바람이 등왕각(滕王閣)으로 보내고, 운이 물러감에 벼락이 천복비(薦福碑)를 쳤다.

어리석고 귀먹고 고질병 있고 벙어리도 집안이 큰 부자이고, 지혜 있고 총명한 사람도 도리어 가난을 받는다. 해와 달과 날과 시각이 분명히 정해져 있으니 헤아려 보면 부귀와 빈천은 명에 달린 것이지 사람에게 달린 것이 아니다.

1

> # 子曰 死生有命 富貴在天.
> 자 왈 사 생 유 명 부 귀 재 천

공자(孔子)께서 말씀하셨다.

"죽고 사는 것은 명에 있고, 부자와 귀하게 되는 것은 하늘에 있다."

【글자 뜻】死:죽을 사.　命:목숨 명.

【말의 뜻】死生有命:죽고 사는 것은 명에 달려 있음.　富貴在天:부자가
되고 귀하게 되는 것은 하늘에 달려 있음.

【뜻 풀이】사람이 죽고 사는 것은 명에 달려 있고, 부자가 되고 귀하게 되
는 것은 하늘에 달려 있으므로 사람의 힘으로 억지로 할 수 없다는 말
이다.

　그러나 이것은 유교적인 운명론이다. 의학과 약학의 발달은 인간의
수명을 크게 연장시키고 있고 또 본인의 건강관리에 따라 사람의 수
명은 많이 좌우되고 있다. 또 부귀 문제만 해도 그렇다. 지난날 봉건
사회에 있어서는 부귀한 가문에 태어난 사람은 힘들이지 않고 평생
부귀를 누릴 수 있었다. 그러나 현대사회는 누구에게나 기회가 균등
하게 부여되는 평등 사회다. 꾸준히 노력하는 사람만이 성공을 거둘
수 있는 것이다. 단 부귀에 지나치게 욕심을 내면 악에 물들고 불의와
타협하기 쉬우므로 이 점은 각별히 조심해야 한다.

2

萬事分已定 浮生空自忙.
만 사 분 이 정 부 생 공 자 망

세상의 모든 일은 분수가 이미 정하여져 있거늘, 세상 사람들이 부질없이 스스로 바쁘다.

【글자 뜻】分:나눌 분, 분수 분. 已:이미 이. 浮:뜰 부. 忙:바쁠 망.
【말의 뜻】分已定:분수가 이미 정해져 있음. 浮生:덧없는 인생. 세상 사람들. 空自忙:공연히 스스로 바쁘게 돌아다님.

【뜻 풀이】이 문장 역시 봉건 시대에나 어울리는 내용이다. 사람은 자신의 미래를 스스로 창조해 나가는 데 의의와 가치가 있는 것이다. 인생의 목표를 세우고 그 목표를 달성하도록 계획성 있는 꾸준한 노력을 기울여야 한다.

景行錄云 禍不可倖免 福不可再求.
경 행 록 운 화 불 가 행 면 복 불 가 재 구

《경행록(景行錄)》에 이렇게 기록되어 있다.

"재앙은 요행으로 면할 수 없고, 복은 두 번 구할 수 없다."

【글자 뜻】倖:요행 행. 免:면할 면. 再:두 재.

【말의 뜻】不可:할 수 없음. 倖免:요행으로 면함. 再求:두 번 구함. 다시
　　구함.

【뜻 풀이】자기가 악행을 범하여 불러들인 재앙이라면 요행으로 벗어나
　　기를 기대해서는 안 된다. 재앙은 사전에 미리 방지해야 한다. 그리고
　　한번 지나간 좋은 기회는 여간해서 다시 오지 않는다. 그러므로 평소
　　에 성실히 살면서 꾸준히 노력을 기울이는 사람만이 좋은 기회를 이
　　용할 수 있는 것이다.

4

時來風送滕王閣 運退雷轟薦福碑.
시 래 풍 송 등 왕 각 운 퇴 뇌 굉 천 복 비

때가 옴에 바람이 등왕각(滕王閣)으로 보내고, 운이 물러감에 벼락이 천복비(薦福碑)를 쳤다.

【글자 뜻】送:보낼 송. 滕:나라 등. 閣:집 각. 運:운수 운, 운전 운. 退: 물러갈 퇴. 轟:울릴 굉. 薦:천거할 천. 碑:비석 비.
【말의 뜻】滕王閣:중국 남창(南昌)에 있는 누각. 당(唐)나라 때 왕발(王勃) 이 등왕각(滕王閣) 서(序)를 지어 문명(文名)을 떨치게 됨. 運退:운이 물러감. 雷轟:벼락이 울림. 薦福碑:중국 천복산(薦福山)에 있는 비석. 당(唐)나라의 명필(名筆) 구양순(歐陽詢)이 비문(碑文)을 썼다 함.

【뜻 풀이】사람이 일생을 사노라면 운이 좋을 때도 있고 좋지 않을 때도 있다. 운이 좋을 때에는 의외로 일이 잘 풀리지만, 운이 나쁠 때에는 생각지 않은 일까지 일어나 어려움을 겪게 된다. 이것은 대개 주기적 으로 오는 것 같다. 그러므로 운이 좋을 때에는 평소에 쌓은 실력을 충분히 발휘하고 운이 나쁠 때에는 신중을 기하는 것이 좋은 처세법 이라 하겠다.
　여기에서 인용한 두 가지 얘기는 그 극단적인 예이다.
　당(唐)나라의 시인 왕발(王勃)은 십사 세의 어린 나이로 '등왕각서 (滕王閣序)'를 짓고서 하루아침에 문명(文名)을 떨치게 되었거니와, 거기에는 이런 에피소드가 얽혀 있다.

당나라의 고관인 염백서(閻伯嶼)가 남창(南昌)에 등왕각을 세우고 9월 9일에 낙성식(落成式)의 잔치를 베풀기로 했다. 왕발은 이때 동정호(洞庭湖) 근처에 살고 있었는데, 꿈에 노인이 나타나 등왕각으로 가서 그 서문(序文)을 지으라고 일러 주었다. 이것이 9월 7일 밤이었고, 그곳에서 남창까지는 칠백 리나 되는 거리였다. 그래도 왕발은 배에 올랐다. 그러자 순풍이 불어 배는 쏜살같이 나아가, 드디어 낙성식 잔치에 참석할 수 있었다. 왕발은 이 자리에서 '등왕각서(滕王閣序)'를 지었으며, 이 글은 당시 사람들뿐 아니라 후세 사람들의 입에까지 널리 회자(膾炙)되고 있다.

그런가 하면 이와 반대로 송(宋)나라 때 가난한 선비가 살고 있었다. 어느 때 누가 천복비(薦福碑)의 비문을 탁본(拓本)으로 떠다 주면 많은 사례를 하겠다는 부탁을 받고 선비는 천복산(薦福山)으로 갔다. 그런데 그날 밤 벼락이 그 비석을 때려 그나마 선비의 꿈은 비석과 함께 산산이 부서지고 말았다.

5

列子曰 痴聾痼瘂家豪富 智慧聰明却受貧. 年月日
열 자 왈 치 롱 고 아 가 호 부 지 혜 총 명 각 수 빈   연 월 일

時該載定 算來由命不由人.
시 해 재 정 산 래 유 명 불 유 인

열자(列子)가 이렇게 말했다.

"어리석고 귀먹고 고질병 있고 벙어리도 집안이 큰 부자이고, 지혜 있고 총명한 사람도 도리어 가난을 받는다. 해와 달과 날과 시각이 분명히

정해져 있으니 헤아려 보면 부귀와 빈천은 명에 달린 것이지 사람에 달린 것이 아니다."

【글자 뜻】 痴:어리석을 치. 痼:고질 고. 瘂:벙어리 아. 啞와 같음. 智: 지혜 지. 慧:지혜 혜. 聰:귀밝을 총. 却:물리칠 각, 문득 각. 受:받을 수. 貧:가난할 빈. 該:이 해. 載:실을 재. 算:셈할 산. 由:말미암을 유.

【말의 뜻】 列子:중국 전국시대 사람. 이름은 어구(御寇). 豪富:큰 부자. 부호. 却:문득. 도리어. 受貧:가난을 받음. 가난하게 살음. 年月日時:난 해와 달과 날과 시각, 즉 사주팔자. 該載定:이것이 정해져 있음. 算來:헤아려 봄. 由命:명에 말미암음. 운명에 달려 있음.

【뜻 풀이】 어리석고 몸이 불구인 사람도 부호 노릇을 하는 수가 있고, 지혜가 있고 총명한 사람이 도리어 가난하게 사는 수도 있다. 그러므로 사람의 부귀는 사주팔자에 달린 것이지 사람에 달린 것이 아니라는 뜻이다.

그러나 이 글도 지나친 운명론에 빠져 있다. 현대 사회는 누구나 성실히 노력만 하면 잘살 수 있다. 더구나 인생의 의의는 자신의 가치를 발휘하는 데 있는 것이다.

제4장
효행편
(孝行篇)

부모님을 극진한 효성으로 섬기라.

아버지 나를 낳으시고 어머니 나를 기르셨으니 아아, 슬프다. 부모님이
여, 나를 낳아 기르시느라고 애쓰고 수고하셨도다. 그 은혜를 갚고자 하
면 저 넓은 하늘과 같이 끝이 없도다.

효자가 부모를 섬김에 있어서 기거하심에는 그 공경함을 다하고, 봉양
함에는 그 즐거움을 다하고, 병드시면 그 근심을 다하고, 돌아가시면 그
슬픔을 다하고, 제사 지냄에는 그 엄숙함을 다한다.

내가 부모에게 효도하면 자식 또한 나에게 효도하나니, 내가 먼저 효도
하지 않는다면 자식이 어찌 효도하리오?

효순하는 사람은 다시 효순하는 아들을 낳고, 오역(忤逆)하는 사람은
다시 오역하는 아들을 낳는다. 이 말이 믿어지지 않거든 단지 저 추녀
끝의 낙숫물을 보라. 방울방울 떨어져 조금도 어긋남이 없다.

詩曰 父兮生我 母兮鞠我 哀哀父母 生我劬勞 欲報
시 왈 부 혜 생 아 모 혜 국 아 애 애 부 모 생 아 구 로 욕 보
之德 昊天罔極.
지 덕 호 천 망 극

《시경(詩經)》에 이렇게 말하고 있다.

"아버지 나를 낳으시고 어머니 나를 기르셨으니 아아, 슬프다. 부모님
이여, 나를 낳아 기르시느라고 애쓰고 수고하셨도다. 그 은혜를 갚고자
하면 저 넓은 하늘과 같이 끝이 없도다."

【글자 뜻】 兮:어조사 혜. 鞠:기를 국. 哀:슬플 애. 劬:힘쓸 구. 勞:수고
할 로. 昊:하늘 호. 罔:없을 망. 極:다할 극.

【말의 뜻】 詩:《시경(詩經)》. 鞠我:나를 기름. 哀哀:아, 슬프다. 劬勞:애
쓰고 수고함. 欲報之德:그 은덕을 갚고자 함. 昊天:넓은 하늘. 罔
極:끝이 없음.

【뜻 풀이】 나를 낳고 기르고 가르쳐 한 인간으로 만들어 주신 부모의 수
고와 은혜는 이루 헤아릴 길이 없다. 설사 아무리 부모에게 효도를 극
진히 한다 하더라도 부모의 은혜는 다 갚을 길이 없는 것이다. 그러므
로 효(孝)를 모든 행실의 근본으로 삼고 있는 것이며, 사람으로서 가
장 큰 죄는 부모에게 불효를 짓는 일이다.

2

子曰 孝子之事親也 居則致其敬 養則致其樂 病則
자왈 효자지사친야 거즉치기경 양즉치기락 병즉
致其憂 喪則致其哀 祭則致其嚴.
치기우 상즉치기애 제즉치기엄

공자께서 이렇게 말씀하셨다.

"효자가 부모를 섬김에 있어서 기거하심에는 그 공경함을 다하고, 봉
양함에는 그 즐거움을 다하고, 병드시면 그 근심을 다하고, 돌아가시면
그 슬픔을 다하고, 제사 지냄에는 그 엄숙함을 다한다."

【글자 뜻】 事:일 사, 섬길 사. 親:어버이 친, 친할 친. 居:살 거. 致:이를
치. 敬:공경할 경. 養:기를 양, 봉양할 양. 病:병들 병. 憂:근심 우.
喪:상사 상. 祭:제사 제. 嚴:엄할 엄.

【말의 뜻】 孝子之事親:효자가 부모를 섬김. 居則致其敬:살아 계실 때에
는 자기의 공경함을 다함. 養則致其樂:봉양할 때에는 자기의 즐거움
을 다함. 病則致其憂:병환이 나시면 자기의 근심을 다함. 喪則致其
哀:돌아가시면 자기의 슬픔을 다함. 祭則 致其嚴:제사를 당하면 자기
의 엄숙함을 다함.

【뜻 풀이】 이것은 자식이 부모를 섬기는 도리를 밝힌 것이다. 부모는 어
떻게 섬겨야 하나? 우선 마음으로부터 섬겨야 한다. 마음이 담기지 않
은 물질적인 효는 효가 아니다. 공자(孔子)는 《논어(論語)》에서, '부모
를 섬김에 공경하는 마음이 없으면 가축을 먹여 기르는 것과 무엇이
다르랴?' 라고 말씀하셨다.

더구나 요즈음에는 핵가족(核家族) 시대가 되어서 그런지 부모를 마음보다 물질로 섬기려는 경향이 짙어, 부모들은 소외감(疏外感)에 사로잡히는 일이 많다. 이와 같은 현상은 도시 생활에서 더욱 심하며 어떤 경우에는 투신자살까지 하게 된다.

사람은 자식을 낳아 길러 봐야 부모의 은혜를 안다고 한다. 하지만 자식 귀여운 줄은 알면서도 부모의 은혜를 생각지 못하는 사람들이 많은 것 같다. 잘났거나 못났거나 부모는 부모다. 돈 많은 부모보다 가난한 부모가 자식을 기르고 가르치느라고 고생을 더하게 마련이다. 고생을 많이 하신 부모일수록 더욱 잘 섬기고 봉양해야 하지 않겠는가?

효(孝)란 무엇인가? 마음으로부터 부모를 위하는 일이다. 그리하여 부모의 마음을 편안하고 즐겁게 해 드리는 것이 효인 것이다.

중국 고대에 노래자(老萊子)라는 사람은 자신이 백발이 된 뒤에도 어머니 앞에서 색동옷을 입고 재롱을 떨어 그 어머니의 마음을 즐겁게 해 드렸다고 한다.

조선시대 선조(宣祖)때 박인로(朴仁老)는 손님으로 갔을 때 조홍(早紅)감을 보고 돌아가신 부모를 그리워하며, '품어 가 반길 이 없을 새 그를 설워하노라.' 하고 한탄했다. 이것이 바로 효심(孝心)인 것이다.

평소에 공경하는 마음으로 부모를 모시고, 즐거운 마음으로 봉양하여 부모의 마음을 편하게 해 드리고, 병환이 나시면 마음으로부터 근심하여 치료에 힘쓰고, 부모상을 당하면 마음으로부터 슬퍼하고, 제사 때에는 부모가 생존해 계시던 일을 돌이켜 생각하며 마음을 엄숙하게 지녀야 한다.

요컨대 효(孝)는 마음이 앞서야 하며 여기에 물질이 따라야 하는 것이다.

3

子曰 父母在 不遠遊 遊必有方.
자 왈 부 모 재 불 원 유 유 필 유 방

공자께서 이렇게 말씀하셨다.

"부모가 살아 계시면 멀리 나가 놀지 않으며, 놀되 반드시 가는 곳이 있어야 한다."

【글자 뜻】 在:있을 재. 遊:놀 유. 方:모 방, 방위 방.

【말의 뜻】 父母在:부모가 살아 계심. 遠遊:멀리 나가 놂. 有方:방위를 둠. 일정한 곳이 있음.

【뜻 풀이】 부모의 마음은 자식이 장성해도 항상 어리게 느껴지고 걱정이 된다. 그러므로 일 없이 멀리 떠나 놀지 말아야 하고, 볼일이 있으면 가는 곳을 꼭 말씀드리고 다녀와야 한다.

4

子曰 父命召唯而不諾 食在口則吐之.
자 왈 부 명 소 유 이 불 락 식 재 구 즉 토 지

공자께서 이렇게 말씀하셨다.

"아버지께서 명하여 부르시거든 머뭇거리지 말고 곧 '예!' 하고 대답하되, 밥이 입 안에 있으면 토해야 한다."

【글자 뜻】 召:부를 소. 唯:오직 유, 대답할 유. 諾:허락할 락, 머뭇거릴 락. 食:밥 식, 먹을 식. 吐:토할 토.

【말의 뜻】 唯:'예!' 하고 대답함. 不諾:머뭇거리지 않음.

【뜻 풀이】 부모의 명령에는 순종하는 것이 원칙이다. 만일 아버지께서 부르시면 즉시 대답하되 머뭇거리지 말아야 한다. 만일 식사중이라 입에 밥이 들어 있으면 이를 뱉고 대답하라는 뜻이다.

太公曰 孝於親 子亦孝之 身旣不孝 子何孝焉.
태 공 왈 효 어 친 자 역 효 지 신 기 불 효 자 하 효 언

태공(太公)이 이렇게 말했다.

"내가 부모에게 효도하면 자식 또한 나에게 효도하나니, 내가 먼저 효도하지 않는다면 자식이 어찌 효도하리오!"

【글자 뜻】旣:이미 기. 焉:어조사 언.

【말의 뜻】身旣不孝:자신이 먼저 부모에게 효도하지 않음. 子何孝焉:아들이 어찌 효도하겠는가! 焉은 종결조사.

【뜻 풀이】자기 자신이 부모에게 효도하는 것을 보면 아들도 이를 본받아 자기에게 효도를 한다. 그러나 만일 자기 자신이 부모에게 솔선수범하여 효도하지 않는다면 어찌 자식이 자기에게 효도할 까닭이 있겠는가?

6

孝順還生孝順子 忤逆還生忤逆子. 不信但看簷頭水
효 순 환 생 효 순 자　오 역 환 생 오 역 자　　불 신 단 간 첨 두 수

點點滴滴不差移.
점 점 적 적 불 차 이

효순(孝順)하는 사람은 다시 효순하는 아들을 낳고, 오역(忤逆)하는 사람은 다시 오역하는 아들을 낳는다. 이 말이 믿어지지 않거든 다만 저 추녀 끝의 낙숫물을 보라. 방울방울 떨어져 조금도 어긋남이 없다.

【글자 뜻】 還:돌아올 환.　忤:거스릴 오.　逆:거스릴 역.　但:다만 단.
看:볼 간.　簷:추녀 첨, 점 점.　滴:떨어질 적.　差:차도 차.　移:옮길 이.

【말의 뜻】 孝順:부모에게 효도하고 순종함.　還生:다시 낳음.　忤逆:부모에게 거역하여 불효함.　但:다만.　簷頭水:지붕 추녀 끝에서 떨어지는 낙숫물.　點點滴滴:방울방울 떨어지고 또 떨어짐.　差移:어긋나게 옮김. 어긋남.

【뜻 풀이】 앞의 문장과 비슷한 뜻이다. 내가 부모의 뜻을 받들어 효도하는 사람은 다시 효도하는 아들을 낳고, 내가 부모의 뜻을 거슬러 불효하는 사람은 다시 불효하는 아들을 낳게 마련이다.

　　이 말을 믿지 못하겠거든 비 올 때 지붕 추녀에서 낙숫물이 떨어지는 것을 보면 알 수 없다. 물방울마다 꼭 같은 자리에 떨어져 조금도 어긋나는 일이 없다.

　　이상으로 '효행편(孝行篇)'은 끝나거니와, 마치 해바라기가 해를 바

라보고 피어나듯이 사람은 죽는 날까지 부모의 정을 잊지 못하게 마련이다. 이것은 하나의 본능이다. 우리는 몸이 괴롭거나 슬픈 일, 어려운 일을 당하면 으레 어머니를 찾는다. 부모는 언제까지나 살아 계신 것이 아니다. 돌아가신 뒤에 후회하지 말고 살아 계신 동안 정성을 기울여 마음으로부터 우러나오는 진정한 효도를 다해야 하지 않겠는가?

제5장
정기편
(正己篇)

우선 당신의 인격부터 바로잡으라.

남의 착함을 보거든 나의 착함을 찾고, 남의 악함을 보거든 나의 악함을 찾아야 한다. 이와 같이 하면 바야흐로 곧 이익이 있다.

대장부는 마땅히 남을 용서할지언정 남의 용서를 받는 사람이 되지 않는다.

남의 잘못을 듣거든 부모의 이름을 듣는 것같이 하여 귀로는 들을지언정 입으로 말하지 말아야 한다.

나를 착하다고 말해 주는 사람은 곧 나의 도둑이요, 나를 악하다고 말해 주는 사람은 곧 나의 스승이다.

부지런함은 값진 보배요, 조심함은 곧 몸을 보호하는 부적이다.

음식이 깨끗하면 정신이 상쾌해지고, 마음이 맑으면 잠도 편안하다.

여러 사람이 그를 좋아하더라도 반드시 살펴야 하고, 여러 사람이 그를 싫어하더라도 반드시 살펴야 한다.

性理書云 見人之善 而尋己之善 見人之惡 而尋己
성 리 서 운 견 인 지 선 이 심 기 지 선 견 인 지 악 이 심 기

之惡 如此方是有益.
지 악 여 차 방 시 유 익

《성리서(性理書)》에 이렇게 씌어 있다.

"남의 착함을 보거든 나의 착함을 찾고 남의 악함을 보거든 나의 악함
을 찾아야 한다. 이와 같이 하면 바야흐로 곧 이익이 있다."

【글자 뜻】 性:성품 성. 理:이치 리, 다스릴 리. 尋:찾을 심. 己:몸 기.
方:모 방, 바야흐로 방. 是:이 시. 益:더할 익, 이익 익.

【말의 뜻】 性理書:사람의 심성과 우주의 원리를 연구한 책. 見人之善:다
른 사람의 착한 것을 봄. 尋己之善:자기 자신의 착한 것을 찾음. 方:
바야흐로. 부사. 有益:이익이 있음.

【뜻 풀이】 제 5편은 자기 자신의 몸과 마음을 올바르게 닦을 것을 가르치
고 있다. 사람은 우선 자기 자신을 올바르게 닦아야 인생을 보람 있게
살 수 있고 가정과 사회를 바로잡을 수도 있다. 그래서 유교에서는 수
신(修身) · 제가(齊家) · 치국(治國) · 평천하(平天下)를 강조하고 있다.
우선 자기 자신을 선과 정의로 닦아 착하고 올바른 덕이 가정에 미치
고 사회에 미치고 국가에 미치고 온 인류에게 미치도록 해야 하는 것
이다.

《논어(論語)》에, '세 사람이 동행하면 반드시 내 스승이 있다.(三人
而行 必有我師焉)'는 말이 있다. 한 사람은 자신이고 한 사람은 나보

다 나은 사람이고 또 한 사람은 나만 못한 사람이다. 나보다 나은 사람에게서는 잘하는 것을 보고 배우고, 나만 못한 사람에게서는 잘못하는 것을 보고 또한 배우는 것이다.

다른 사람의 선행을 보면 자기도 그와 같은 선행을 하고 있는가를 찾아보고, 다른 사람의 악행을 보면 자기에게는 그와 같은 악행이 없는가를 찾아보아 자신의 행실을 올바르게 고쳐나가야 한다. 이와 같이 하면 모든 사람들이 나의 스승이며, 이와 같이 자신의 인격을 수양하는 사람은 결코 인생에 실패하는 일이 없다.

세네카는 "모든 선한 사람 속에는 신이 살고 있다."고 말했으며, 메난드로스는 "선한 사람은 다른 사람도 선하게 만든다."고 말했다.

2

景行錄云 大丈夫當容人 無爲人所容.
경 행 록 운 대 장 부 당 용 인 무 위 인 소 용

《경행록(景行錄)》에 이렇게 씌어 있다.

"대장부는 마땅히 남을 용서할지언정 남의 용서를 받는 사람이 되지
않는다."

【글자 뜻】當:마땅 당, 당할 당. 容:얼굴 용, 용납할 용.

【말의 뜻】當:마땅히. 容人:남을 용서함. 無爲:되지 않음. 人所容:남이
용서하는 바.

【뜻 풀이】몸의 수양을 쌓아 덕이 높은 대장부는 다른 사람의 잘못을 용
서하는 아량을 지니고 있되 절대로 다른 사람에게서 용서를 받아야
하는 잘못을 저지르지 않는다.

3

太公曰 勿以貴己而賤人 勿以自大而蔑小 勿以恃勇
태 공 왈 물 이 귀 기 이 천 인 물 이 자 대 이 멸 소 물 이 시 용
而輕敵.
이 경 적

태공(太公)이 이렇게 말했다.

"내가 귀하다고 해서 남을 천하게 여기지 말고, 내가 크다고 하여 작은
것을 업신여기지 말고, 용맹을 믿고서 적을 가볍게 여기지 말라."

【글자 뜻】貴:귀할 귀. 賤:천할 천. 蔑:업신여길 멸. 恃:믿을 시. 輕:가
벼울 경. 敵:대적 적.

【말의 뜻】貴己:자기가 귀함. 자기를 귀하게 여김. 賤人:남을 천하게 여
김. 自大:자기가 큼. 蔑小:작은 것을 업신여김. 恃勇:용맹스러움을
믿음. 輕敵:적을 가볍게 생각함.

【뜻 풀이】인격이 수양된 사람은 겸손한 마음을 지니고 있다. 자신의 지
위가 높다고 하여 낮은 사람을 천하게 여기지 않고, 자기의 재산이 많
다고 하여 가난한 사람을 업신여기지 않고, 자기의 용맹이 뛰어나다
고 하여 적을 가볍게 여기지 않는다. 이것이 바로 겸양(謙讓)의 미덕
인 것이다.

4

> 馬援曰 聞人之過失 如聞父母之名 耳可得聞 口不
> 마 원 왈 문 인 지 과 실 여 문 부 모 지 명 이 가 득 문 구 불
> 可言也.
> 가 언 야

마원(馬援)이 이렇게 말했다.

"남의 잘못을 듣거든 부모의 이름을 듣는 것같이 하여 귀로는 들을지
언정 입으로 말하지 말아야 한다."

【글자 뜻】 過:지날 과, 허물 과. 失:잃을 실. 耳:귀 이.

【말의 뜻】 人之過失:다른 사람의 잘못. 耳可得聞:귀로는 들어도 됨. 不
　　可~:~하지 말아야 함.

【뜻 풀이】 남의 잘못하는 일은 눈으로 보거나 귀로 듣는 것은 무관하지만
　　입으로 말해서는 안 된다. 남의 잘못을 보거나 들으면 자기에게는 그
　　와 같은 잘못이 없는가 반성해야 한다. 남의 잘못을 흉보는 것은 좋지
　　않다. 대개 자기 흉 열 가지 가진 사람이 남의 한 가지 흉을 보는 법이
　　다.

5

康節邵先生曰 聞人之謗未嘗怒 聞人之譽未嘗喜
강절소선생왈 문인지방미상노 문인지예미상희

聞人之惡未嘗和 聞人之善則就而和之 又從而喜
문인지악미상화 문인지선즉취이화지 우종이희

之. 其詩曰 樂見善人 樂聞善事 樂道善言 樂行善
지 기시왈 낙견선인 낙문선사 낙도선언 낙행선

意 聞人之惡 如負芒刺 聞人之善 如佩蘭蕙.
의 문인지악 여부망자 문인지선 여패난혜

강절(康節) 소선생(邵先生)이 이렇게 말했다.

"사람의 헐뜯음을 듣더라도 성내지 말며, 사람의 칭찬을 듣더라도 기
뻐하지 말며, 남의 악함을 듣더라도 이에 동조하지 말며, 남의 선함을 듣
거든 나아가서 화응(和應)하고, 또 쫓아서 기뻐해야 한다."

그 시(詩)에 이렇게 말했다.

"착한 사람 보기를 즐겨하고, 착한 일 듣기를 즐겨하고, 착한 말 이르
기를 즐겨하고, 착한 뜻 행하기를 즐겨하며, 남의 악함을 듣거든 가시를
지닌 것같이 하고, 남의 선함을 듣거든 난초와 혜초를 찬 것같이 하라."

【글자 뜻】謗:꾸짖을 방. 嘗:일찍 상. 怒:성낼 노. 譽:기릴 예. 和:화할
화. 就:나아갈 취. 從:쫓을 종. 道:길 도, 이를 도. 意:뜻 의. 負:질
부. 芒:가시 망. 刺:가시 자. 佩:찰 패. 蘭:난초 란. 蕙:혜초 혜.

【말의 뜻】未嘗~:일찍~하지 않음. 就而和之:나아가 그와 어울림. 從而
喜之:따르면서 기뻐함. 道善言:착한 말을 말함. 芒刺:가시. 蘭蕙:난
초와 혜초. 모두 향기가 좋음.

【뜻 풀이】 세상 사람들은 으레 칭찬을 해 주면 기뻐하고 잘못을 일러 주면 화를 낸다. 그러나 마음 닦는 사람은 칭찬을 들어도 반성하고 비방을 들어도 반성하여 잘못을 고치고 더욱 선행에 힘쓴다.

또 세상 사람들은 남의 선행을 들으면 시기하고 남의 악행을 들으면 함께 동조하여 흥을 본다. 그러나 남의 악행을 듣거든 반성의 자료로 삼고, 남의 선행을 듣거든 나아가 그를 따라 선행을 하도록 힘써야 한다.

그러므로 사람은 착한 사람 만나기를 좋아하고, 착한 일 듣기를 좋아하고, 착한 말하기를 좋아하고, 착한 생각 실천하기를 좋아해야 한다. 남의 악함을 들으면 맨몸에 가시를 지고 있는 것처럼 생각하고, 남의 선함을 들으면 몸에 향기 좋은 난초와 혜초를 지닌 것처럼 생각하여 악을 멀리하고 선을 실천하도록 노력해야 한다.

6

道吾善者是吾賊 道吾惡者是吾師.
도 오 선 자 시 오 적 도 오 악 자 시 오 사

나를 착하다고 말해 주는 사람은 곧 나의 도둑이요, 나를 악하다고 말
해 주는 사람은 곧 나의 스승이다.

【글자 뜻】道:이를 도. 吾:나 오. 賊:도둑 적, 해칠 적. 師:스승 사
【말의 뜻】道吾善:나를 착하다고 말함. 是:이, 곧.

【뜻 풀이】잘한다는 말은 귀에 순하고 잘못한다는 말은 귀에 거슬리게 마
련이다. 그러나 칭찬하는 말에는 아첨이 들어 있기 쉽고 잘못을 지적
해 주는 사람이야말로 내 잘못을 고쳐 주는 내 스승인 것이다. 칭찬하
는 말은 한때 기분은 좋을지 모르지만 나를 위하여 아무런 도움도 주
지 못한다. 좋은 약은 입에 쓴 법이다.(良藥苦於口). 잘못한다는 충고
는 기꺼이 받아들여 잘못을 고치도록 힘써야 한다.
　시루스는 "많은 사람들이 충고를 받지만 오직 현명한 사람만이 충
고를 받아들인다."고 말하고 있다.

7

太公曰 勤爲無價之寶 愼是護身之符.
태 공 왈 근 위 무 가 지 보 신 시 호 신 지 부

태공(太公)이 이렇게 말했다.

"부지런함은 값진 보배요, 조심함은 곧 몸을 보호하는 부적이다."

【글자 뜻】勤:부지런할 근. 價:값 가. 寶:보배 보. 愼:삼갈 신. 護:보호
할 호. 符:부적 부.

【말의 뜻】無價:값이 없음. 값이 몹시 비쌈. 護身之符:몸을 보호하는 부
적.

【뜻 풀이】사람은 빈둥거리며 놀기 위하여 태어난 것이 아니다. 부지런히
일하고 부지런히 몸과 마음을 닦기 위하여 태어난 것이다. 어느 시대
어느 사회를 막론하고 성공한 사람으로서 부지런하지 않은 사람이 없
었다. 부지런함이야말로 값으로 따질 수 없는 보배이다. 이 편 20장
에도 '오직 부지런함만이 공을 이룬다.(惟勤有功)'고 했고, 성심편 상
(省心篇 上) 48장에도 '작은 부자는 부지런함에 달려 있다.(小富由
勤)'고 했다.

또 사람은 항상 말과 행동을 조심해야 한다. 경솔한 말과 경솔한 행
동은 으레 말썽과 재앙을 불러들인다. 존심편(存心篇) 10장에도 '입
지키기를 병과 같이 하라.(守口如瓶)'고 했고, 안분편(安分篇) 3장에도
'망령된 행동은 도리어 재앙을 이르게 한다.(忘動反致禍)'고 했다. 말
과 행동을 조심하는 일이야말로 몸을 보호하는 비결인 것이다.

8

景行錄曰 保生者寡慾 保身者避名 無慾易 無名難.
경 행 록 왈 보 생 자 과 욕 보 신 자 피 명 무 욕 이 무 명 난

《경행록(景行錄)》에 이렇게 말하고 있다.

"삶을 보전하는 사람은 욕심이 적고 몸을 보전하는 사람은 이름을 피하거니와, 욕심을 없게 하기는 쉬우나 이름을 없게 하기는 어렵다."

【글자 뜻】保:보전할 보. 寡:적을 과. 慾:욕심 욕. 避:피할 피. 易:쉬울
이.

【말의 뜻】保生者:생계를 보전하는 사람. 寡慾:욕심이 적음. 避名:이름
을 피함. 명성을 피함.

【뜻 풀이】사람은 누구나 욕심이 있고 명성을 좋아한다. 만일 인간에게
욕심이 없다면 자신의 발전도 없고 사회의 발전도 없을 것이다. 정당
하고 적당한 욕심은 오히려 본인의 의욕을 북돋아 성공을 가져다주고
국가와 사회 발전에도 공헌하게 한다.

단지 문제가 되는 것은 부당한 허욕이다. 이와 같은 욕심은 이기주
의에서 나오며, 이것은 본인과 사회에 해독이 될 뿐이다. 명성은 본인
이 애쓰지 않아도 저절로 돌아온다. 억지로 명성을 얻으려 하면 사람
들의 미움과 시기만을 받을 뿐이다.

이 글에서는 욕심 없애기는 쉬워도 이름 없애기는 어렵다고 했지만
실은 욕심 없애기가 더욱 어려운 것 같다. 물론 정당한 욕심은 가질수
록 좋지만 허망한 욕심은 버리도록 노력해야 한다.

子曰 君子有三戒 少之時血氣未定. 戒之在色 及其
자왈 군자유삼계 소지시혈기미정 계지재색 급기

壯也 血氣方剛. 戒之在鬪 及其老也 血氣旣衰 戒之
장야 혈기방강 계지재투 급기로야 혈기기쇠 계지

在得.
재득

공자(孔子)께서 이렇게 말씀하셨다.

"군자(君子)는 세 가지 경계할 것이 있으니, 젊은 시절에는 혈기가 안정되지 않은지라 경계할 것이 여색(女色)에 있고, 그 창성함에 이르러서는 혈기가 바야흐로 강한지라 경계할 것이 싸움에 있고, 그 늙음에 이르러서는 혈기가 이미 쇠한지라 경계할 것이 이득에 있다."

【글자 뜻】 戒:경계할 계. 血:피 혈. 壯:장할 장. 剛:굳셀 강. 鬪:싸울
투. 衰:쇠할 쇠.

【말의 뜻】 君子:인격을 닦아 덕을 갖춘 사람. 三戒:세 가지 경계할 것.
色:여색. 得:이득. 탐내어 얻으려 함.

【뜻 풀이】 이 글은 사람의 일생을 소년기·장년기·노년기의 셋으로 나누어 각각 그 시기에 특히 조심해야 할 것을 말하고 있다. 여자와 시비와 이득, 이 세 가지는 일생 동안 조심하여 인생을 그르치는 일이 없도록 해야 한다.

10

> 孫眞人養生銘云 怒甚偏傷氣 思多太損神. 神疲心易
> 손 진 인 양 생 명 운 노 심 편 상 기 사 다 태 손 신   신 피 심 이
>
> 役 氣弱病相因. 勿使悲歡極 當令飮食均 再三防夜醉
> 역 기 약 병 상 인 물 사 비 환 극 당 령 음 식 균 재 삼 방 야 취
>
> 第一戒晨嗔.
> 제 일 계 신 진

손진인(孫眞人)의 양생명(養生銘)에 이렇게 씌어 있다.

"성냄이 심하면 치우쳐 기운을 상하고, 생각이 많으면 크게 정신을 손상시킨다. 정신이 피곤하면 마음이 수고로워지기 쉽고, 기운이 약하면 병이 잇달아 일어난다. 슬픔과 기쁨을 극도로 하지 말고, 마땅히 음식은 고르게 취하며, 밤에 술 취함을 재삼 막고, 첫째로 새벽에 성내는 일을 삼가라."

【글자 뜻】養:기를 양.　銘:새길 명.　怒:성낼 노.　甚:심할 심.　偏:치우칠 편.　傷:상할 상.　太:클 태, 콩 태.　損:손해 손.　神:귀신 신, 정신 신.　疲:피곤할 피.　易:쉬울 이.　役:부릴 역, 역사 역.　弱:약할 약.　因:인할 인.　使:하여금 사, 부릴 사.　歡:기쁠 환.　極:극진할 극.　當:마땅 당, 당할 당.　令:하여금 령, 명령 령.　均:고를 균.　防:막을 방.　醉:취할 취.　晨:새벽 신.　嗔:성낼 진.

【말의 뜻】孫眞人:도가(道家). 이름과 연대는 알 수 없음.　養生:몸과 마음을 건강하게 기르는 일.　傷氣:기운을 상함.　損神:정신을 손상시킴.　神疲:정신이 피로함.　心易役:마음이 쉽게 고달파짐.　相因:잇달아 일어남.　悲歡:슬픔과 기쁨.　夜醉:밤에 술 취함.　晨嗔:새벽에 성냄.

【뜻 풀이】망령된 생각이 많으면 정신이 피로하고, 화를 심하게 내면 이성을 잃고 기운이 허약해진다. 정신이 피로하면 마음이 안정되지 않고, 기운이 허약하면 병이 생긴다. 감정을 극단으로 달리지 않게 하여 마음을 안정시키고, 식사는 제때에 제 분량을 취해야 한다. 술을 과음하는 것은 몸에도 해롭고 정신에도 독이 된다. 특히 심신이 안정을 되찾을 새벽에 화를 내는 것이 가장 해롭다.

11

景行錄曰 食淡精神爽 心清夢寐安.
경 행 록 왈 식 담 정 신 상 심 청 몽 매 안

《경행록(景行錄)》에 이렇게 말하고 있다.
"음식이 깨끗하면 정신이 상쾌해지고 마음이 맑으면 잠도 편안하다."

【글자 뜻】淡:맑을 담. 爽:상쾌할 상. 夢:꿈 몽. 寐:잘 매.
【말의 뜻】食淡:음식이 깨끗함. 음식이 담백함. 夢寐:잠.

【뜻 풀이】식사는 밥과 채소와 같이 맛이 담백한 음식을 알맞게 먹어야 한다. 육류와 같은 기름진 음식을 배불리 먹으면 위장에 부담을 주고 정신도 멍해진다. 정신이 멍하면 마음이 밝지 못하고, 마음이 맑지 못하면 잠도 편안히 오지 않는다. 담백한 음식을 알맞게 먹으면 정신이 상쾌해지고, 정신이 상쾌하면 마음이 편안해지고, 마음이 편하면 잠도 편안히 잘 수 있다.

12

定心應物 雖不讀書 可以爲有德君子.
정 심 응 물 수 부 독 서 가 이 위 유 덕 군 자

마음을 안정시켜 사물에 응한다면 비록 책을 읽지 않더라도 가히 덕 있
는 군자가 될 수 있다.

【글자 뜻】應:응할 응. 雖:비록 수.
【말의 뜻】定心:마음을 안정시킴. 應物:사물에 응함. 可以爲~:~이 될
수 있다. 有德君子:마음이 착하고 행실이 올바른 덕이 있는 군자.

【뜻 풀이】일을 잘 처리하는 사람은 성공하고 잘못 처리하는 사람은 실패
한다. 일을 잘 처리하려면 우선 마음이 안정되어 있어야 한다. 마음의
안정은 정신의 안정에서 오며 감정의 지배를 받지 않는 데서 온다. 정
신이 불안정하고 감정의 지배를 받으면 사물의 이치를 옳게 추리하지
못하고, 따라서 판단도 그릇되기 쉽다.
책을 많이 읽은 사람도 마음이 안정되지 못하면 일을 잘 처리하지
못하고, 이와 반대로 지식이 별로 없는 사람도 마음의 안정을 얻으면
일을 옳게 해 나갈 수 있는 것이다. 일을 옳게 처리해 나가는 사람이
곧 덕 있는 군자인 것이다.

13

近思錄云 懲忿如故人 窒慾如防水.
근 사 록 운 징 분 여 고 인 질 욕 여 방 수

《근사록(近思錄)》에 이렇게 씌어 있다.

"분한 마음 징계하기를 옛 성인같이 하고, 욕심 막기를 물 막듯이 하라."

【글자 뜻】懲:징계할 징. 忿:분할 분. 故:연고 고, 예 고. 窒:막을 질.
防:막을 방.

【말의 뜻】近思錄:송(宋)나라 때 주자(朱子)와 제자 여조겸(呂祖謙)이 학
자들의 금언(金言)을 모아 엮은 책. 懲忿:분한 마음을 징계함. 분한
마음이 일어나지 않게 함. 故人:옛날 사람. 옛날 성인. 窒慾:욕심을
막음. 욕심이 일어나지 못하게 함. 防水:물을 막음. 물을 틀어막음.

【뜻 풀이】사람의 마음은 연못의 수면과 비슷하다. 바람이 불어오지 않으
면 연못의 수면은 맑은 거울처럼 잔잔하다. 그러나 가벼운 바람만 불
어와도 수면에는 잔물결이 일어난다. 거센 바람이 불어오거나 큰 돌
을 던지면 물결은 크게 일어 파문이 온 수면을 뒤덮는다.

　사람의 마음도 안정되었을 때에는 아주 잔잔하다. 그러나 분노와 원
한과 욕심과 같은 감정이 일어나면 마음은 금세 뒤흔들려 안정을 잃게
된다. 이와 같은 상태에서는 사물을 제대로 보고 제대로 생각하고 제대
로 판단할 수가 없게 된다. 그러므로 분한 감정이 일어나려 하거든 옛날
의 유덕 군자처럼 이를 가라앉히고, 욕심이 고개를 들거든 물 나오는 구
멍을 막듯이 그 욕심의 구멍을 막아 항상 마음의 안정을 되찾아야 한다.

> 夷堅志云 避色如避讐 避風如避箭. 莫喫空心茶 少
> 이 견 지 운 피 색 여 피 수 피 풍 여 피 전 막 끽 공 심 다 소
>
> 食中夜飯.
> 식 중 야 반

《이견지(夷堅志)》에 이렇게 씌어 있다.

"여색(女色) 피하기를 원수 피하듯 하고, 바람 피하기를 화살 피하듯
하라. 빈속에 차를 마시지 말고 밤중에는 밥을 적게 먹으라."

【글자 뜻】夷:오랑캐 이. 堅:굳을 견. 避:피할 피. 讐:원수 수. 箭:화살
　　전. 喫:먹을 끽. 茶:차 다. 飯:밥 반.

【말의 뜻】夷堅志:송(宋)의 홍매(洪邁)가 엮은 설화집(說話集). 莫喫:먹
　　지 말라. 空心:빈속. 少食:적게 먹음. 中夜:밤중.

【뜻 풀이】이것은 건강을 위하여 경계한 네 가지 일들이다. 여색 피하기
　　를 원수 피하듯 하라. ― 여색을 좋아하면 건강을 잃고 패가망신한다.
　　바람 피하기를 화살 피하듯 하라. ― 갑자기 찬바람을 쏘이는 것은 감
　　기와 여러 가지 병의 원인이 되기 때문이다. 빈속에 차를 마시지 말
　　라. ― 차는 대개 자극성이 강하므로 빈속에 먹으면 위장을 해치게 된
　　다. 밤중에는 밥을 적게 먹어라. ― 음식을 배불리 먹으면 위장에 부
　　담을 주어 몸이 약해진다. 식사는 배불리 먹지 않도록 조심하되 특히
　　밤중에는 음식을 먹지 않는 것이 좋다.

45

荀子曰 無用之辯 不急之察 棄而勿治.
순 자 왈 무 용 지 변 불 급 지 찰 기 이 물 치

순자(荀子)가 이렇게 말했다.

"쓸데없는 말과 급하지 않은 일은 버리고 다스리지 말라."

【글자 뜻】 辯:말씀 변. 察:살필 찰. 棄:버릴 기. 治:다스릴 치.

【말의 뜻】 荀子:중국 전국시대 조(趙)나라 학자. 이름은 황(況). 맹자(孟子)의 성선설(性善說)에 대하여 성악설(性惡說)을 주장함. 無用之辯: 쓸데없는 말. 不急之察:급하지 않은 일. 요긴하지 않은 일. 勿治:다스리지 말라.

【뜻 풀이】 사람의 대인 관계는 말과 행동으로써 이루어진다. 그러므로 좋은 대인 관계를 유지하려면 항상 말과 행동을 조심해야 한다. 말을 함부로 하게 되면 자연히 쓸데없는 말이 튀어나와 남의 잘못이나 흉을 보게 되기 쉽다. 또 행동을 함부로 하게 되면 자연히 도리에서 벗어나는 그릇된 행동을 하게 된다. 평소에 말과 행동을 삼가하여 선하고 옳은 말과 선하고 옳은 행동만 하는 것이 몸을 닦는 길이다.

_16_

子曰 衆好之必察焉 衆惡之必察焉.
자 왈 중 호 지 필 찰 언 중 오 지 필 찰 언

공자께서 이렇게 말씀하셨다.

"여러 사람이 그를 좋아하더라도 반드시 살펴야 하고, 여러 사람이 그를 싫어하더라도 반드시 살펴야 한다."

【글자 뜻】衆:무리 중.　惡:미워할 오, 악할 악.

【말의 뜻】衆好之:여러 사람이 좋아함.　惡之:미워함. 싫어함.

【뜻 풀이】사람은 자기 자신의 확고부동한 인생관과 주관을 가지고 살아야 한다. 다른 사람들의 의견을 무조건 받아들여서는 안 된다. 어떤 사람을 많은 사람들이 좋아할지라도 반드시 그의 말과 행실을 살펴보아야 하고 또 어떤 사람을 많은 사람들이 싫어할지라도 반드시 그의 말과 행실을 살펴보아야 한다. 또 자기가 행하는 일에 대해서도 그렇다. 여러 사람들이 좋아하는 일도 그것이 옳은 일이 아니면 하지 말아야 하고 비록 사람들이 싫어할지라도 그것이 옳은 일이면 해야 한다.

17

酒中不語眞君子 財上分明大丈夫.
주 중 불 어 진 군 자 재 상 분 명 대 장 부

술 취한 중에 말하지 않음은 참다운 군자요, 재물에 대하여 분명함은 대장부이다.

【글자 뜻】眞:참 진. 財:재물 재.
【말의 뜻】酒中不語:술 취한 중에서도 말하지 않음. 財上分明:금전 문제 를 분명히 처리함.

【뜻 풀이】평소에 말이 적은 사람도 술에 취하면 말이 많아지기 쉽다. 그 러나 취중에 떠드는 말은 누구나 술주정으로 들려 위신을 잃기 안성 맞춤이다. 그러므로 인격을 닦은 사람은 술을 먹으면 더욱 말을 삼간 다. 인간 생활에 있어서 금전 문제는 다루기 힘든 경우가 많다. 금전 의 거래는 분명히 하고 약속은 꼭 지켜 신의를 잃지 말아야 한다. 특 히 가까운 사이라도 소홀히 하면 우정이나 화목에 금이 가기 쉽다.

18

萬事從寬 其福自厚.
만 사 종 관 기 복 자 후

모든 일을 너그러움에 따르면 그 복이 저절로 두터워진다.

【글자 뜻】 從:쫓을 종. 寬:너그러울 관. 厚:두터울 후.

【말의 뜻】 萬事從寬:모든 일을 너그럽게 처리함. 其福自厚:자기 복이 저
절로 많아짐.

【뜻 풀이】 복은 언제나 착하고 너그러운 사람을 찾아간다. 악하고 옹졸한
사람에게는 절대로 복이 깃들지 않는다. 모든 사람에게 착하고 관대
하게 처리하는 것이 자신의 복을 크게 증대시키는 길이다.

19

太公曰 欲量他人 先須自量 傷人之語 還是自傷 含
血噴人 先汚其口.

태공(太公)이 이렇게 말했다.

"다른 사람을 헤아리고자 하거든 먼저 모름지기 자신을 헤아리라. 남
을 해치려는 말은 도리어 곧 자기 자신을 해치게 되나니, 피를 머금어 남
에게 뿜으려 하면 먼저 자기 입이 더러워진다."

【글자 뜻】 量:헤아릴 량. 須:모름지기 수. 傷:상할 상. 還:돌아올 환.
  含:머금을 함. 噴:뿜을 분. 汚:더러울 오.

【말의 뜻】 欲量:헤아리려 함. 自量:자신을 헤아림. 傷人之語:남을 해치
  는 말. 還是自傷:도리어 자신을 해침. 含血噴人:피를 입에 머금어 남
  에게 뿜음. 先汚其口:먼저 자기 입이 더러워짐.

【뜻 풀이】 세상에는 오해란 것이 많다. 오해는 상대방을 이해하지 못하는
  데서 생긴다. 덮어놓고 상대방의 행동을 탓하지 말고, 우선 입장을 바
  꾸어 놓고 한 번 생각해 보라. 그러면 대개의 오해는 풀리고 관대한
  마음이 우러나오게 된다.

  함부로 남을 해치는 말을 하지 말라. 남을 해치면 남도 나를 해치는
  악순환이 거듭된다. 더구나 남을 해치는 말을 하려면 자기 마음에 불
  쾌한 감정을 품게 된다. 불쾌한 감정을 마음에 품으면 건강에 해로울
  뿐 아니라 복이 들어오는 길을 막아버린다. 남을 욕하면 제 입부터 더

러워질 뿐 아니라 결국 그 재앙이 자기에게로 되돌아오게 마련이다.

20

凡戲無益 惟勤有功.
범 희 무 익 유 근 유 공

모든 놀이는 이익됨이 없고, 오직 부지런함만이 공이 있다.

【글자 뜻】凡:무릇 범. 戲:희롱 희. 惟:오직 유. 功:공 공.

【말의 뜻】凡戲:모든 놀이. 有功:공적이 있음.

【뜻 풀이】 놀이로 귀중한 시간을 낭비해서는 안 된다. 더구나 도박에 발을 들여놓으면 패가망신하기 첩경이다. 학창 시절에는 부지런히 공부하고 사회에 나가면 부지런히 일해야 한다. 이것만이 인생에 성공을 가져다준다. 그러나 요즈음처럼 공해가 심한 도시에서 적당히 취하는 휴식과 놀이는 도리어 피로를 회복시켜 주고 새로운 활력을 되찾게 해 주기도 한다.

21

太公曰 瓜田不納履 李下不正冠.
태 공 왈   과 전 불 납 리   이 하 부 정 관

 태공이 이렇게 말했다.
 "오이 밭에서 신을 고쳐 신지 말고, 오얏나무 아래에서 모자를 고쳐 쓰지 말라."

【글자 뜻】 納:들일 납. 履:신 리, 밟을 리. 冠:갓 관.
【말의 뜻】 納履:신들메함. 신을 고쳐 신음. 不正冠:갓을 바로잡지 않음.

【뜻 풀이】 이 글은 남에게 의심 받을 짓을 하지 말라는 뜻이다. 남의 오이
　　 밭에서 신을 고쳐 신으면 오이를 따는 줄 오해하기 쉽고, 과일나무 아
　　 래에서 모자를 고쳐 쓰면 과일을 따는 줄 오해하기 쉬우니 조심하라
　　 는 말이다.

22

景行錄曰 心可逸形不可不勞 道可樂心不可不憂.
경 행 록 왈 심 가 일 형 불 가 불 로 도 가 락 심 불 가 불 우

形不勞則怠惰易弊 心不憂則荒淫不定. 故逸生於勞
형 불 로 즉 태 타 이 폐 심 불 우 즉 황 음 부 정 고 일 생 어 로

而常休 樂生於憂而無厭 逸樂者憂勞 豈可忘乎.
이 상 휴 낙 생 어 우 이 무 염 일 락 자 우 로 기 가 망 호

《경행록(景行錄)》에서 이렇게 말하고 있다.

"마음은 편안해도 되지만 몸이 수고롭지 않아서는 안 되고, 도(道)는
즐겨도 되지만 마음이 근심하지 않아서는 안 된다. 몸이 수고롭지 않으면
게을러져서 무너지기 쉽고, 마음이 근심하지 않으면 거칠고 음탕하여 안
정되지 않는다.

그러므로 편안한 마음은 수고로운 몸에서 생겨야 항상 안정되고, 도
(道)를 즐김은 근심하는 마음에서 생겨야 싫증나지 아니하나니, 마음이
편안하고 도(道)를 즐기는 사람은 마음의 근심과 몸의 수고로움을 어찌
잊을 수 있겠는가?"

【글자 뜻】逸:편안 일. 形:형상 형, 몸 형. 勞:수고할 로. 憂:근심 우.
怠:게으를 태. 惰:게으를 타. 弊:폐단 폐. 荒:거칠 황. 淫:음탕할
음. 休:쉴 휴. 厭:싫을 염. 豈:어찌 기. 忘:잊을 망. 乎:어조사 호.
【말의 뜻】心可逸:마음을 편안하게 가져도 됨. 形不可不勞:몸은 수고롭
히지 않을 수 없음. 몸은 수고롭혀야 함. 不可不~:~하지 않을 수 없
음. 怠惰易弊:게을러져서 폐단이 되기 쉬움. 荒淫不定:마음이 거칠
고 음탕하여 안정되지 않음. 常休:항상 안정됨. 無厭:싫어지지 않음.

逸樂者:마음을 편히 갖고 道를 즐기는 사람. 憂勞:마음의 근심과 몸의 수고로움. 豈可忘乎:어찌 잊을 수 있으랴! 豈는 부사, 乎는 감탄 종결조사.

【뜻 풀이】이 글은 마음과 몸을 간직해 나가는 방법을 일러 준 것이다. 마음은 편안히 가지되 몸은 수고롭게 해야 한다. 몸을 수고롭게 하지 않으면 게을러져서 폐단이 된다. 만일 이와 반대로 몸을 편안히 하고 마음만 수고롭게 해 보라. 일은 하나도 이루지 못하고 헛된 망상만을 되풀이할 것이다. 또 도(道)를 즐기되 마음으로 항상 근심하라. 도(道)는 올바른 인생을 걸어가는 길이다. 도(道)를 즐기되 마음으로는 항상 도(道)에서 벗어나지나 않을까 걱정해야 한다.

만일 근심하지 않고 방심(放心)하면 마음은 곧 악과 음탕한 일을 생각하여 안정을 잃고 만다. 그러므로 육체적으로 노력하면서 얻은 편안한 마음은 항상 안정을 잃지 않고, 마음으로 인도(人道)에서 벗어날까 근심하면서 도(道)를 즐기는 것은 싫증나는 일이 없는 진정한 즐거움이다. 그러므로 마음을 편안히 갖고 인생을 즐기는 사람은 잠시도 마음의 근심과 몸의 수고를 잊지 않고 실천한다.

23

耳不聞人之非 目不視人之短 口不言人之過 庶幾君子.
이 불 문 인 지 비 목 불 시 인 지 단 구 불 언 인 지 과 서 기 군 자

귀로 남의 그릇됨을 듣지 않고, 눈으로 남의 단점을 보지 않고, 입으로
남의 허물을 말하지 않아야 거의 군자에 가깝다.

【글자 뜻】非:그를 비, 아닐 비. 視:볼 시. 短:짧을 단. 過:허물 과, 지날
　　과. 庶:거의 서, 뭇 서. 幾:거의 기, 몇 기.

【말의 뜻】人之非:남의 그릇됨. 人之短:남의 단점. 人之過:남의 허물.
　　庶幾~:거의 ~에 가까움.

【뜻 풀이】남이 잘못하였다는 말이 들려올 때에는 어떻게 해야 하나? 그
　　말을 곧이곧대로 믿지 말고 한 쪽 귀로 듣고 한 쪽 귀로 흘려보내라.
　　혹은 그런 말이 들리거든 자신에게는 그런 잘못이 없는지 반성할 기
　　회로 삼으라.
　　　남의 잘못이 눈에 뜨일 때에는 어떻게 해야 하나? 보지 않을 수는
　　없는 노릇이다. 이런 때에도 차라리 자신을 반성할 기회로 삼으라.
　　　그리고 남의 잘못은 결코 입 밖에 내서 말하지 말라.
　　　당신의 인격을 수양하기 위해서는 이상의 세 가지 일을 실천하도록
　　노력하라.

蔡伯喈曰 喜怒在心 言出於口 不可不愼.
채 백 개 왈 희 노 재 심 언 출 어 구 불 가 불 신

채백개(蔡伯喈)가 이렇게 말했다.

"기쁨과 성냄은 마음에 있고 말은 입에서 나오는 것이니 삼가지 않을 수 없다."

【글자 뜻】 喈:새소리 개. 喜:기쁠 희. 怒:성낼 노. 愼:삼갈 신.

【말의 뜻】 蔡伯喈:후한(後漢)의 학자. 이름은 옹(邕), 자는 백개(伯喈). 喜怒:기쁨과 성냄. 言出於口:말은 입으로 나옴.

【뜻 풀이】 기쁨 · 슬픔 · 즐거움 · 성냄 등의 감정은 자신의 마음속에서 일어나는 동요다. 이를 함부로 입 밖에 내지 않도록 조심해야 한다. 말은 일단 입 밖에 나오면 엎지른 물과 같아서 다시 주워 담을 수 없다. 만일 생각나는 대로 감정이 일렁이는 대로 다 말로 쏟아놓는다면 어떻게 될까? 필시 구설수에 걸려 패가망신할 것이다.

혀는 함부로 놀릴 것이 못 된다. 그래서 자고로 '입은 재앙을 불러들이는 문'이라고 일컬어 왔다. 또 입 지키기를 병과 같이 하라고 했다. 입은 무거울수록 좋다. 그래서 '능변은 은이요 침묵은 금'이라는 격언까지 생겨났다.

宰予晝寢 子曰 朽木不可雕也 糞土之墻不可圬也.
재 여 주 침 자 왈 후 목 불 가 조 야 분 토 지 장 불 가 오 야

재여(宰予)가 낮잠을 자거늘, 공자께서 말씀하셨다.
"썩은 나무는 조각할 수 없고, 썩은 흙의 담은 흙손질할 수 없다."

【글자 뜻】宰:재상 재. 予:나 여. 晝:낮 주. 寢:잘 침. 朽:썩을 후. 雕:
아로새길 조. 糞:똥 분. 墻:담 장. 圬:흙손 오.

【말의 뜻】宰予:공자(孔子)의 제자. 자는 자아(子我). 朽木:썩은 나무.
不可雕:조각할 수 없음. 糞土:썩은 흙.

【뜻 풀이】재여(宰予)는 공문십철(孔門十哲) 중의 한 사람으로, 자공(子
貢)과 함께 언변에 능하였다. 그러나 그 천성이 게을렀던 모양이다.
다른 제자들은 모두 열심히 공부하는데 재여(宰予)가 낮잠을 자고 있
자 공자께서 이를 보고 꾸중하신 말씀이다. 썩은 나무에는 조각을 할
수 없고 썩은 흙으로 친 담은 흙손질할 수 없듯이, 사람의 바탕이 되
어 있지 않으면 학문을 해도 쓸 만한 인재가 되지 못한다는 말씀이다.
　그러나 재여(宰予)는 이 꾸중을 들은 다음 정신을 차렸는지 열심히
학문에 힘쓰고 도(道)를 닦아, 드디어 공자의 열 제자 중의 한 사람이
되었다. 사람은 본바탕이 되어 있어야 한다. 그리고 사람의 바탕은 본
인 자신의 꾸준한 노력에 의해서만 이루어질 수 있는 것이다. 마음이
착하고 행동이 올바르고 꾸준히 노력하는 사람, 이런 사람만이 인생
의 승자가 될 수 있는 것이다.

紫虛元君 誠諭心文曰 福生於淸儉 德生於卑退 道
자허원군 성유심문왈 복생어청검 덕생어비퇴 도

生於安靜 命生於和暢 憂生於多慾 禍生於多貪 過
생어안정 명생어화창 우생어다욕 화생어다탐 과

生於輕慢 罪生於不仁. 戒眼莫看他非 戒口莫談他
생어경만 죄생어불인 계안막간타비 계구막담타

短 戒心莫自貪嗔 戒身莫隨惡伴. 無益之言莫妄說
단 계심막자탐진 계신막수악반 무익지언막망설

不干己事莫妄爲. 尊君王孝父母 敬尊長奉有德 別
불간기사막망위 존군왕효부모 경존장봉유덕 별

賢愚恕無識. 物順來而勿拒 物旣去而勿追 身未遇
현우서무식 물순래이물거 물기거이물추 신미우

而勿望 事已過而勿思. 聰明多暗昧 算計失便宜. 損
이물망 사이과이물사 총명다암매 산계실편의 손

人終自失 依勢禍相隨. 戒之在心 守之在氣. 爲不節
인종자실 의세화상수 계지재심 수지재기 위부절

而亡家 因不廉而失位. 勸君自警於平生 可歎可警
이망가 인불렴이실위 권군자경어평생 가탄가경

而可畏. 上臨之以天鑑 下察之地祇. 明有三法相繼
이가외 상림지이천감 하찰지지기 명유삼법상계

暗有鬼神相隨. 惟正可守 心不可欺 戒之戒之.
암유귀신상수 유정가수 심불가기 계지계지

자허원군(紫虛元君)의 《성유심문(誠諭心文)》에서 이렇게 말하고 있다.

"복은 맑고 검소한 데서 생기고, 덕은 몸을 낮추고 물러나는 데서 생기고, 道는 편안하고 고요한 데서 생기고, 생명은 화창한 데서 생기고, 근심은 욕심 많은 데서 생기고, 재앙은 많이 탐내는 데서 생기고, 과실은 경솔하고 거만한 데서 생기고, 죄는 어질지 못한 데서 생긴다.

눈을 경계하여 남의 그릇됨을 보지 말고, 입을 경계하여 남의 단점을 말하지 말고, 마음을 경계하여 스스로 탐내고 성내지 말고, 몸을 경계하여 악한 벗을 따르지 말라. 쓸데없는 말을 망령되이 말하지 말고, 나와 관계가 없는 일을 망령되이 하지 말라.

임금을 높이고 부모에게 효도하고, 어른을 공경하고 덕 있는 이를 받들고, 현명하고 어리석은 사람을 분별하고 무식한 사람을 용서하라. 재물이 순리로 오거든 물리치지 말고 재물이 이미 갔거든 쫓아가지 말며, 몸이 때를 만나지 못했거든 바라지 말고, 일이 이미 지나갔거든 생각지 말라.

총명한 사람도 어둡고 어리석은 때가 많고, 계산에 치밀한 사람도 편의를 잃는 수가 있다. 남을 해치면 마침내 스스로를 잃고, 세력에 의지하면 재앙이 서로 따른다. 경계할 것은 마음에 있고, 지킬 것은 기운에 있다. 절약하지 않으면 집안이 망하고, 청렴하지 않으면 지위를 잃는다.

그대에게 권하여 스스로 평생 동안 경계하게 하노니, 가히 탄식하고 경계하고 두려워하라. 위에는 하늘의 내려다보심이 임하고, 아래는 땅의 신명이 살피고 있다. 밝은 곳에는 세 가지 법이 이어져 있고 어두운 곳에는 귀신이 따르고 있다. 오직 올바른 것을 지킬 일이요 마음을 속이지 말아야 하나니, 경계하고 경계할지니라."

【글자 뜻】 紫:붉을 자. 虛:빌 허. 誠:정성 성, 진실로 성. 儉:검소할 검. 卑:낮을 비. 退:물러갈 퇴. 靜:고요 정. 暢:화창할 창. 貪:탐낼 탐. 慢:교만할 만. 談:말씀 담. 嗔:성낼 진. 隨:따를 수. 伴:짝 반. 妄: 망령될 망. 干:관계할 간, 방패 간. 奉:받들 봉. 賢:어질 현. 愚:어리석을 우. 識:알 식. 拒:항거할 거. 追:쫓을 추. 遇:만날 우. 暗: 어두울 암. 昧:어두울 매. 宜:마땅 의. 依:의지할 의. 勢:형세 세.

亡:망할 망. 因:인할 인. 廉:청렴할 렴. 位:벼슬 위, 자리 위. 勸:권
할 권. 警:경계할 경. 歎:탄식할 탄. 畏:두려울 외. 臨:임할 림. 鑑:
볼 감, 거울 감. 察:살필 찰. 祇:지신 기. 繼:이을 계.

【말의 뜻】 紫虛元君:도가(道家). 이름과 연대는 알 수 없음. 誠諭心文:진
실로 마음을 깨우치는 글. 淸儉:마음이 깨끗하고 검소함. 卑退:자신
을 겸손하게 낮춤. 和暢:마음이 부드럽고 밝음. 輕慢:경솔하고 거만
함. 莫自貪嗔:스스로 탐내고 화내지 말라. 惡伴:악한 친구. 不干己
事:자기에게 관계없는 일. 尊君王:임금을 높임. 敬尊長:웃어른을 공
경함. 奉有德:덕 있는 사람을 받들음. 別賢愚:현명한 사람과 어리석
은 사람을 분별함. 物順來而勿拒:순리로 오는 재물은 거절하지 않음.
物旣去而勿追:이미 가 버린 재물은 쫓아가지 않음. 未遇:때를 만나지
못함. 暗昧:어둡고 어리석음. 算計:계획을 세움. 계획을 잘 세우는
사람. 失便宜:좋은 때를 놓침. 損人終自失:남을 해치면 종당 자기가
손실을 당함. 依勢:세력에 의존함. 爲不節而亡家:절약하지 않기 때
문에 집안이 망함. 因不廉而失位:청렴하지 않기 때문에 지위를 잃음.
勸君~:그대에게 ~을 권함. 可歎可警而可畏:탄식하고 경계하고 두려
워하라. 天鑑:하늘이 내려다봄. 地祇:땅의 신. 三法:여러 가지 법
률. 惟正可守:오직 올바른 도리를 지켜야 함. 心不可欺:마음은 속일
수 없음. 마음을 속여서는 안 됨.

【뜻 풀이】 일생 동안 옆에 놓고 자주 읽고 싶은 좋은 글이다. 복은 깨끗한
마음과 검소한 생활에서 생기고 덕은 자신을 낮추는 겸양에서 생기
고, 도(道)는 편안한 마음에서 생기고, 건강은 화창한 마음에서 생긴
다. 그러나 욕심이 많으면 근심이 많고, 많이 탐내면 재앙이 돌아오
고, 경솔하고 거만하면 잘못을 저지르고, 마음이 어질지 못하면 죄악

을 짓게 된다.

눈으로 남의 잘못을 보지 말고, 입으로 남의 잘못을 말하지 말라. 탐내고 화내지 않도록 마음을 조심하고, 악한 친구를 사귀지 말고, 쓸데없는 말을 하지 말고, 쓸데없는 일을 하지 말라.

나라와 민족을 사랑하고 부모에게 효도하고, 어른을 존경하고 덕이 있는 사람을 따르고, 어리석고 무식한 사람을 용서하라. 정당한 방법으로 돌아오는 올바른 재물은 내치지 말고, 가버린 재물을 억지로 쫓아가지 말라. 아직 때가 이르지 않았거든 바라지 말고, 지나간 일은 후회하지 말라.

총명한 사람도 어리석을 때가 많고, 계산이 빠른 사람도 시기를 놓치는 수가 많다. 남을 해치려 하지 말라, 당신이 해를 당한다. 권세에 아부하지 말라, 재앙이 뒤따른다. 항상 마음이 선에서 벗어나지 않도록 조심하고 정의를 지켜 나가라. 낭비하면 집안이 망하고, 부정을 저지르면 지위를 잃는다.

위에는 하늘이 내려다보고 있고 아래는 사람들의 이목이 살피고 있고 사회에는 밝은 법률이 있으니 두렵지 않은가? 오직 올바른 도리를 지킬 일이요, 무엇보다도 당신의 양심을 속이지 않도록 조심하라. 일생 동안 스스로 경계하고 또 경계하라.

제6장
안분편
(安分篇)

당신의 분수에 만족하여 편안히 살라.

족한 줄 알면 가히 즐겁고, 탐욕에 힘쓰면 근심이 생긴다.

만족할 줄 아는 사람은 가난하고 천해도 역시 즐겁고, 만족할 줄 모르는
사람은 부하고 귀해도 역시 근심한다.

외람된 생각은 한갓 정신을 상할 뿐이요, 망령된 행동은 도리어 재앙을
불러들인다.

만족할 줄 알아 항상 만족하면 평생 동안 욕되지 아니하고, 그칠 줄 알
아 항상 그치면 평생 동안 부끄러움이 없다.

가득 차면 손실을 부르고, 겸손하면 이익을 받는다.

분수에 편안하면 욕됨이 없고, 기틀을 알면 마음 절로 한가롭다.

비록 인간 세상에서 살지만 도리어 이 인간 세상에서 벗어났다.

그 지위에 있지 않거든 그 정사(政事)를 도모하지 말아야 한다.

_1_

景行錄曰 知足可樂 務貪則憂.
경 행 록 왈 지 족 가 락 무 탐 즉 우

《경행록(景行錄)》에 이렇게 이르고 있다.

"만족한 줄 알면 가히 즐겁고, 탐욕에 힘쓰면 근심이 생긴다."

【글자 뜻】務:힘쓸 무. 貪:탐낼 탐. 憂:근심 우.

【말의 뜻】知足:족한 줄을 앎. 務貪:탐욕에 힘씀.

【뜻 풀이】인간의 욕심이란 한이 없다. 스스로 자기 처지에 만족할 줄 알
아야 한다. 모든 것은 마음의 자세에 달려 있다. 가진 것이 별로 없는
사람도 자기 처지에 만족하는 사람이 있는가 하면 큰 부자이면서도
만족하지 못하고 탐욕을 부리는 사람이 있다.

스스로 만족하는 사람은 날마다의 생활이 기쁘고 즐겁지만, 탐욕을
부리는 사람은 항상 근심과 걱정에 싸여서 지낸다. 또 탐욕이 많은 사
람은 악과 불의를 저질러 패가망신하기가 쉽다.

2

知足者貧賤亦樂 不知足者富貴亦憂.
지 족 자 빈 천 역 락 부 지 족 자 부 귀 역 우

만족할 줄 아는 사람은 가난하고 천해도 역시 즐겁고, 만족할 줄 모르는 사람은 부하고 귀해도 역시 근심한다.

【글자 뜻】 貧:가난할 빈. 賤:천할 천. 亦:또 역. 憂:근심 우.

【말의 뜻】 知足者:만족할 줄 아는 사람. 不知足者:만족할 줄 모르는 사람.

【뜻 풀이】 만족을 안다는 것은 마음의 상태이다. 욕심을 없애면 절로 만족을 느끼게 된다. 자기 분수를 알아 만족을 느끼는 사람은 비록 지위가 낮고 가난해도 행복하게 살고, 만족을 모르고 탐욕을 부리는 사람은 비록 지위가 높고 부자라도 근심 속에서 생활하게 된다.

만족할 줄 알라. 그러면 당신의 하루하루의 생활은 즐거워질 것이다. 이것이 행복을 얻는 길이다.

공자(孔子)는《논어(論語)》에서 "군자는 마음이 항상 태평하고 넓고, 소인은 마음이 항상 근심에 차서 초조하다."고 말씀하셨다.

3

濫想徒傷神 妄動反致禍.
람 상 도 상 신 망 동 반 치 화

외람된 생각은 한갓 정신을 상할 뿐이요, 망령된 행동은 도리어 재앙을 불러들인다.

【글자 뜻】濫:넘칠 람. 想:생각 상. 徒:한갓 도, 무리 도. 妄:망령될 망.
反:돌이킬 반. 致:이를 치.

【말의 뜻】濫想:외람된 생각. 분수에 넘치는 생각. 傷神:정신을 상함.
妄動:망령된 행동. 反致禍:도리어 재앙을 오게 함.

【뜻 풀이】외람된 생각이란 실현 가능성이 없는 백일몽이다. 단돈 만 원도 없는 사람이 갑자기 벼락부자가 될 생각을 한다고 하자. 이와 같은 생각은 공연히 정신만 피로하게 할 뿐이다.
　　물론 높은 이상을 가지고 원대한 계획을 세워서는 안 된다는 말이 아니다. 그와 같은 이상은 가질수록 좋다. 그러나 망령된 행동은 도리에 맞지 않는 행동이다. 이와 같은 행동은 재앙을 불러들이기 쉽다.

4

知足常足 終身不辱 知止常止 終身無恥.
지 족 상 족 종 신 불 욕 지 지 상 지 종 신 무 치

만족할 줄 알아 항상 만족하면 평생 동안 욕되지 아니하고, 그칠 줄 알아 항상 그치면 평생 동안 부끄러움이 없다.

【글자 뜻】辱:욕될 욕.   止:그칠 지.   恥:부끄러울 치.
【말의 뜻】知足常足:만족할 줄 알아 항상 만족함.   終身:평생 동안.   不辱:욕되지 않음.   知止:그칠 줄 알음.   無恥:부끄러움을 당하지 않음.

【뜻 풀이】만족할 줄 알아 항상 자기 처지에 만족한다면 평생 동안 욕이 돌아오지 않고, 행동을 그쳐야 할 때 그칠 줄을 알아 항상 그치면 평생 동안 부끄러운 일을 당하지 않는다. 그런데 만족할 줄 알고 그칠 줄 안다는 것은 몹시 어려운 일이다. 그래서 마음과 행동은 꾸준히 닦아 나가야 하는 것이다.

書曰 滿招損 謙受益.
서 왈 만 초 손 겸 수 익

《서경(書經)》에 이렇게 말하고 있다.

"가득 차면 손실을 부르고, 겸손하면 이익을 받는다."

【글자 뜻】滿:가득할 만. 招:부를 초. 謙:겸손 겸. 受:받을 수.

【말의 뜻】書:《서경(書經)》. 滿招損:가득 차면 손해를 부름. 謙受益:겸
손하면 이익을 받음.

【뜻 풀이】달은 차면 기울게 마련이다. 부와 권력도 마찬가지이다. 억지
로 가득 채우려고 욕심을 내면 크게 손실을 당한다. 오히려 남에게 겸
양의 미덕을 베푸는 것이 자신에게 이익을 가져다준다. 만족할 줄 알
아 욕심을 그치라. 거만하지 말고 겸손 하라.

프랭클린은 "탐욕과 행복은 서로 만나는 일이 없는데, 어떻게 그들
이 친해질 수 있는가?"라고 말했고, 엘리어트는 "겸손은 가장 얻기 어
려운 미덕이다."라고 말했다.

6

安分吟曰 安分身無辱 知機心自閑. 雖居人世上 却
안 분 음 왈 안 분 신 무 욕 지 기 심 자 한 수 거 인 세 상 각
是出人間.
시 출 인 간

《안분음(安分吟)》이라는 시에서 이렇게 말하고 있다.

"분수에 편안하면 몸에 욕됨이 없고, 기틀을 알면 마음은 절로 한가롭다. 비록 인간 세상에서 살지만 도리어 이 인간 세상에서 벗어났다."

【글자 뜻】吟:읊조릴 음. 機:기틀 기. 閑:한가할 한. 却:문득 각, 물리칠 각.

【말의 뜻】安分吟:작자(作者) 알 수 없음. 安分:자기 분수에 편안함. 知機:세상 일이 돌아가는 이치를 앎. 心自閑:마음이 절로 한가로움. 却是出人間:도리어 이 인간 세상에서 벗어남.

【뜻 풀이】자기 분수를 편안히 지키고 살면 몸에 욕됨이 없고, 세상 일이 돌아가는 이치를 알고 살면 마음이 절로 한가롭다.

이와 같은 마음가짐으로 인생을 살면, 비록 몸은 속세에 살지만 높은 뜻은 인간 세상을 초월하여 살고 있는 것이다.

7

子曰 不在其位 不謨其政.
자 왈 부 재 기 위 불 모 기 정

공자께서 이렇게 말씀하셨다.

"그 지위에 있지 않거든 그 정사(政事)를 도모하지 말아야 한다."

【글자 뜻】位:자리 위. 謨:꾀할 모.

【말의 뜻】不在其位:자리가 그 지위에 있지 않음. 不謨其政:그 정사를
도모하지 말아야 함.

【뜻 풀이】 사람은 함부로 남의 일에 간섭해서는 안 된다. 그 일은 아무래
도 본인 자신이 가장 잘 알기 마련이다. 이것은 일종의 망령된 행동이
라 하겠다.

제7장
존심편
(存心篇)

당신의 양심을 지니도록 노력하라.

비록 몹시 어리석은 사람도 남을 꾸짖는 데는 밝고, 비록 총명이 있는 사람
도 자기를 용서하는 데는 어둡다. 너희들은 다만 마땅히 남을 꾸짖는 마음으
로 자기를 꾸짖고 자기를 용서하는 마음으로 남을 용서하라.

박하게 베풀고 후하게 바라는 사람은 보답 받지 못하고, 귀하게 되고 나서
천하던 시절을 잊는 사람은 오래가지 못한다.

은혜를 베풀거든 보답을 구하지 말고, 남에게 주거든 추후로 후회하지 말라.

담력은 크게 가지되 마음은 작게 가져야 하고, 지혜는 원만하게 가지되 행동
은 방정해야 한다.

법을 두려워하면 아침마다 즐겁고, 나라의 일을 속이면 날마다 근심한다.

사람은 백 살 사는 사람이 없건만 헛되이 천 년의 계획을 세운다.

마음이 편안하면 초가집도 안락하고, 성정이 안정되면 나물국도 향기롭다.

景行錄云 坐密室如通衢 馭寸心如六馬 可免過.
경 행 록 운 좌 밀 실 여 통 구 어 촌 심 여 육 마 가 면 과

《경행록(景行錄)》에 이렇게 씌어 있다.

"밀실에 앉았기를 네거리에 앉은 것같이 하고, 한 치의 마음 통제하기를 말 여섯 필이 끄는 수레를 통제하듯 하면 가히 허물을 면할 수 있다."

【글자 뜻】密:비밀 밀, 빽빽할 밀. 衢:거리 구. 馭:어거할 어. 免:면할 면.

【말의 뜻】密室:비밀스러운 방. 通衢:네거리. 馭:말을 부림. 寸心:한 치되는 사람의 작은 마음. 六馬:옛날 천자의 수레는 말 여섯 필이 끌었음. 可免過:잘못을 면할 수 있음.

【뜻 풀이】아무도 보지 않는 밀실에 혼자 앉아 있어도 마치 사람들이 많은 네거리에 앉아 있는 것같이 조심하고, 자기의 마음 통제하기를 여섯 필의 말이 끄는 수레를 통제하듯 하여 선과 의에서 벗어나지 않도록 한다면 잘못을 저지르는 일은 없을 것이다.

사람의 마음이란 옳게 지니고 살기가 그처럼 어려운 것이다. 항상 자신의 마음을 스스로 살펴야 한다.

2

擊壤詩云 富貴如將智力求 仲尼年少合封侯. 世人
격 양 시 운 부 귀 여 장 지 력 구 중 니 연 소 합 봉 후 세 인
不解靑天意 空使身心半夜愁.
불 해 청 천 의 공 사 신 심 반 야 수

《격양시(擊壤詩)》에 이렇게 씌어 있다.

"부귀(富貴)를 지혜의 힘으로 구할 수 있는 것이라면 공자께서는 나이
젊어서 마땅히 제후에 봉해졌을 것이다. 세상 사람들은 푸른 하늘의 뜻을
알지 못하고 공연히 몸과 마음으로 하여금 밤중에 근심하게 한다."

【글자 뜻】 擊:칠 격. 壤:흙덩이 양. 將:장차 장, 장수 장. 封:봉할 봉.
　　侯:제후 후. 解:풀 해. 愁:근심 수.

【말의 뜻】 擊壤詩:송(宋)나라 때 소옹(邵雍)이 엮은 격양집(擊壤集)에 실
　　려 있음. 如將~:만일 ~로 할 수 있다면. 智力:지혜의 힘. 仲尼:孔子
　　의 자. 合封侯:마땅히 제후에 봉해졌음. 不解:이해하지 못함. 空:공
　　연히. 부질없이. 半夜愁:밤중에 근심함.

【뜻 풀이】 부귀는 지혜만 가지고 얻을 수 있는 것이 아니다. 하늘의 뜻이
　　따라야 한다. 만일 부귀를 지혜의 힘으로 얻을 수 있는 것이라면 공자
　　(孔子)께서는 젊은 나이에 제후가 되셨을 것이다.

　　공자는 당시 사람들도 나면서부터 모든 일을 아시는 분(生而知之)
이라고 일렀다. 세상 일은 그렇게 마음대로 되는 것이 아니다. 하늘의
이치를 따라야 한다. 그런데 세상 사람들은 하늘의 뜻을 알지 못하고
공연히 밤중에 잠 못 이루고 근심만 한다.

3

范忠宣公戒子弟曰 人雖至愚責人則明 雖有聰明恕
범 충 선 공 계 자 제 왈 인 수 지 우 책 인 즉 명 수 유 총 명 서

己則昏. 爾曹但當以責人之心責己 恕己之心恕人則
기 즉 혼 이 조 단 당 이 책 인 지 심 책 기 서 기 지 심 서 인 즉

不患不到聖賢地位.
불 환 부 도 성 현 지 위

범충선공(范忠宣公)이 아들과 아우를 경계하여 말했다.

"비록 몹시 어리석은 사람도 남을 꾸짖는 데는 밝고, 비록 총명이 있는
사람도 자기를 용서하는 데는 어둡다. 너희들은 다만 마땅히 남을 꾸짖는
마음으로 자기를 꾸짖고 자기를 용서하는 마음으로 남을 용서하면 성현
의 지위에 이르지 못할 것을 근심하지 않아도 된다."

【글자 뜻】 愚:어리석을 우. 責:꾸짖을 책. 聰:귀밝을 총. 恕:용서할 서.
　　昏:어두울 혼. 爾:너 이. 曹:무리 조. 但:다만 단. 患:근심 환.

【말의 뜻】 范忠宣公:북송(北宋) 때 명신. 이름은 순인(純仁). 충선공(忠宣
　　公)은 그의 시호. 至愚:몹시 어리석음. 責人:남을 꾸짖음. 恕己:자신
　　을 용서함. 爾曹:너희들. 不患:근심하지 않음.

【뜻 풀이】 사람은 원래 남의 잘못은 눈에 잘 띄면서도 자기 자신의 잘못
은 잘 깨닫지 못한다. 아무리 어리석은 사람도 남의 잘못을 꾸짖는 데
는 총명하고, 아무리 총명한 사람도 자신의 잘못을 용서하는 데는 어
리석다. 그러므로 남을 꾸짖는 마음으로 자기 자신의 잘못을 꾸짖고
자기의 잘못을 용서하는 마음으로 남의 잘못을 용서하라. 즉, 자신은

엄격하게 꾸짖고 남은 관대하게 용서하는 것, 이것이 바로 인격을 수양하여 성현의 경지로 나아가는 길이다.

4

子曰 聰明思睿守之以愚 功被天下守之以讓 勇力
자 왈 총 명 사 예 수 지 이 우 공 피 천 하 수 지 이 양 용 력
振世守之以怯 富有四海守之以謙.
진 세 수 지 이 겁 부 유 사 해 수 지 이 겸

공자께서 이렇게 말씀하셨다.

"총명하고 생각이 뛰어날지라도 어리석음으로써 지켜야 하고, 공(功)이 천하를 덮을지라도 양보함으로써 지켜야 하고, 용맹이 세상에 떨칠지라도 겁냄으로써 지켜야 하고, 부함이 사해(四海)를 소유할지라도 겸손으로써 지켜야 한다."

【글자 뜻】睿:밝을 예. 功:공 공. 被:덮을 피. 讓:사양할 양. 振:떨칠 진. 怯:겁낼 겁. 謙:겸손할 겸.

【말의 뜻】思睿:생각이 뛰어나게 밝음. 功被天下:공을 이룬 것이 온 天下를 덮음. 勇力振世:용맹스러운 힘이 온 세상에 떨침. 富有四海:부함이 四海, 즉 온 天下를 소유함. 有는 소유의 뜻.

【뜻 풀이】사람은 남보다 조금만 나은 점이 있으면 곧 우월감에 사로잡혀 방자하고 거만하게 처세하기가 쉽다. 이래서는 그 장점을 오래 지니

지 못한다.

지혜가 남보다 뛰어나다고 어리석은 사람들을 멸시해서는 안 된다. 마음으로부터 자신의 어리석음을 느껴야 한다. 노자(老子)가 '밝은 지혜를 속에 지니고 세속에 묻혀 지낸다.(和光同塵)'고 한 것은 바로 이를 두고 이른 말이다.

공을 세워 온 천하에 덕을 베풀었더라도 그 공을 혼자서 차지하려 해서는 안 된다. 그 공을 다른 사람들에게 돌림으로써 오히려 자신의 공은 더욱 확고해진다.

용맹이 온 세상을 뒤흔들지라도 겁을 모르는 무모한 장수는 패전의 쓰라림을 맛보게 마련이다. 초나라의 항우(項羽)가 한나라의 유방(劉邦)에게 패한 것은 그 좋은 예라 하겠다. 손자(孫子)는 그의 병서(兵書)에서 '적을 알고 나를 알면 백 번 싸워도 위태하지 않다.(知彼知己 百戰不殆)'고 말했다.

아무리 부자라도 사람이 교만하면 그 부를 오래 누리지 못한다. 자기가 잘나서 부자가 된 것이 아니라 많은 사람들의 도움을 얻어 부자가 된 것이다. 그러므로 향상 겸손한 태도를 잃지 말아야 한다. 부자가 겸손하면 점점 더 부자가 된다. 거만하면 부를 잃고 겸손하면 이익을 받는다. 《안분편(安分篇)》의 〈滿招損 謙受益〉은 바로 이를 두고 이른 말이다.

5

素書云 薄施厚望者不報 貴而忘賤者不久.
소 서 운 박 시 후 망 자 불 보 귀 이 망 천 자 불 구

《소서(素書)》에 이렇게 씌어 있다.

"박하게 베풀고 후하게 바라는 사람은 보답 받지 못하고, 귀하게 되고
나서 천하던 시절을 잊는 사람은 오래가지 못한다."

【글자 뜻】薄:얇을 박. 施:베풀 시. 厚:두터울 후. 久:오랠 구.

【말의 뜻】素書:진(秦)나라 때 황석공(黃石公)이 장량(張良)에게 전해 준
병서(兵書). 흔히 '황석공소서(黃石公素書)'라고 함. 薄施:박하게 베
풂. 厚望:후하게 바람. 不報:보답 받지 못함. 忘賤:천하던 시절을
잊음. 不久:오래가지 못함.

【뜻 풀이】은혜를 널리 베푼다는 것은 좋은 일이다. 그러나 보답을 바라
지 말고 베풀어야 한다. 남에게 줄 때에는 조금 주면서 크게 보답을
바란다면 그 보답은 결코 돌아오지 않으며 복을 받지 못한다. 가난하
고 어려운 처지에 있는 사람을 도와줄 때에는 기쁜 마음으로 무조건
도와주어야 한다. 그러면 본인도 모르는 여러 가지 방법으로 보답이
돌아오게 마련이다.

　또 세상에는 가난하고 천하던 사람이 부하고 귀하게 되는 경우가
있다. 인간이란 원래 건망증이 심한 존재라서 부귀하게 되면 가난하
고 천하던 시절을 까마득하게 잊어버리고, 인색하고 교만하게 처신하
기가 쉽다. 이렇게 되면 모든 사람들이 그에게 등을 돌려 그 부(富)와

귀(貴)는 결코 오래가지 못한다.

가난하고 천하게 지내던 지난날을 항상 마음에 새겨 겸손한 생활과 겸허한 태도를 잃지 말고, 가난하고 천한 사람들에게 은혜를 베풀어야 한다. 이렇게 하면 많은 사람들의 지지와 협조를 얻어 그의 부는 더욱 부하게 되고 귀(貴)는 더욱 귀하게 되어 인생에서 큰 성공을 거두게 될 것이다.

6

施恩勿求報 與人勿追悔.
시 은 물 구 보   여 인 물 추 회

은혜를 베풀거든 보답을 구하지 말고, 남에게 주거든 추후에 후회하지 말라.

【글자 뜻】施:베풀 시. 恩:은혜 은. 報:갚을 보. 與:줄 여, 더불어 여.
追:쫓을 추. 悔:뉘우칠 회.
【말의 뜻】施恩:은혜를 베풂. 求報:보답을 구함. 與人:남에게 돈이나 물건을 줌. 追悔:추후에 후회함.

【뜻 풀이】앞의 글과 비슷한 내용이다. 남에게 은혜를 베풀 때에는 결코 보답을 요구하지 말아야 한다. 갚기를 바란다면 벌써 그것은 은혜가 아니다. 또 남에게 은혜를 줄 때에는 아까워하는 생각을 마음에 지녀서는 안 되며 추후에 그것을 후회해도 안 된다. 이와 같은 부정적인

생각은 도리어 당신에게 물심양면으로 손실만을 가져다준다.

7

孫思邈曰 膽欲大而心欲小 知浴圓而行欲方.
손 사 막 왈 담 욕 대 이 심 욕 소 지 욕 원 이 행 욕 방

손사막(孫思邈)이 이렇게 말했다.

"담력은 크게 가지되 마음은 작게 가져야 하고, 지혜는 원만하게 가지
되 행동은 방정해야 한다."

【글자 뜻】邈:아득할 막. 膽:쓸개 담. 圓:둥글 원. 方:모 방.

【말의 뜻】孫思邈:당(唐)나라의 유명한 의원. 膽欲大:담력은 커야 함.
  心欲小:마음은 작아야 함. 마음은 세밀해야 함. 知欲圓:지혜는 둥글
  어야 함. 지혜는 원만해야 함. 行欲方:행동은 모져야 함. 행동은 方正
  해야 함.

【뜻 풀이】담력은 곧 용기다. 사람은 용기가 있고 마음이 치밀해야 한다.
  마음만 크고 용기가 없어서는 아무 일도 하지 못한다. 또 지혜는 풍부
  해야 하지만 행동은 방정하여 선과 정의를 실천해야 한다. 아는 것이
  적으면 옳고 그름을 판단하기 어렵고, 행동이 방정하지 못하면 악과
  불의를 저지르기 쉽다.

8

念念要如臨戰日 心心常似過橋時.
녀 녀 요 여 임 전 일 심 심 상 사 과 교 시

생각마다 반드시 싸움터에 나가는 날과 같이 해야 하고, 마음마다 항상
다리를 건널 때와 같이 해야 한다.

【글자 뜻】念:생각 념. 臨:임할 임. 似:같을 사. 橋:다리 교.
【말의 뜻】念念:생각마다. 要:반드시. 臨戰日:싸움터에 나가는 날. 心
心:마음마다. 過橋時:다리를 건너갈 때.

【뜻 풀이】생각은 신중히 하고 마음가짐은 조심하라는 뜻이다. 적과 싸우
러 나갈 때에는 신중히 생각하여 작전을 세운다. 생각이 그 사람을 만
든다고 하거니와 항상 착하고 옳은 생각, 건설적이고 적극적인 생각
만을 하도록 신중을 기해야 한다. 결코 악하고 옳지 못한 생각, 남을
시기하고 원망하는 생각, 파괴적이고 소극적인 생각을 지녀서는 안
된다. 이와 같은 생각들은 자신에게 손실과 실패를 가져다주기 때문
이다.

옛날의 다리는 대개가 외나무다리였다. 그래서 다리를 건널 때에는
몹시 조심을 해서 건너야 했다. 외나무다리를 건널 때처럼 항상 마음
을 조심해서 지녀야 한다. 당신의 마음이 항상 선함과 올바름에서 떠
나지 않도록 조심해야 한다. 선한 마음은 복을 불러들이고 악한 마음
은 재앙을 불러들이는 법이다.

懼法朝朝樂 欺公日日憂.
구 법 조 조 락 기 공 일 일 우

법을 두려워하면 아침마다 즐겁고, 나라의 일을 속이면 날마다 근심한
다.

【글자 뜻】懼:두려워할 구. 欺:속일 기. 憂:근심 우.

【말의 뜻】懼法:국법(國法)을 두려워함. 朝朝:아침마다. 날마다. 欺公:
나라의 일을 속임. 日日憂:날마다 근심을 함.

【뜻 풀이】법률은 모든 국민이 안심하고 살 수 있도록 하기 위해서 제정
한 것이다. 만일 법을 어기면 국가에서 법률의 정한 바에 따라 제재를
가한다. 이리하여 처벌을 받은 사람은 주변 사람들로부터 백안시(白
眼視)당한다. 그러니 절대로 법을 어기는 죄인이 되어서는 안 된다.
　평소에 꾸준히 마음을 닦아 착함과 올바름을 지니는 사람은 절대로
법을 어기거나 악을 범하지 않는다. 그래서 마음은 편안하고 생활은
날마다 즐겁다. 이와 반대로 법을 어기거나 악을 저지른 사람은 날마
다 근심에 싸여 지내기 마련이다.

朱文公曰 守口如瓶 防意如城.
주 문 공 왈 수 구 여 병 방 의 여 성

주문공(朱文公)이 이렇게 말했다.

"입 지키기를 병같이 하고, 뜻 막기를 성같이 하라."

【글자 뜻】 瓶:병 병. 防:막을 방. 城:성 성.

【말의 뜻】 朱文公:주자(朱子). 남송(南宋)의 학자로 이름은 회(熹), 호는 회암(悔菴). 성리학(性理學)을 대성(大成)시켰으며,《사서집주(四書集註)》·《소학(小學)》·《근사록(近思錄)》 등의 저서가 있음. 守口如瓶: 입 지키기를 병 막듯이 함. 防意如城:나쁜 뜻 막아내기를 성을 쌓아 막아내듯이 함.

【뜻 풀이】 입을 잘못 놀리면 재앙을 불러들이게 되고, 마음속으로 나쁜 생각이 들어오면 악을 저지르게 된다. 그러므로 병에 마개를 막듯이 입을 다물어 함부로 지껄이지 말고, 성으로 적군의 침입을 막듯이 나쁜 생각이 마음으로 들어오지 못하게 막아내라는 뜻이다.

> # 心不負人 面無慙色.
> 심 불 부 인 면 무 참 색

마음으로 남을 저버리지 않았으면 얼굴에 부끄러운 빛이 없다.

【글자 뜻】負:질 부.   慙:부끄러울 참.

【말의 뜻】負人:남을 저버림.   慙色:부끄러운 빛.

【뜻 풀이】 사람의 마음과 얼굴은 같은 물체의 안과 겉의 관계와 같다. 마음이 기쁘면 얼굴에 웃음이 떠오르고, 마음이 슬프면 얼굴의 표정이 쓸쓸해진다. 그래서 우리는 대개 낯빛을 보고 그의 마음을 헤아리게 된다. 따라서 악을 저지르거나 남과의 신의를 저버리지 않았다면 그의 얼굴에도 부끄러운 빛이 떠오르지 않을 것이다.

맹자(孟子)는 '위로 하늘에 부끄러울 것이 없고, 아래로 사람들에게 부끄러울 것이 없음(仰不愧於天 俯不怍於人)'이 인생의 큰 즐거움이라고 말했다. 항상 마음을 선하고 올바르게 지녀 부끄러움 없는 인생이 되도록 노력해야겠다.

12

人無百歲人 枉作千年計.
인 무 백 세 인 왕 작 천 년 계

사람은 백 살 사는 사람이 없건마는 헛되이 천 년의 계획을 세운다.

【글자 뜻】 歲:해 세. 枉:헛될 왕, 구부릴 왕. 計:계획 계.
【말의 뜻】 百歲人:백 살을 사는 사람. 枉作:헛되이 세움. 千年計:천 년
　동안의 계획.

【뜻 풀이】 사람은 백 살 사는 사람이 드물다. 그런데 사람들은 마치 자기
　가 천 년이나 살 것처럼 여러 가지 허망한 계획을 세워 보는 것이다.
　　그렇다고 이 글이 인생을 허랑방탕하게 보내란 뜻은 아니다. 허망
　한 욕심을 버리고 인생을 하루하루 성실하게 살아가라는 말이다. 인
　간에게는 장래의 희망이나 이상도 중요하지만 하루하루를 성실하게
　살아가는 것이 더욱 중요하다.
　　인간은 항상 '오늘'을 살고 있는 것이다. 우리는 '어제'에 살 수도
　없고 '내일'에 살 수도 없다. 오직 '오늘'이라는 현실 속에서 살아가는
　것이다. '오늘'을 성실히 살라. 그리하여 모든 '오늘'이 보람 있는 날
　들이 되게 하라. 이것이 인생을 가장 현명하게 살아가는 길이다.

13

寇萊公六悔銘云 官行私曲失時悔 富不儉用貧時悔
구 래 공 육 회 명 운 관 행 사 곡 실 시 회 부 불 검 용 빈 시 회
藝不少學過時悔 見事不學用時悔 醉後狂言醒時悔
예 불 소 학 과 시 회 견 사 불 학 용 시 회 취 후 광 언 성 시 회
安不將息病時悔.
안 부 장 식 병 시 회

　구래공(寇萊公)의《육회명(六悔銘)》에 이렇게 씌어 있다.

　"관리가 부정을 행하면 벼슬을 잃을 때 후회하고, 부자가 검약해서 쓰지 않으면 가난해졌을 때 후회하고, 재주를 어려서 배우지 아니하면 때가 지났을 때 후회하고, 일을 보고도 배우지 아니하면 쓸 때에 후회하고, 술 취한 뒤에 마구 말하면 술 깨었을 때 후회하고, 건강할 때 섭생하지 아니하면 병들었을 때 후회한다."

【글자 뜻】悔:뉘우칠 회. 銘:새길 명. 曲:굽을 곡. 儉:검소할 검. 藝:재주 예. 狂:미칠 광. 醒:깰 성. 將:도울 장, 장차 장, 장수 장. 息:쉴 식.

【말의 뜻】寇萊公:송(宋)나라의 재상. 이름은 준(準). 시호는 내국공(萊國公). 六悔銘:여섯 가지 후회할 일들을 경계한 글. 私曲:부정(不正). 비행(非行). 失時悔:벼슬을 잃었을 때 후회함. 儉用:절약해서 씀. 藝:재주. 기술. 過時悔:때가 지났을 때 후회함. 見事不學:일을 보고도 배우지 않음. 用時:쓸 때. 필요한 때. 狂言:미친 말. 주책없는 말. 安:安康함. 건강함. 將息:섭생(攝生)함. 양생(養生)함.

【뜻 풀이】이것은 누구나 저지르고 나서 후회하기 쉬운 여섯 가지 일들이다. 관직에 있는 사람은 청렴결백해야 한다. 만일 사리사욕에 눈이 어두워 부정을 저지르면 파면된 뒤에 후회하게 된다.

아무리 부자라도 근검절약해야 부(富)를 오래도록 누릴 수 있다. 만일 허랑방탕한 생활을 한다면 머지않아 파산한다. 가난해진 뒤에 후회를 한들 때는 이미 늦었다.

또 학문과 기술은 젊었을 때 배워야 한다. 젊어서 학문과 기술을 배우지 않고 허송세월하면 뒤늦게 후회한다. 그리고 세상의 모든 일은 미리 배워 두어야 한다. 그렇지 않으면 갑자기 일을 당했을 때 당황하고 후회하게 된다.

앞에서도 '酒中不言眞君子'란 말이 나왔거니와, 술이 취했을 때는 더욱 말을 조심해야 한다. 함부로 떠들어대면 술이 깼을 때 반드시 후회한다.

그리고 몸이 건강할 때 영양을 섭취하고 적당한 휴식을 취해야 건강이 유지된다. 섭생을 하지 않고 병든 뒤에 후회한들 무슨 소용이 있으랴.

14

益智書云 寧無事而家貧 莫有事而家富 寧無事而住
익 지 서 운 영 무 사 이 가 빈 막 유 사 이 가 부 영 무 사 이 주

茅屋 不有事而住金屋 寧無病而食麤飯 不有病而服
모 옥 불 유 사 이 주 금 옥 영 무 병 이 식 추 반 불 유 병 이 복

良藥.
양 약

《익지서(益智書)》에 이렇게 씌어 있다.

"차라리 무사하면서 집이 가난할지언정 사고가 있으면서 집이 부자이
지 말아야 하고, 차라리 무사하면서 초가집에서 살지언정 사고가 있으면
서 좋은 집에서 살지 말아야 하고, 차라리 병이 없으면서 거친 밥을 먹을
지언정 병이 있으면서 좋은 약을 먹지 말아야 한다.

【글자 뜻】寧:차라리 녕, 편안 녕. 住:살 주. 茅:띠 모. 屋:집 옥. 麤:거
칠 추. 飯:밥 반. 服:먹을 복, 옷 복. 藥:약 약.

【말의 뜻】寧~莫(不)~:차라리 ~할지언정 ~하지 말라. 차라리 ~한 것이
~한 것보다 낫다. 有事:사고가 있음. 茅屋:띠집. 초가집. 金屋:좋은
집. 麤飯:거친 밥.

【뜻 풀이】인생의 행복은 반드시 부자이면서 좋은 집에서 호의호식하는
데 있는 것이 아니다. 비록 가난할지라도 가족이 모두 건강하고 서로
위하고 사랑하기만 한다면, 비록 단칸 셋방살이에서 거친 음식을 먹
고 산다 할지라도 진정한 행복은 그 속에 있는 것이다. 언제나 화기애
애하여 웃음이 떠나지 않는 가정, 행복은 이런 가정에 머무는 법이다.

차라리 행복하면서 가난하게 사는 것이 불행하면서 부자인 것보다

낫고, 차라리 행복하면서 판잣집에서 사는 것이 불행하면서 고대광실
으리으리한 집에서 사는 것보다 낫고, 차라리 건강하면서 거친 음식
을 먹는 것이 병이 있으면서 값비싼 약을 먹는 것보다 낫다.

15

心安茅屋穩 性定菜羹香.
심 안 모 옥 온 성 정 채 갱 향

마음이 편안하면 초가집도 안락하고, 성정(性情)이 안정되면 나물국도
향기롭다.

【글자 뜻】 穩:편안할 온. 性:성품 성. 菜:나물 채. 羹:국 갱.
【말의 뜻】 心安:마음이 편안함. 穩:안락함. 안온함. 性定:性情이 안정
됨. 菜羹:나물국.

【뜻 풀이】 사람은 감정이 안정되어야 마음이 편안할 수 있고, 마음이 편
안해야 인생을 유유자적할 수 있다. 그리고 이것은 인생을 달관하려
는 꾸준한 노력에 의해서만 이루어질 수 있는 것이다.
　　마음이 편안하면 초가집에서 살아도 안락하고, 성정(性情)이 안정
되면 시래깃국도 맛있고 향기롭게 마련이다.
　　공자(孔子)의 수제자인 안자(顔子)는 집이 가난해도 본성을 잃지 않
고 안빈낙도(安貧樂道)했다. 그래서 공자께서는 그를 칭찬하여, "어질
도다, 안회여! 한 그릇 밥과 한 표주박 마실 것으로 누추한 집에서 사

는 것을. 사람들은 그 근심을 참지 못하거늘 안회는 그 즐거움을 고치
지 아니하니. 어질도다, 안회여!" 하고 말씀하셨다.

16

景行錄云 責人者不全交 自恕者不改過.
경 행 록 운 책 인 자 부 전 교 자 서 자 불 개 과

《경행록》에 이렇게 씌어 있다.

"남을 꾸짖는 사람은 사귐을 온전히 하지 못하고, 자신을 용서하는 사
람은 잘못을 고치지 못한다.

【글자 뜻】全:온전할 전. 交:사귈 교. 改:고칠 개.

【말의 뜻】責人者:남을 잘 꾸짖는 사람. 不全交:사귐을 온전히 하지 못
함. 改過:잘못을 고침. 허물을 고침.

【뜻 풀이】남을 꾸짖고 책망하기 잘하는 사람은 대인 관계가 원만하지 못
하고, 자신의 잘못을 스스로 용서하기 잘하는 사람은 언제까지나 자
신의 단점을 고치지 못한다.

이 '존심편(存心篇)' 3장에서도 '남을 꾸짖는 마음으로 자신을 꾸
짖고, 자신을 용서하는 마음으로 남을 용서하라.' 는 말이 나왔다.

17

夙興夜寐所思忠孝者 人不知天必知之 飽食煖衣怡
숙 흥 야 매 소 사 충 효 자 인 부 지 천 필 지 지 포 식 난 의 이

然自衛者 身雖安其如子孫何.
연 자 위 자 신 수 안 기 여 자 손 하

아침에 일찍 일어나서 밤에 잠들 때까지 항상 충성과 효도를 생각하는
사람은 사람들은 알지 못할지라도 하늘이 반드시 알고, 배불리 먹고 따뜻
이 입고서 안락하게 자기만 보호하는 사람은 몸은 비록 편안할지 모르나
그 자손을 어찌할 것인가?

【글자 뜻】夙:일찍 숙. 興:일 흥, 흥할 흥. 寐:잘 매. 飽:배부를 포. 煖:
더울 난. 怡:화할 이. 衛:지킬 위.

【말의 뜻】夙興:일찍 일어남. 夜寐:밤에 잠듦. 所思忠孝者:생각하는 것
이 충효인 사람. 늘 충효만을 생각하는 사람. 飽食煖衣:배불리 먹고
따뜻이 입음. 사치한 생활을 뜻함. 怡然:즐거워하는 모양. 自衛者:자
신만을 보호하는 사람. 身雖安:자기 몸은 비록 편안하지만. 其如子
孫何:그 자손을 어찌하리오. 如何 사이에 子孫이 삽입된 것.

【뜻 풀이】아침에 일어나서부터 저녁에 잘 때까지 언제나 부모에게 효도
할 것과 국가와 민족을 위한 일을 생각하는 사람은 비록 사람들은 그
를 몰라주더라도 하늘이 반드시 알아 복을 내린다.
　　그러나 좋은 집에서 배불리 먹고 비단옷을 입고 사치스러운 생활을
하면서 자기 자신만을 즐기는 사람은 비록 자기 한 몸은 편안할지 모
르지만 장차 그 자손에게 돌아올 재앙을 어찌할까?

나만 잘 살면 된다는 이기주의를 버리고, 부모에게 효도하고 국가
와 민족을 사랑하는 마음을 발휘해야겠다.

18

以愛妻子之心事親則 曲盡其孝 以保富貴之心奉君
이 애 처 자 지 심 사 친 즉 곡 진 기 효 이 보 부 귀 지 심 봉 군
則 無往不忠. 以責人之心責己則 寡過 以恕己之心
즉 무 왕 불 충   이 책 인 지 심 책 기 즉   과 과 이 서 기 지 심
恕人則 全交.
서 인 즉 전 교

처자를 사랑하는 마음으로써 부모를 섬기면 그 효성이 극진할 것이요,
부귀를 보전하려는 마음으로써 임금을 받들면 충성 아닌 것이 없을 것이
다. 남을 꾸짖는 마음으로써 자기를 꾸짖는다면 허물이 적을 것이요, 자
기를 용서하는 마음으로써 남을 용서한다면 사귐을 온전히 할 수 있다.

【글자 뜻】 事:섬길 사, 일 사. 曲:굽을 곡. 盡:다할 진. 奉:받들 봉. 往:
갈 왕. 寡:적을 과.
【말의 뜻】 事親:부모를 섬김. 曲盡:극진함. 奉君:임금을 받듦. 無往不
忠:충성 아닌 것이 없음. 寡過:허물이 적음.

【뜻 풀이】 세상 사람들은 모두 자기 아내와 자식은 끔찍이 사랑한다. 만
일 처자를 사랑하는 마음으로 부모를 섬긴다면 세상에서도 보기 드문
효자가 될 것이다. 우리를 낳아 길러 주시느라고 무던히도 고생과 근

심을 하신 부모인 것이다. 우리들은 부모에 대한 효성을 더 발휘해야
할 것이다.

또 우리는 부귀를 간절히 바라고 애쓰고 있다. 이 부귀를 바라는 마
음으로 국가와 민족을 생각한다면 우리는 세계에서 가장 우수한 국
가, 우수한 민족이 될 것이다. 나만 잘살면 된다는 사고방식을 버리고
애국 정신과 애족 정신도 좀더 발휘해야겠다.

남을 꾸짖는 마음으로 자기를 꾸짖는다면 잘못하는 일은 거의 없어
질 것이며, 자기 잘못을 용서하는 마음으로 남의 잘못을 용서하면 대
인 관계는 자연히 원만해질 것이다.

19

爾謨不臧 悔之何及 爾見不長 敎之何益. 利心專則
이 모 부 장 회 지 하 급 이 견 부 장 교 지 하 익 이 심 전 즉
背道 私意確則滅公.
배 도 사 의 확 즉 멸 공

너의 꾀함이 착하지 못하면 후회한들 어찌 미치며, 너의 소견이 멀지
못하면 가르친들 무엇이 유익하리오. 이익 생각하는 마음만 오로지하면
도리에 어긋나고, 사사로운 뜻이 굳으면 공(公)이 멸하게 된다.

【글자 뜻】謨:꾀 모. 臧:착할 장. 悔:뉘우칠 회. 爾:너 이. 專:오로지할
　전. 背:어길 배, 등 배. 確:굳을 확. 滅:멸할 멸.
【말의 뜻】爾謨:네가 도모하는 것. 不臧:착하지 못함. 악함. 爾見:너의
　생각. 너의 소견. 不長:멀지 못함. 길지 못함. 利心:이익을 쫓는 마
　음. 背道:도리에 어긋남. 私意:자기만을 위하려는 생각. 滅公:공공
　(公共)의 일을 멸함.

【뜻 풀이】도모하는 일이 옳지 못하면 후회해도 소용이 없고, 앞을 내다
　보는 안목이 길지 못하면 배워도 쓸데없다. 이익만 추구하는 마음을
　지니면 도리에 어긋나고, 자기만을 위하려는 생각이 굳으면 국가와
　사회에 해독을 끼치게 된다.

20

生事事生 省事事省.
생 사 사 생   생 사 사 생

일을 만들면 일이 생기고, 일을 덜면 일이 줄어든다.

【글자 뜻】 省:덜 생, 살필 성.

【말의 뜻】 生事:일을 만들어냄. 事生:일이 생김. 省事:일을 덜어냄.

【뜻 풀이】 사람은 일하기 위해서 산다고 해도 과언이 아니다. 일을 함으로써 행복과 부(富)와 귀(貴)와 명예도 얻을 수 있는 것이다. 그런데 일이 적어도 곤란하지만 너무 많아도 해내지 못한다. 더구나 간단한 일을 복잡하게 만들거나 필요치 않은 일을 만들어 내서는 안 된다. 일은 되도록 간략하게 줄여서 순서에 따라 차근차근 해나가는 것이 효율적이다.

제8장
계성편
(戒性篇)

타고난 성품을 지키어 성내지 말라.

한때의 분함을 참으면 백 날의 근심을 면한다.

참음을 얻어 또 참고, 경계함을 얻어 또 경계하라. 참지 않고 경계하지 않으면 작은 일이 크게 된다.

어리석고 어두운 사람이 성내는 것은 다 이치에 통하지 못하기 때문이다. 마음 위에 불길을 더하지 말고 다만 귓가를 스치는 바람으로 여기라.

모든 행실의 근본으로는 참는 것이 으뜸이 된다.

자기를 굽힐 줄 아는 사람은 능히 중요한 지위에 처할 수 있고, 이기기를 좋아하는 사람은 반드시 적을 만난다.

악한 사람이 착한 사람을 꾸짖거든 착한 사람은 도무지 대꾸하지 말라. 대꾸하지 않는 사람은 마음이 맑고 한가하고, 꾸짖는 사람은 입이 뜨겁게 끓어오른다. 이는 마치 하늘을 향하여 침 뱉음과 같아서 도리어 자기 몸으로 떨어진다.

모든 일에 인정을 남겨 두면 다음에 좋은 낯으로 대하게 된다.

景行錄云 人性如水 水一傾則不可復 性一縱則不
경 행 록 운 인 성 여 수 수 일 경 즉 불 가 복 성 일 종 즉 불

可反. 制水者必以堤防 制性者必以禮法.
가 반 제 수 자 필 이 제 방 제 성 자 필 이 예 법

《경행록》에 이렇게 씌어 있다.

"사람의 성품은 물과 같으니, 물은 한번 기울어지면 회복할 수 없고 성품은 한번 놓아버리면 돌이킬 수 없다. 물을 단속하는 사람은 반드시 제방으로써 하고, 성품을 단속하는 사람은 반드시 예법으로써 한다."

【글자 뜻】 傾:기울어질 경. 復:회복할 복, 다시 부. 縱:놓을 종, 세로 종. 反:돌이킬 반. 制:단속할 제, 지을 제. 堤:둑 제.

【말의 뜻】 傾:기울어짐. 엎질러짐. 不可復:회복할 수 없음. 縱:놓음. 不可反:돌이킬 수 없음. 制水者:물을 단속하는 사람. 堤防:둑. 제방.

【뜻 풀이】 사람이 세상을 살아가다 보면 가정에서나 사회에서나 화가 날 때가 많다. 그러나 절대로 화를 내서는 안 된다. 화를 내면 마치 엎질러진 물과 같아서 다시 주워 담을 수가 없으니 큰 실수를 저지르게 된다. 마치 물을 잘 단속하는 사람이 제방으로 단속하는 것과 같이 우리들의 성품을 예절로 단속해야 한다.

로마의 황제 아우렐리우스는 그의 《명상록》에서 "화가 몹시 날 때에는 인생이 얼마나 덧없는가를 생각해 보라."고 말하고 있다.

2

忍一時之忿 免百日之憂.
인 일 시 지 분 면 백 일 지 우

한때의 분함을 참으면 백 날의 근심을 면한다.

【글자 뜻】 忍:참을 인. 忿:분할 분. 免:면할 면.
【말의 뜻】 一時之忿:한때의 분함. 百日之憂:백 날의 근심. 百日은 많은
날을 말함.

【뜻 풀이】 사람의 감정 중에서 가장 무서운 것은 분노를 느끼는 일이다.
분노가 일어나면 감정이 불길처럼 치솟아, 이를 참지 못하고 폭발시
킨다면 어떤 과오를 저지를지 모른다. 큰 실수를 범하거나 큰 근심거
리를 만들어 놓고 두고두고 후회를 하게 마련이다.
　인생을 사노라면 분함을 느끼게 되는 경우가 허다하다. 그러나 마
음의 여유를 가지고 살면 웬만한 일에는 흥분하지 않는다.
　그리고 부득이 분노를 느끼게 되거든, 입장을 바꾸어 생각하고 이
성을 되찾아야 한다. 불을 끄는 데 물이 필요하듯이 분노를 가라앉히
는 데는 이성이 필요하다. 또 생각을 다른 데로 돌리거나 심호흡을 하
는 것도 분노를 식히는 데 도움이 된다.
　미국의 제퍼슨은, "화가 나거든 말하기 전에 열까지 세라. 더욱 화
가 났을 때에는 백까지 센 다음 말하라."고 했다. 이와 같이 하여 분노
를 참는 것이 근심을 멀리하고 복을 불러들이는 길이다.

3

得忍且忍 得戒且戒. 不忍不戒 小事成大.
득 인 차 인 득 계 차 계　불 인 불 계 소 사 성 대

　참음을 얻어 또 참고 경계함을 얻어 또 경계하라. 참지 않고 경계하지
않으면 작은 일이 크게 된다.

【글자 뜻】得:얻을 득.　且:또 차.　戒:경계할 계.
【말의 뜻】得忍:참음을 얻음. 참을 줄을 앎.　小事成大:작은 일이 크게
　됨.

【뜻 풀이】분노를 참는 방법을 터득하여 참고 또 참고, 악에 물들지 않도
　록 조심하는 방법을 깨달아 조심하고 또 조심하라. 참고 조심하면 재
　앙은 멀어진다. 만일 참지 않고 행동을 조심하지 않는다면 아무렇지
　않은 사소한 일을 큰 근심과 재앙으로 만들게 된다.

4

愚濁生嗔怒 皆因理不通. 休添心上火 只作耳邊風.
우 탁 생 진 노 개 인 리 불 통 휴 첨 심 상 화 지 작 이 변 풍

長短家家有 炎凉處處同. 是非無相實 究竟摠成空.
장 단 가 가 유 염 량 처 처 동 시 비 무 상 실 구 경 총 성 공

어리석고 어두운 사람이 성내는 것은 다 이치에 통하지 못하기 때문이
다. 마음 위에 불길을 더하지 말고, 다만 귓가를 스치는 바람으로 여기
라. 장점과 단점은 집집마다 있고, 따뜻하고 쌀쌀함은 곳곳마다 한가지
다. 옳고 그름은 실상(實相)이 없어서 마침내 다 빈 것이 된다.

【글자 뜻】愚:어리석을 우. 濁:흐릴 탁. 嗔:성낼 진. 因:인할 인. 休:쉴
휴. 添:더할 첨. 邊:갓 변. 炎:더울 염. 凉:서늘할 량. 是:옳을 시,
이 시. 非:그를 비, 아닐 비. 實:참 실, 열매 실. 究:궁구할 구. 竟:
마침 경. 摠:다 총.

【말의 뜻】愚濁:어리석고 어두운 사람. 生嗔怒:성내는 것. 皆因~:다 ~
하기 때문이다. 理不通:이치에 통하지 못함. 休~:~하지 말라. 添
心上火:마음 위에 불을 더함. 耳邊風:귓가를 스치고 지나가는 바람.
長短:장점과 단점. 炎凉:필요할 때에는 따뜻하게 대하고 볼 일이 없
으면 싸늘하게 대하는 인심. 是非:옳고 그름. 無相實:실상이 없음.
실제의 모습이 없음. 究竟:마침내. 결국. 成空:빈 것이 됨. 부질없는
일이 됨.

【뜻 풀이】이것은 화내지 않는 방법을 간단명료하게 일러 준 한시(漢詩)

다. 따지고 보면 우리가 화를 낸다는 것은 그만큼 마음의 수양이 덜 되었기 때문이다. 《영웅전》으로 유명한 플루타르크는, "분노를 억제하지 못하는 것은 수양이 부족한 표시이다."라고 말하고 있다.

어리석은 사람들이 화를 잘 내는 것은 모두가 사물의 이치를 깨닫지 못하였기 때문이다. 공연히 마음에 불길을 지르지 말고, 서운한 말은 귓가를 스치고 지나가는 바람으로 생각하라. 세상 사람들은 누구에게나 장점과 단점이 있게 마련이며, 부귀할 때에는 모여들고 빈천하면 멀어지는 것이 세상 사람들의 인심이다. 원래 옳으니 그르니 하는 것은 실상도 없고 기준도 애매하여, 때가 지나면 모두가 허무한 일이 되기 마련이다.

서운한 말이 들려오거든 귓가를 스쳐가는 바람으로 생각하라.

이것이 마음에 불길을 일으키지 않는 비결이다. 그리고 남과 시비를 따지는 데서 인정에 금이 간다는 사실도 아울러 명심하라.

포프는, "오랜 세월 동안 다져온 우정을 분노가 깨뜨린다."라고 말했다.

5

子張欲行 辭於夫子 願賜一言爲修身之美. 子曰
자장욕행 사어부자 원사일언위수신지미 자왈

百行之本忍之爲上. 子張曰 何爲忍之. 子曰 天子
백행지본인지위상 자장왈 하위인지 자왈 천자

忍之國無害 諸侯忍之成其大 官吏忍之進其位 兄
인지국무해 제후인지성기대 관리인지진기위 형

弟忍之家富貴 夫妻忍之終其世 朋友忍之名不廢
제인지가부귀 부처인지종기세 붕우인지명불폐

自身忍之無禍害.
자신인지무화해

자장(子張)이 떠나고자 하여 공자께 하직하면서 여쭈었다.

"바라옵건대 몸을 닦는 데 좋은 방법이 될 말씀을 내려 주소서."

공자께서 말씀하셨다.

"모든 행실의 근본으로는 참는 것이 으뜸이 되느니라."

자장이 여쭈었다.

"참으면 어떠합니까?"

공자께서 말씀하셨다.

"천자(天子)가 참으면 나라에 해가 없고, 제후가 참으면 그 나라가 커지고, 관리가 참으면 그 직위가 올라가고, 형제간에 참으면 집안이 부귀해지고, 부부가 참으면 평생을 해로하고, 친구 간에 참으면 이름이 깎이지 않고, 자신이 참으면 재앙이 없느니라."

【글자 뜻】辭:하직할 사, 말씀 사 賜:줄 사. 侯:제후 후. 廢:떨어질 폐, 폐할 폐.

【말의 뜻】子張:공자(孔子)의 제자. 성은 전손(顓孫), 이름은 사(師), 자장(子張)은 그의 자. 欲行:길을 떠나려 함. 夫子:선생님. 일반적으로 孔子를 가리킴. 修身之美:몸을 닦는 좋은 방법. 爲上:으뜸이 됨. 何爲:어떠한가? 어떻게 하는가? 天子:제왕(帝王). 諸侯:중국의 고대 봉건제도하에서 天子로부터 봉(封)함을 받아 일정한 지역을 다스리던 군왕. 成其大:그 나라를 크게 이룸. 進其位:직위가 승진됨. 終其世:평생을 함께 마침. 백년해로함. 名不廢:이름이 깎이지 않음.

【뜻 풀이】자장(子張)이 벼슬길에 올라 공자에게 하직 인사를 드리면서, "수신(修身)의 근본이 될 좋은 말씀을 해 주십시오."하고 부탁드리자 공자께서, "참는 것이 으뜸이다."라고 말씀하신 것이다. 이로 보더라도 참는 것이 얼마나 어려운가를 알 수 있다. 즉 인격의 수양은 참는 것으로부터 시작해야 하는 것이다.

천자(天子)가 참으면 나라가 태평하고, 제후가 참으면 민심이 그에게로 몰려 나라가 커지고, 관리가 참으면 직위가 올라간다. 또 형제간에 참으면 우애가 돈독하며 집안이 번영하고, 부부간에 참으면 한평생 행복하게 살고, 친구 간에 참으면 우정이 두터워지고, 자기 한 몸이 참으면 재앙이 멀어진다.

루소는 "인내는 쓰지만 그 열매는 달다."고 말했으며 또 버크는 "인내는 힘보다 더 많은 것을 성취시킨다."고 말하고 있다.

6

子張曰 不忍則如何. 子曰 天子不忍國空虛 諸侯
자장왈 불인즉여하   자왈 천자불인국공허   제후

不忍喪其軀 官吏不忍刑法誅 兄弟不忍各分居 夫
불인상기구 관리불인형법주 형제불인각분거 부

婦不忍令子孤 朋友不忍情意疎 自身不忍患不除.
부불인영자고 붕우불인정의소 자신불인환부제

子張曰 善哉善哉 難忍難忍. 非人不忍 不忍非人.
자장왈 선재선재 난인난인   비인불인 불인비인

자장(子張)이 여쭈었다.

"만일 참지 아니하면 어떠합니까?"

공자께서 말씀하셨다.

"천자(天子)가 참지 아니하면 나라가 공허해지고, 제후가 참지 아니하
면 그 몸을 잃게 되고, 관리가 참지 아니하면 형법이 목을 베고, 형제간
에 참지 아니하면 각각 흩어져 살게 되고, 부부가 참지 아니하면 자식이
고아가 되고, 친구 간에 참지 아니하면 우정이 멀어지고, 자신이 참지 아
니하면 근심이 떠나지 않느니라."

자장이 말했다.

"좋은 말씀이며 훌륭한 말씀이로다. 참기 어려움이여, 참기 어려움이
여. 사람이 아니면 참지 못하고, 참지 못하면 사람이 아니로다."

【글자 뜻】 虛:빌 허. 喪:잃을 상, 상사 상. 軀:몸 구. 誅:목벨 주. 令:하
여금 령, 명령 령. 孤:외로울 고. 疎:성길 소. 患:근심 환, 병 환.
除:제할 제.

【말의 뜻】空虛:텅 빔. 쓸쓸함. 喪其軀:자기의 몸을 잃음. 刑法誅:형법에 의해서 벌을 받음. 分居:따로 삶. 令子孤:아들을 외롭게 만듦. 아들을 고아로 만듦. 情意疎:정과 뜻이 멀어짐. 우정이 멀어짐. 患不除:근심이 덜리지 않음. 善哉:좋다. 훌륭하다. 非人不忍:사람이 아니면 참지 못함. 不忍非人:참지 못하면 사람이 아님.

【뜻 풀이】만일 사람이 분노나 서운함을 참지 않고 살아간다면 어떻게 될까? 시버라는 사람은 "분노의 물결을 막으려고 노력하지 않는 사람은 고삐 없는 야생마를 타는 것과 같다."고 말하고 있다. 필시 말에서 떨어져 상처를 입고 병신이 되거나 죽을지도 모른다. 고독과 불행과 근심과 재앙을 당하게 될 것이다.

공자는 이것을 이렇게 표현하셨다. 천자가 참지 않으면 나라가 황폐해지고, 제후가 참지 않으면 나라를 잃고, 관리가 참지 않으면 파면과 형을 당한다. 그리고 형제간에 참지 않으면 우애가 없어 흩어져 살고, 부부간에 참지 않으면 헤어지게 되어 자식이 고아가 되고, 친구간에 참지 않으면 우정이 깨어지고, 자신이 참지 않으면 근심과 환난 속에서 살게 된다.

이 말씀을 듣고 자장이 감탄하여, "좋은 말씀이로다. 참기 어려움이여!"를 연발하였다. 그리고 "사람이 아니면 참지 못하고, 참지 못하면 사람이 아니다."라고 묘한 표현을 하고 있다.

참으라. 참는 습관을 기르라. 참지 못하면 사람이 아니다!

7

> 景行錄云 屈己者能處重 好勝者必遇敵.
> 경 행 록 운 굴 기 자 능 처 중 호 승 자 필 우 적

《경행록(景行錄)》에 이렇게 씌어 있다.

"자기를 굽힐 줄 아는 사람은 능히 중요한 지위에 처할 수 있고, 이기기를 좋아하는 사람은 반드시 적을 만나게 된다."

【글자 뜻】 屈:굽힐 굴. 遇:만날 우.

【말의 뜻】 屈己:자기를 굽힘. 處重:중요한 지위에 처함. 好勝:남에게 이기기를 좋아함. 遇敵:적을 만남.

【뜻 풀이】 자기를 굽힌다는 것은 자기의 의사를 굽히는 일이며, 이것은 상대방의 인격과 의사를 존중하는 태도이다. 이와 같은 사람은 능히 높은 지위에 앉아 많은 부하들을 거느릴 수 있다.

그러나 이와 반대로 덮어놓고 상대방의 인격이나 의사를 깔아뭉갬으로써 쾌감을 느끼는 호전적인 사람은 언젠가는 반드시 강적을 만나게 될 뿐 아니라 이런 태도로는 결코 성공하는 인간이 되지 못한다. 남에게 겸손하고 사양할 줄 아는 폭넓은 사람이라야 인생에서 승리할 수 있는 것이다.

惡人罵善人 善人摠不對. 不對心淸閑 罵者口熱沸.
악인매선인 선인총부대 부대심청한 매자구열비

正如人唾天 還從己身墜.
정여인타천 환종기신추

악한 사람이 착한 사람을 꾸짖거든 착한 사람은 아예 대꾸하지 말라.
대꾸하지 않는 사람은 마음이 맑고 한가하고, 꾸짖는 사람은 입이 뜨겁게
끓어오른다. 이는 마치 하늘을 향하여 침 뱉음과 같아서 도리어 자기 몸
으로 떨어진다.

【글자 뜻】罵:꾸짖을 매. 熱:더울 열. 沸:끓을 비. 唾:침 타. 還:돌아올
환. 墜:떨어질 추.

【말의 뜻】摠:모두, 늘. 不對:대꾸하지 않음. 淸閑:맑고 한가함. 口熱
沸:입이 뜨겁게 끓어오름. 正如~:마치 ~과 같다. 唾天:하늘을 향해
침을 뱉음. 還從:도리어.

【뜻 풀이】자기 흉 열 가진 사람이 남의 한 가지 흉을 보고, 마음이 악한
사람이 착한 사람보다 남 꾸짖기를 좋아하는 법이다.

그런데 악한 사람이 나를 욕하고 꾸짖을 때에는 어떻게 하는 것이
현명한가? 아예 그를 상대하여 대꾸하지 말 일이다. 그의 말을 귓가
를 스치고 지나가는 바람소리로 알라. 한 팔 접어놓고 대꾸하지 않으
면 마음이 깨끗하고 편안해진다.

그러면 상대방은 더욱 입이 뜨겁게 달아올라 마구 욕설을 퍼부을지
도 모른다. 그러나 그의 욕설은 결국 그에게로 돌아가고 만다. 하늘을

향해 침을 뱉으면 결국 그의 얼굴에 떨어지게 마련이다. 이것이 자연
의 섭리요 법칙인 것이다.

9

我若被人罵 佯聾不分說. 譬如火燒空 不救自然滅.
아 약 피 인 매 양 롱 불 분 설   비 여 화 소 공 불 구 자 연 멸
我心等虛空 摠爾飜脣舌.
아 심 등 허 공 총 이 번 순 설

　　내가 만약 남에게 욕설을 들을지라도 귀먹은 체 시비를 가려 말하지 않
으리라. 비유컨대 불이 허공에서 타는 것과 같아 끄지 않아도 저절로 꺼
지리라. 내 마음은 허공과 같거늘, 도무지 너의 입술과 혀만이 뒤척일 뿐
이로다.

【글자 뜻】若:만약 약, 같을 약.　被:입을 피.　佯:거짓 양.　聾:귀먹을 롱.
　　譬:비유할 비.　燒:불탈 소.　救:구원할 구.　滅:멸할 멸.　等:같을 등,
　　무리 등, 등급 등.　虛:빌 허.　飜:뒤집힐 번.　脣:입술 순.　舌:혀 설.
【말의 뜻】被人罵:남에게 꾸짖음을 받음.　佯聾:귀먹은 체함.　不分說:시
　　비를 따져 말하지 않음.　譬如~:비유컨대 ~과 같다.　火燒空:불이 허
　　공에서 탐.　不救自然滅:끄지 않아도 저절로 꺼짐.　等虛空:허공과 같
　　음.　飜脣舌:입술과 혀가 뒤척임.

【뜻 풀이】손뼉도 마주쳐야 소리가 나고, 웃는 낯에 침 못 뱉게 마련이다.
　　상대방이 아무리 욕설을 퍼부으며 덤벼들지라도 이쪽에서 대꾸하지

않으면 허공에서 타는 불과 같아서 내버려두어도 저절로 꺼지고 만다. 내 마음이 허공과 같으니 상대방은 헛되이 입술과 혀만 수고롭게 하다 제풀에 잠잠해지게 될 것이다.

10

凡事留人情 後來好相見.
범 사 유 인 정 후 래 호 상 견

모든 일에 인정을 남겨두면 다음에 좋은 낯으로 대하게 된다.

【글자 뜻】 凡:무릇 범. 留:머무를 류.

【말의 뜻】 凡事:모든 일. 留人情:인정을 남겨둠. 後來:뒷날. 후일. 好相見:좋은 낯으로 서로 봄.

【뜻 풀이】 사람은 누구에게나 좋은 인상을 남겨두는 것이 좋다. 설사 상대방이 욕설을 퍼부으며 덤벼들 경우라도 이쪽에서 부드러운 인상을 남겨두면 다음에 만났을 때 저쪽에서 먼저 반가운 낯으로 대하게 될 것이다. 그러나 이쪽에서 마주 대하여 욕설을 퍼부어 보라. 다음에 만나면 피차간 원수를 만난 것처럼 서먹서먹해질 것이다.

포프란 사람은 "오랜 세월 동안 다진 우정을 분노가 깨트린다."고 말하고 있다.

제9장
근학편
(勤學篇)

어린 시절에 부지런히 배우도록 힘쓰라.

널리 배우고 뜻을 독실하게 하고, 간절히 묻고 잘 생각하면 仁은 그 가운데 있다.

사람이 배우지 않는 것은 재주도 없이 하늘에 오르려는 것과 같다.

옥은 다듬지 않으면 그릇을 이루지 못하고, 사람은 배우지 않으면 옳음을 알지 못한다.

사람이 배우지 아니하면 캄캄한 밤길을 가는 것과 같다.

집이 만약 가난할지라도 가난함으로 인하여 배움을 폐해서는 안 되고, 집이 만약 부유할지라도 부유함을 믿고 배움을 게을리해서는 안 된다.

배운 사람은 벼와 같고, 배우지 않은 사람은 쑥과 같다. 벼와 같음이여, 나라의 좋은 양식이요 세상의 큰 보배로다. 쑥과 같음이여, 밭 가는 이가 싫어하고 김매는 이가 귀찮아하는 도다.

_1_

子曰 博學而篤志 切問而近思 仁在其中矣.
자왈 박학이독지 절문이근사 인재기중의

공자께서 이렇게 말씀하셨다.

"널리 배우고 뜻을 독실하게 하고, 간절히 묻고 잘 생각하면 인(仁)은 그 가운데 있다."

【글자 뜻】博:넓을 박. 篤:도타울 독. 切:간절 절, 끊을 절.

【말의 뜻】博學:널리 배움. 篤志:뜻을 독실하게 함. 切問:간절히 물음. 近思:잘 생각함.

【뜻 풀이】고대 그리스의 소크라테스는 "너 자신을 알라."고 말하였고, 영국의 근대 철학자인 베이컨은 "아는 것이 힘이다."라고 말했다. 또 공자는 "아는 것을 안다고 하고 모르는 것을 모른다고 하는 것, 이것이 진정으로 아는 것이다."라고 말씀하셨다.

원래 학문을 배우는 뜻은 자신의 마음과 인격을 닦아 인생을 옳게 살려고 하는 데 있다. 그러므로 배운다는 것이 단순히 풍부한 지식을 얻기 위한 것이어서는 안 된다. 널리 배울수록 마음을 닦고 뜻을 돈독하게 하여야 한다. 또 모르는 것은 간절히 묻고, 옳고 그름은 깊이 생각해야 한다. 이것이 마음을 닦아 인(仁)에 이르는 길이다.

莊子曰 人之不學 如登天而無術 學而智遠 如披祥
장자왈 인지불학 여등천이무술 학이지원 여피상
雲而覩青天 登高山而望四海.
운이도청천 등고산이망사해

장자(莊子)가 이렇게 말했다.

"사람이 배우지 않는 것은 재주도 없이 하늘에 오르려는 것과 같다. 배워서 지혜가 멀리 미치면 상서로운 구름을 헤치고 푸른 하늘을 보는 것과 같고 높은 산에 올라 사해(四海)를 바라보는 것과 같다."

【글자 뜻】術:재주 술. 披:헤칠 피. 祥:상서 상. 覩:볼 도.

【말의 뜻】無術:재주가 없음. 智遠:지혜가 멀리까지 미침. 披祥雲:상서로운 구름을 헤침. 覩青天:푸른 하늘을 봄. 四海:온 세상.

【뜻 풀이】우리가 배우는 것은 인생을 옳게 살아가는 지혜를 얻기 위해서이다. 그러므로 사람이 배우지 않고 인생을 살아가려 하는 것은 마치 날개도 없이 하늘을 날려고 하는 것과 같다.

널리 배워서 지혜가 깊어지고 멀리에까지 미치면 마치 구름을 헤치고 푸른 하늘을 보는 것과 같이, 또는 높은 산에 올라 사방을 내려다 보는 것과 같이 인생을 살아가는 도리를 환히 깨달을 수가 있다.

3

禮記曰 玉不琢不成器 人不學不知義.
예 기 왈 옥 불 탁 불 성 기 인 불 학 부 지 의

《예기(禮記)》에서 이렇게 말하고 있다.

"옥(玉)은 다듬지 않으면 그릇이 되지 못하고, 사람은 배우지 않으면 옳음을 알지 못한다."

【글자 뜻】 禮:예도 례, 절 례. 琢:쫄 탁. 器:그릇 기.

【말의 뜻】 禮記:중국 고대의 예법과 제도를 수록한 책. 오경(五經)의 하나. 不琢:쪼지 않음. 다듬지 않음. 成器:그릇을 이룸. 그릇이 됨. 不知義:의(義)를 알지 못함.

【뜻 풀이】 아무리 좋은 옥(玉)이라도 갈고 다듬지 않으면 하나의 돌에 불과하다. 그것을 잘 다듬고 갈아야 비로소 아름다운 그릇이나 보석이 된다. 다이아몬드도 마찬가지다. 원석을 잘 다듬고 갈아야 비로소 찬란한 광채가 난다. 사람도 마찬가지다. 아무리 바탕이 좋은 사람이라도 배우지 않으면 의(義)를 깨닫지 못한다. 의(義)는 곧 사람이 옳게 살아가는 도리이다.

여기에서 한 가지 주의해야 할 것이 있으니, 그것은 많이 배우되 마음이 선(善)과 의(義)를 떠나서는 안 된다는 사실이다. 만일 악한 사람이 아는 것이 많다면 배우지 못한 사람보다도 지능적으로 더 큰 죄악을 범하게 된다. 그래서 고대 그리스의 철학자 플라톤은 "정의를 떠난 지식은 지식이 아니라 교활한 지혜다."라고 말하고 있다.

4

太公曰 人生不學 如冥冥夜行.
태 공 왈 인 생 불 학 여 명 명 야 행

태공(太公)이 이렇게 말했다.

"사람이 배우지 아니하면 캄캄한 밤길을 가는 것과 같다."

【글자 뜻】冥:어두울 명.

【말의 뜻】冥冥:어둡고 어두움. 캄캄함. 夜行:밤길을 감.

【뜻 풀이】사람이 배우지 않으면 사물의 이치와 사람의 도리를 깨닫지 못
한다. 사물의 이치와 사람의 도리를 모르고 인생을 살아간다는 것은
마치 캄캄한 밤길을 걸어가는 것과 비슷하다. 필시 돌부리에 채여 넘
어지고 도랑에 빠지고 하여 많은 실수를 저지르게 될 것이다.

5

韓文公曰 人不通古今 馬牛而襟裾.
한 문 공 왈 인 불 통 고 금 마 우 이 금 거

한문공(韓文公)이 이렇게 말했다.

"사람이 고금(古今)에 통달하지 못하면 마소에 옷을 입힌 것과 같다."

【글자 뜻】襟:옷깃 금. 裾:옷자락 거.

【말의 뜻】韓文公:당(唐)나라의 학자. 이름은 유(愈), 자는 퇴지(退之). 당
   송팔대가(唐宋八大家)의 한 사람. 通古今:고금(古今)의 성현의 가르
   침에 통달함. 襟裾:옷깃과 옷자락. 옷.

【뜻 풀이】오늘날 우리가 누리고 있는 문화와 지식은 하루아침에 이루어
   진 것이 아니다. 적어도 수천 년 동안 이어받고 쌓여서 이루어진 것이
   다. 그래서 우리는 지난날의 역사를 알아야 하고 성현과 위인들의 가
   르침과 발자취를 알아야 하는 것이다. 그래야만 역사 속의 자기, 인류
   속의 자기, 국가와 민족 속의 자기를 깨달을 수 있고, 인생을 옳게 사
   는 방법을 깨우칠 수 있는 것이다. 단지 자기 한몸만을 위해서 사는
   인생이라면 그야말로 마소에 옷을 입힌 것과 다를 바가 무엇이랴!

6

朱文公曰 家若貧不可因貧而廢學 家若富不可恃
주문공왈　가약빈불가인빈이폐학　　가약부불가시

富而怠學 貧若勤學 可以立身 富若勤學 名乃光
부이태학　빈약근학　가이입신　부약근학　명내광

榮. 惟見學者顯達 不見學者無成. 學者乃身之寶
영　유견학자현달　불견학자무성　　학자내신지보

學者乃世之珍. 是故 學則乃爲君子 不學則爲小人
학자내세지진　시고　학즉내위군자　불학즉위소인

後之學者 宜各勉之.
후지학자　의각면지

주문공(朱文公)이 이렇게 말했다.

"집이 만약 가난할지라도 가난 때문에 배움을 폐해서는 안 되고, 집이 만약 부유할지라도 부유함을 믿고 배움을 게을리해서는 안 된다. 가난한 사람이 부지런히 배우면 가히 몸을 세울 수 있고, 부유한 사람이 부지런히 배우면 이름이 이에 빛날 것이다.

배우는 사람이 출세하는 것은 보았으되, 배우는 사람이 이루지 못하는 것은 보지 못했다. 배우는 것은 곧 몸의 보배요, 배운 사람은 곧 세상의 보배다. 그러므로 배우면 이에 군자(君子)가 되고 배우지 아니하면 소인(小人)이 되나니, 후세의 배우는 사람들은 마땅히 각자 힘써야 할 것이다."

【글자 뜻】廢:폐할 폐. 恃:믿을 시. 怠:게으를 태. 勤:부지런할 근. 顯: 나타낼 현. 珍:보배 진. 宜:마땅 의. 勉:힘쓸 면.
【말의 뜻】不可~:~해서는 안 됨. 因貧而廢學:가난 때문에 배움을 폐함.

恃富而怠學:부유함을 믿고 배움을 게을리함. 惟見~不見~:~한 것은
보았지만 ~한 것은 보지 못했음. 顯達:출세함. 學者乃身之寶:배움
은 곧 몸에 지니는 보배임. 學者乃世之珍:배운 사람은 곧 세상의 보
배임. 宜各勉之:마땅히 각자 힘써야 함.

【뜻 풀이】 단테는 그의 유명한 작품《신곡(神曲)》에서, "너는 짐승처럼 살
기 위해서 태어난 것이 아니다. 덕과 지식을 추구하기 위해서 태어났
다."고 말하고 있다.

　사람은 누구나 배워야 한다. 집이 가난하더라도 배워야 하고 집이
부유하더라도 배워야 한다. 짐승처럼 살지 않기 위해서 말이다. 마음
만 굳게 먹으면 아무리 가난해도 배울 수 있다. 안자(顔子)도 가난했
고 링컨도 가난했고 한석봉(韓石峯)도 가난했다.

　또 아무리 부자라도 배워야 한다. 돈이 많다고 배움을 게을리해서
는 안 된다. 부자라고 짐승처럼 살 수는 없는 노릇이다. 또 부자가 언
제까지나 부자일 수는 없는 것이다.

　인류 역사상 크게 성공한 사람들은 모두가 배움에 힘쓴 사람들이
다. 당신이 어떠한 일에 종사하든 부지런히 배우지 않고는 절대로 성
공하지 못한다.

　더구나 부지런히 배워서 많은 지식과 높은 기술을 몸에 지니고 있
으면, 그것은 누가 빼앗아 갈 수도 없는 보배다. 많이 배우고 덕이 높
은 사람은 국가의 보배요 사회의 보배다. 인류의 문화와 역사는 이런
사람들이 이끌어오고 발전시킨 것이다.

　당신도 짐승처럼 살지 않으려면 젊은 시절에 부지런히 배우고 또
배우라. 학교를 졸업했다고 배움이 끝난 것은 아니다. 틈만 있으면 항
상 책을 읽으라. 시간은 돈보다도 더 귀중하다. 항상 손에 책을 지니

고 다니는 습관을 기르라. 미국의 벤저민 프랭클린은 "지식에 대한 투자가 가장 이윤이 높다."고 말했다.

7

徽宗皇帝曰 學者如禾如稻 不學者如蒿如草. 如禾
휘 종 황 제 왈 학 자 여 화 여 도   불 학 자 여 호 여 초   여 화

如稻兮 國之精糧世之大寶. 如蒿如草兮 耕者憎嫌
여 도 혜 국 지 정 량 세 지 대 보   여 호 여 초 혜 경 자 증 혐

鋤者煩惱. 他日面墻 悔之已老.
서 자 번 뇌   타 일 면 장 회 지 이 로

휘종황제(徽宗皇帝)가 이렇게 말했다.

"배운 사람은 벼와 같고 배우지 않은 사람은 쑥과 같다. 벼와 같음이여, 나라의 좋은 양식이요, 세상의 큰 보배로다. 쑥과 같음이여, 밭 가는 이가 싫어하고 김매는 이가 귀찮아하도다. 후일에 담을 마주한 것 같음에 후회한들 이미 늦었도다."

【글자 뜻】禾:벼 화. 稻:벼 도. 蒿:쑥 호. 精:정할 정. 糧:양식 량. 耕:밭갈 경. 憎:미워할 증. 嫌:싫어할 혐. 鋤:호미 서. 煩:번거로울 번. 惱:번뇌할 뇌. 墻:담 장.

【말의 뜻】徽宗:북송(北宋)의 8대 황제. 如禾如稻:벼와 같음. 如蒿如草:쑥과 같고 풀과 같음. 精糧:좋은 양식 耕者:밭 가는 농부 憎嫌:미워하고 싫어함. 鋤者:김매는 농부. 煩惱:귀찮고 괴로워함. 他日:후일(後日). 面墻:담에 얼굴을 댄 것처럼 답답함. 已老:이미 늙었음.

【뜻 풀이】배운 사람과 배우지 않은 사람을 적절한 비유로 말하고 있다. 배운 사람은 곡식 같고 배우지 않은 사람은 잡초와 같다.

　곡식은 국가의 양식이고 사람들이 먹고 사는 보배다. 그러나 쓸모 없는 잡초는 밭 갈고 김매는 농부들을 괴롭히고 수고롭게 할 뿐이다. 어찌 잡초 같은 인생이 될 수 있으랴! 젊어서 배우지 않으면 훗날 담을 마주한 것처럼 답답하여 후회하지만 나이 이미 늙었으니 무슨 소용이 있으랴!

8

論語曰 學如不及 惟恐失之.
논 어 왈 학 여 불 급 유 공 실 지

《논어》에 이렇게 말하고 있다.

"배우기를 미치지 못한 것같이 하고 오직 잃을까 두려워해야 한다."

【글자 뜻】 及:미칠 급.　惟:오직 유.　恐:두려워할 공.　失:잃을 실.

【말의 뜻】 論語:공자의 제자들이 孔子의 언행(言行)을 모은 책. 사서(四
書)의 하나로, 유교의 경전(經典)임.　不及:미치지 못함.　惟恐:오직 두
려워함.

【뜻 풀이】 이것은 배우는 사람이 취해야 할 태도를 밝힌 것이다. 미국의
케네디 대통령은 "지식이 증가할수록 무지가 더욱 밝혀진다."고 말했
다. 배우면 배울수록 모르는 것이 더욱 많아지게 마련이다. 우리는 항
상 배울 것이 많은 것처럼 부지런히 배워야 하고, 일단 배운 것은 잊
어버리지 않도록 노력해야 한다.

제10장
훈자편
(訓子篇)

자녀는 어릴 때부터 가정교육을 철저히 하라.

손님이 오지 않으면 집안이 속되어지고, 시서(詩書)를 가르치지 않으면
자손이 어리석어진다.

일이 비록 작더라도 하지 않으면 이루어지지 않고, 자식이 비록 총명할
지라도 가르치지 않으면 현명해지지 않는다.

지극한 즐거움은 책을 읽는 것만한 것이 없고, 지극히 중요하기는 자식
을 가르치는 것만한 것이 없다.

안으로 현명한 아버지나 형이 없고 밖으로 엄한 스승과 벗이 없으면서
도 능히 이룸이 있는 사람은 드물다.

엄격한 아버지는 효자를 낳고 엄격한 어머니는 효녀를 낳는다.

아이를 사랑하거든 매를 많이 때리고 아이를 미워하거든 먹을 것을 많
이 주라.

사람들은 다 주옥을 사랑하지만 나는 자손이 현명한 것을 사랑한다.

景行錄云 賓客不來門戶俗 詩書無教子孫愚.
경 행 록 운 빈 객 불 래 문 호 속 시 서 무 교 자 손 우

《경행록(景行綠)》에 이렇게 씌어 있다.

"손님이 오지 않으면 집안이 속되어지고, 시서(詩書)를 가르치지 않으면 자손이 어리석어진다."

【글자 뜻】賓:손 빈. 客:손 객. 戶:지게 호. 俗:속될 속. 愚:어리석을 우.

【말의 뜻】賓客不來:손님이 찾아오지 않음. 門戶:집안. 詩書:시경(詩經)과 서경(書經). 시와 글.

【뜻 풀이】사람의 집에 손님이 많이 찾아온다는 것은 그 집안의 인심이 그만큼 좋기 때문이다. 또 점잖은 집안에는 점잖은 손님이 찾아오기 마련이다. 집안에 교양이 있는 손님이 찾아오지 않는다는 것은 그 집안이 그만큼 저속하여 보잘 것이 없기 때문이다.

또 자손에게 글을 가르치지 않으면 자손이 어리석어져 그 집안의 장래는 보잘 것이 없다.

집안에는 손님들이 많이 찾아와야 하고 자손은 많이 가르쳐 현명하게 만들수록 좋다.

2

莊子曰 事雖小不作不成 子雖賢不敎不明.
장 자 왈 사 수 소 부 작 불 성 자 수 현 불 교 불 명

장자(莊子)가 이렇게 말했다.

"일이 비록 작더라도 하지 않으면 이루어지지 않고, 자식이 비록 총명
할지라도 가르치지 않으면 현명해지지 않는다."

【글자 뜻】作:지을 작. 雖:비록 수. 賢:어질 현.

【말의 뜻】不作:짓지 않음. 하지 않음. 不明:현명해지지 않음.

【뜻 풀이】일은 능력만 있다고 되는 것이 아니다. 아무리 능력이 있는 사
람이라도 일을 실천하지 않고 내버려둔다면 하잘 것 없는 작은 일이
라도 이루지 못하고 만다. 이와 마찬가지로 자식이 아무리 총명한 자
질을 타고났더라도 가르치지 않고 내버려둔다면 결코 현명해질 수가
없다. 그러므로 자식은 가르쳐서 사물의 이치와 사람의 도리를 깨닫
게 해야 하는 것이다.

3

漢書云 黃金滿籯 不如敎子一經 賜子千金 不如敎
한 서 운 황 금 만 영 불 여 교 자 일 경 사 자 천 금 불 여 교
子一藝
자 일 예

《한서(漢書)》라는 책에 이렇게 씌어 있다.

"황금이 상자에 가득한 것이 자식에게 경서(經書) 하나 가르치는 것만
못하고, 자식에게 천금을 물려주는 것이 자식에게 한 가지 재주를 가르치
는 것만 못하다."

【글자 뜻】籯:상자 영. 賜:줄 사. 藝:재주 예.

【말의 뜻】漢書:전한(前漢)의 역사를 기록한 책. 滿籯:상자에 가득함.
一經:한 가지 경서(經書). 사서삼경(四書三經) 중의 한 가지. 一藝:한
가지 재주.

【뜻 풀이】자식이 아버지보다 낫다고 하면 그 아버지가 좋아하고, 아우가
형보다 낫다고 하면 그 형이 듣기 싫어한다는 말이 있다.

자식은 자기의 분신(分身)이다. 사람은 언제까지나 살 수 있는 것이
아니다. 죽을 때에는 모든 것을 자기의 분신인 자식에게 맡기고 가는
것이다. 그러므로 자식이 현명하다면 죽는 아버지도 마음이 든든할
것이다.(계선편 6장 참조)

아무리 재산이 많을지라도 죽을 때에는 태어났을 때와 마찬가지로
빈손으로 돌아가게 마련이다. 설사 많은 재산을 자식에게 물려줄지라
도 자식이 그 재산을 능히 지킨다는 보장이 없다. 그러므로 많은 재산
을 자식에게 물려주기보다는 그 자식에게 성현의 가르침이 담긴 글을

가르쳐 사람의 도리를 깨우쳐 주고 한 가지 기술이라도 가르쳐주는 것이 현명하다. 재산은 있다가 없어질 수도 있지만 지혜와 덕과 기술은 한번 몸에 지니면 죽을 때까지 없어지지 않는 귀중한 보배인 것이다.

4

至樂莫如讀書 至要莫如敎子.
지 락 막 여 독 서 지 요 막 여 교 자

지극한 즐거움은 책을 읽는 것만한 것이 없고, 지극히 중요하기는 자식을 가르치는 것만한 것이 없다.

【글자 뜻】 至:지극할 지, 이를 지. 要:중요할 요, 필요 요.
【말의 뜻】 至樂:지극한 즐거움. 至要:지극히 중요한 것.

【뜻 풀이】 세상에 즐거움은 많다. 그러나 책을 읽어 진리를 깨닫고 인생의 의의(意義)를 느끼는 것보다 더 큰 즐거움은 없다. 또 세상에 중요한 일은 많지만 자식을 가르쳐 선(善)과 덕(德)을 갖춘 훌륭한 인격체로 만드는 것보다 더 중요한 일은 없다.

5

呂滎公曰 內無賢父兄 外無嚴師友 而能有成者 鮮矣.
여 형 공 왈 내 무 현 부 형 외 무 엄 사 우 이 능 유 성 자 선 의

여형공(呂滎公)이 이렇게 말했다.

"안으로 현명한 아버지나 형이 없고 밖으로 엄한 스승과 벗이 없으면
서도 능히 이룸이 있는 사람은 드물다."

【글자 뜻】 滎:물이름 형. 嚴:엄할 엄. 鮮:드물 선, 고울 선.

【말의 뜻】 呂滎公:북송(北宋)의 학자. 이름은 희철(希哲). 형공(滎公)은 시
호임. 師友:스승과 친구. 有成:이룸이 있음. 큰 일을 이룸. 鮮矣:드
물다. 거의 없다.

【뜻 풀이】 삼대 밭에 난 쑥은 내버려두어도 삼대를 따라 곧게 자란다. 이
것이 자연의 법칙이다. 이와는 반대로 '먹물을 가까이 하면 검어진
다.(近墨者黑)'는 속담이 있다. 사람은 환경의 영향을 많이 받는다. 더
구나 감수성이 예민한 어린 시절에는 더욱 그렇다.

그러므로 집안에 현명한 부모와 형이 있고 밖에서 엄격한 스승의
가르침과 어진 친구의 우정 어린 충고를 받을 수 있는 환경에 처한 사
람은 올바르게 자라 훌륭한 사람이 될 수 있다. 집안에 현명한 어른이
없고 또 엄격한 스승의 가르침도 받지 못하고 나쁜 친구들과 어울리
는 사람 치고 훌륭한 사람이 될 수 있는 사람은 없다.

사람은 누구나 현명한 부모의 자식으로 태어나기를 바란다. 그러나
그렇지 않더라도 어쩔 수 없는 일이다. 이런 사람도 스승의 가르침을

잘 받들고 선량한 친구들과 어울린다면 얼마든지 훌륭한 사람이 될 수 있는 것이다.

특히 친구의 선택은 중요하다. 악한 사람을 멀리하고, 선량하고 정의감이 투철한 좋은 사람을 친구로 사귀어야 한다. 공자께서도 "좋은 친구가 멀리에서 찾아오니 또한 즐겁지 아니한가.(有朋自遠方來 不亦樂乎)"라고 말씀하셨다.

그리고 장차 자식을 훌륭한 사람으로 키우고 가르치는 현명한 부모가 되도록 노력해야 할 것이다.

6

太公曰 男子失教 長必頑愚 女子失教 長必麤疎.
태 공 왈 남 자 실 교 장 필 완 우 여 자 실 교 장 필 추 소

태공(太公)이 이렇게 말했다.

"남자가 가르침을 받지 못하면 자라서 반드시 미련하며 어리석고, 여자가 가르침을 받지 못하면 자라서 반드시 거칠고 소홀해진다."

【글자 뜻】 長:자랄 장, 긴 장. 頑:둔할 완, 완고할 완. 愚:어리석을 우.
麤:거칠 추. 疎:성길 소.

【말의 뜻】 失敎:가르침을 받지 못함. 頑愚:둔하고 어리석음. 麤疎:거칠
고 소홀함.

【뜻 풀이】 나무도 다듬어야 좋은 재목이 되고 다이아몬드도 다듬고 갈아
야 빛이 난다. 사람도 배워야 착하고 악함과 옳고 그름과 사물의 이치
를 알 수 있고 사람의 사는 도리도 깨닫게 된다.

아무리 남녀평등의 시대라 하더라도 역시 남자는 남자다워야 하고
여자는 여자다워야 한다. 그런데 만일 남자가 배우지 못하면 사물의
이치를 분간할 수 없기 때문에 아무래도 미련하고 어리석고 고집이
세기 마련이다. 그리고 여자가 배우지 못하면 현모양처의 도리를 모
르기 때문에 아무래도 성격이나 솜씨가 거칠고 소홀하여 아내로서의
도리를 다하기가 어렵다.

7

男年長大 莫習樂酒 女年長大 莫令遊走.
남 년 장 대   막 습 악 주   여 년 장 대   막 령 유 주

　남자의 나이 자라나거든 풍류와 술을 배우지 못하게 하고, 여자의 나이
자라나거든 놀러 돌아다니지 못하게 해야 한다.

【글자 뜻】 習:익힐 습. 樂:풍류 악, 즐거울 락. 令:하여금 령. 遊:놀 유.
　　走:달릴 주.
【말의 뜻】 男年:남자의 나이. 樂酒:풍류와 술. 莫令:못하게 함. 遊走:놀
　　러 돌아다님.

【뜻 풀이】 아들의 나이가 성숙해지거든 저속한 음악과 술을 배우지 못하
　　게 하고, 딸의 나이가 성숙해지거든 함부로 놀러 돌아다니지 못하게
　　하라는 말이다. 저속한 음악과 술을 좋아하면 방종과 방탕에 빠지기
　　쉽고, 다 큰 처녀가 놀러 다니면 방자해지고 바람 나기 쉽기 때문이
　　다.

8

嚴父出孝子 嚴母出孝女.
엄 부 출 효 자 엄 모 출 효 녀

엄격한 아버지는 효자를 낳고, 엄격한 어머니는 효녀를 낳는다.

【글자 뜻】嚴:엄할 엄.

【말의 뜻】嚴父:엄격한 아버지. 出孝子:효자를 낳음. 효자를 길러냄.

【뜻 풀이】자녀의 가정교육은 부모가 공동으로 맡아야 하지만, 자라남에
따라 아들의 교육은 아버지가 더 관심을 가져야 하고 딸의 교육에는
어머니가 더 관심을 기울여야 한다. 아들은 아무래도 아버지의 영향
을 많이 받고 딸은 어머니의 영향을 많이 받기 때문이다. 교육은 가정
에서부터 제대로 이루어져야 한다는 사실을 명심해야 한다.

9

憐兒多與棒 憎兒多與食.
련 아 다 여 봉 증 아 다 여 식

아이를 사랑하거든 매를 많이 때리고, 아이를 미워하거든 먹을 것을 많이 주라.

【글자 뜻】憐:사랑할 련, 슬플 련. 與:줄 여, 더불어 여. 棒:매 봉, 몽둥이 봉. 憎:미워할 증. 食:밥 식.

【말의 뜻】憐兒:아이를 사랑함. 어린 자식을 사랑함. 多與棒:매를 많이 때림. 憎兒:아이를 미워함. 多與食:먹을 것을 많이 줌.

【뜻 풀이】 '자식은 잠재워 놓고 사랑하라.'는 속담이 있다. 어느 부모가 자기 자식을 사랑하는 마음이 없으랴. 요는 사랑하는 방법이 문제다. 자식은 마음속으로 사랑해야지 겉으로 사랑해서는 안 된다.

물론 올바르게 자라는 아이를 억지로 때릴 필요는 없다. 그러나 버릇이 나쁘거나 그릇된 행동을 할 때에는 타이르고 꾸짖고, 경우에 따라서는 사랑의 매를 때려야 한다. 먹을 것으로 아이의 비위나 맞추려는 방법으로는 버릇만 나빠지고 올바르게 자라기 어렵다. 잘하는 것은 칭찬하여 그 습관을 길러 주고 잘못하는 것은 매라도 때려 그 버릇을 고쳐 주어야 한다.

10

人皆愛珠玉 我愛子孫賢.
인 개 애 주 옥 아 애 자 손 현

사람들은 다 주옥(珠玉)을 사랑하지만, 나는 자손이 현명한 것을 사랑한다.

【글자 뜻】 皆:다 개. 珠:구슬 주.

【말의 뜻】 愛珠玉:주옥을 사랑함. 재물을 사랑함. 子孫賢:자손이 현명함.

【뜻 풀이】 세상 사람들은 재물을 좋아한다. 요즈음 세상에는 더욱 그렇다. 심지어는 돈 때문에 형제간의 의가 상하게 되는 예도 허다하다. 그러나 돈보다 더 소중한 것이 있으니, 그것은 곧 자손이 현명하게 자라나는 일이다.

물론 세상에는 돈보다 더 소중한 것이 많다. 동기간의 우애, 친구간의 우정, 정의와 신의 등은 모두 돈보다 소중하다. 그중에서도 자손이 현명한 것만큼 마음 든든하고 대견하고 보람을 느끼는 일은 없을 것이다.

제11장
성심편 상
(省心篇 上)

항상 마음을 반성하도록 힘쓰라.

집안이 화목하면 가난해도 좋거니와 의롭지 못하면 부자인들 무엇하랴.

아버지가 근심하지 않는 것은 아들이 효성스럽기 때문이고, 남편이 번뇌가 없는 것은 아내가 어질기 때문이다.

영화가 가벼우면 욕됨도 얕고, 이익이 무거우면 손해도 깊다.

미래의 일을 알고자 하거든, 먼저 지난 일을 살펴보라.

사람을 의심하거든 쓰지 말고, 사람을 썼거든 의심하지 말라.

호랑이를 그리되 가죽은 그리나 뼈는 그리기 어렵고, 사람을 알되 얼굴은 알지만 마음은 알지 못한다.

어진 사람이 재물이 많으면 그 뜻을 손상하고, 어리석은 사람이 재물이 많으면 그 허물을 더한다.

황금 천 냥이 귀한 것이 아니고, 사람에게서 좋은 말 한마디 듣는 것이 천금보다 낫다.

景行錄云 寶貨用之有盡 忠孝享之無窮.
경 행 록 운 보 화 용 지 유 진 충 효 향 지 무 궁

《경행록》에 이렇게 씌어 있다.

"보물과 재물은 쓰면 다함이 있고, 충성과 효도는 누려도 끝이 없다."

【글자 뜻】 貨:재물 화. 盡:다할 진. 享:누릴 향. 窮:궁진할 궁.

【말의 뜻】 寶貨:보물과 재물. 有盡:다함이 있음. 享之:누림. 無窮:다함
이 없음. 무궁무진함.

【뜻 풀이】 세상 사람들은 재물을 좋아하지만, 재물이란 쓰면 바닥이 드러
날 때가 있고 언제 없어질지 믿을 수도 없다. 그러나 나라에 충성하고
부모에게 효도하는 일은 아무리 해도 끝이 없고, 하면 할수록 보람도
더하고 집안도 길이 화평을 누리게 된다.

2

家和貧也好 不義富如何. 但存一子孝 何用子孫多.
가 화 빈 야 호 불 의 부 여 하 단 존 일 자 효 하 용 자 손 다

집안이 화목하면 가난해도 좋거니와, 의롭지 못하면 부자인들 무엇하
랴. 단지 한 아들이라도 효자가 있다면, 자손이 많아 무엇하랴.

【글자 뜻】 和:화할 화. 好:좋을 호. 但:다만 단. 存:있을 존.

【말의 뜻】 家和:집안이 화목함. 貧也好:가난해도 좋음. 也는 ~해도의
뜻. 富如何:부자인들 무엇하랴. 但存~:다만 ~이 있기만 하면. 何
用:무엇에 쓰랴. 무엇하랴.

【뜻 풀이】 부모가 자식을 사랑하고, 자식이 부모에게 효도하고, 형제간에
우애가 있고, 부부간에 의가 좋아 온 가족이 화목한 것을 가화(家和)
라고 한다. 이와 같이 집안이 화목하면 비록 가난할지라도 행복하다.
그런데 집안이 화목하지 못하고 올바르게 살지 못하는 집안이라면 설
사 돈 많은 부자인들 무엇하랴!

'和'는 총화(總和)요 대동단결이다. 국민이 총화단결하면 국가가 부
강해지고, 사원이 총화단결하면 회사가 발전하고, 가족이 총화단결하
면 가정이 행복하게 마련이다. '家和萬事成'이란 말이 있다. 이는 집
안이 화목해야 모든 일이 이루어진다는 뜻이다.

또 자손이 부모에게 효도하는 것이 백 가지 행실의 근본이요, 사람
의 도리를 실천하는 첫째 강령이다. 부모에게 효도할 줄 모르는 자손
이라면 아무리 많은들 무슨 소용이 있겠는가? 차라리 효도할 줄 아는

자식 하나를 둔 것만도 못하다.

3

父不憂心因子孝 夫無煩惱是妻賢. 言多語失皆因
부 불 우 심 인 자 효 부 무 번 뇌 시 처 현   언 다 어 실 개 인
酒義斷親疎只爲錢.
주 의 단 친 소 지 위 전

아버지가 근심하지 않는 것은 아들이 효성스럽기 때문이고, 남편이 번
뇌가 없는 것은 아내가 어질기 때문이다. 말이 많아 실수하는 것은 다 술
때문이고 의가 끊어지고 친한 사이가 멀어지는 것은 단지 돈 때문이다.

【글자 뜻】憂:근심 우. 因:인할 인. 煩:번거로울 번. 惱:번뇌할 뇌. 斷:
　　끊을 단. 疎:성길 소. 錢:돈 전.
【말의 뜻】憂心:마음에 근심함. 因子孝:아들이 효성스럽기 때문임. 煩
　　惱:번뇌함. 근심하고 고민함. 語失:말에 실수함. 義斷親疎:의가 끊어
　　지고 친한 사이가 멀어짐. 爲錢:돈 때문임.

【뜻 풀이】아들이 불효하면 부모는 근심 속에서 살고, 아내가 현숙하지
　　못하면 남편이 번뇌한다. 술을 많이 마시면 실수를 저지르게 되고, 돈
　　거래를 잘못하면 형제간의 의가 끊어지고 친한 사이가 멀어진다.
　　　그러므로 아들이 효도하는 것이 부모의 마음을 편안히 해 드리는
　　길이요, 아내의 마음과 행실이 어질면 남편이 번거로운 고뇌에서 벗

어나 일에 열중할 수 있다. 또 술을 적게 마셔서 실수를 저지르지 말고, 돈보다 의(義)를 존중하여 집안의 화목과 친구 간의 우정에 금이 가지 않도록 해야 한다. '정기편(正己篇)' 17장에서도 '酒中不語眞君子 財上分明大丈夫'라고 말했다.

4

既取非常樂 須防不測憂.
기 취 비 상 락 수 방 불 측 우

이미 비상한 즐거움을 얻었거든 모름지기 뜻밖의 근심을 방비해야 한다.

【글자 뜻】 既:이미 기. 取:취할 취. 須:모름지기 수. 防:막을 방. 測:헤아릴 측.

【말의 뜻】 非常樂:비상한 즐거움. 보통 이상의 즐거움. 須防~:모름지기 ~을 막아야 한다. 不測憂:예측할 수 없는 근심. 뜻밖의 근심.

【뜻 풀이】 자식이 부모에게 효도하고, 온 가족이 화목하고, 모든 일이 뜻대로 풀려 나가는 비상한 즐거움을 얻었을지라도 그 즐거움에만 도취해 있어서는 안 된다. 근심과 재앙은 예고 없이 밀어닥치는 법이다. 마음가짐과 행실을 더욱 올바로 지니도록 노력함으로써 불의의 근심과 재앙을 미연에 방지해야 한다.

조금 부귀해졌다고 오만불손하게 처신하면 그것이 근심과 재앙의 씨앗이 된다. 곡식의 이삭은 익어갈수록 고개를 숙인다. 인간도 부귀해질수록 겸손한 마음과 태도를 잃지 말아야 한다.

5

得寵思辱 居安慮危.
득 총 사 욕 거 안 려 위

총애를 얻거든 욕될 것을 생각하고, 안락함에 처하거든 위태할 것을 염려해야 한다.

【글자 뜻】寵:고일 총, 사랑할 총. 辱:욕될 욕. 慮:생각 려. 危:위태할
위.

【말의 뜻】得寵:총애를 얻음. 思辱:욕될 것을 생각함. 居安:안락한 생활
을 함. 慮危:위태할 것을 염려함.

【뜻 풀이】부귀와 빈천은 돌고 돈다. 부귀한 사람이 언제까지나 부귀할
수 없고, 빈천한 사람이라도 부귀해질 수 있는 것이 인생이다. 그러나
이 모든 변화는 본인 자신의 마음가짐과 행실이 좌우한다.

높은 지위에 오르거든 우선 욕될 것을 염려하여 겸손함을 잃지 말
아야 한다. 권력이 있다고 교만하게 굴고 권력을 남용하면, 벌써 욕됨
의 씨앗이 싹트고 있는 것이다. 또 아무리 부를 누려 몸이 안락할지라
도 항상 위태할 것을 염려하여 더욱 몸과 마음을 닦고 선행을 베풀어
안락함을 잃지 않도록 해야 한다. 아무리 부자라도 자기 한 몸의 안락

만을 꾀하고 선행을 베풀지 않는다면 가난의 씨앗은 이미 싹트고 있는 것이다.

6

榮輕辱淺 利重害深.
영 경 욕 천 이 중 해 심

영화가 가벼우면 욕됨도 얕고, 이익이 무거우면 손해도 깊다.

【글자 뜻】榮:영화 영.　輕:가벼울 경.　淺:얕을 천.　害:해될 해, 해할 해.
　深:깊을 심.
【말의 뜻】榮輕:영화가 가벼움. 작게 출세함.　辱淺:욕됨이 얕음. 욕됨이
　적음.　利重:이익이 무거움. 이익이 큼.　害深:손해가 깊음. 손해가 큼.

【뜻 풀이】높은 나무가 바람을 더 타듯이 군세가 많고 지위가 높을수록
　욕됨을 당할 위험도 크다. 너무 두드러진 인물이 되면 사람들의 이목
　이 그에게 집중되어 엄한 감시를 받게 되기 때문이다.
　　또 산이 크면 골짜기도 깊듯이 큰 이익에는 으레 큰 손해가 따르게
　마련이다. 그러므로 사람은 너무 부귀공명에 집착하여 욕심을 내서는
　안 된다. 차라리 마음과 몸을 닦아 항상 선(善)과 의(義)를 지키도록
　힘쓰면 손해와 욕됨을 면하고 일생을 행복 속에서 살 수 있다.

7

甚愛必甚費 甚譽必甚毁. 甚喜必甚憂 甚贓必甚亡.
심 애 필 심 비 심 예 필 심 훼   심 희 필 심 우 심 장 필 심 망

사랑함이 심하면 반드시 소모함도 심하고, 칭찬이 심하면 반드시 헐뜯음도 심하고, 기쁨이 심하면 반드시 근심도 심하고, 뇌물 받음이 심하면 반드시 망함도 심하다.

【글자 뜻】 甚:심할 심. 費:쓸 비. 譽:기릴 예. 毁:헐 훼. 贓:뇌물 받을 장. 亡:망할 망.

【말의 뜻】 甚愛:너무 사랑함. 甚費:소모함이 큼. 甚譽:너무 칭찬함. 甚毁:헐뜯음이 심함. 甚贓:너무 뇌물을 좋아함. 甚亡:크게 망함.

【뜻 풀이】 공자께서 "지나친 것은 모자라는 것과 같다.(過如不及)"고 말씀하셨지만 무엇이나 지나친 것은 차라리 모자라는 것만도 못하다.

사랑함이 지나치면 정신적, 물질적인 소모가 많고, 지나친 칭찬을 받으면 반드시 심한 헐뜯음이 돌아온다. 지나친 기쁨 뒤에는 큰 근심이 찾아오고, 뇌물 받기를 좋아하는 사람은 반드시 크게 망한다.

이상의 네 가지 중 사랑과 칭찬과 기쁨은 알맞게 누리는 것이 좋지만 뇌물에 대하여는 전혀 마음을 두어서는 안 된다.

8

子曰 不觀高崕 何以知顚墜之患 不臨深淵 何以知
자 왈 불 관 고 애 하 이 지 전 추 지 환 불 림 심 연 하 이 지

没溺之患 不觀巨海 何以知風波之患.
몰 닉 지 환 불 관 거 해 하 이 지 풍 파 지 환

공자께서 말씀하셨다.

"높은 벼랑을 내려다보지 않으면 어찌 굴러 떨어지는 환난을 알며, 깊은 연못에 임하지 않으면 어찌 물에 빠지는 환난을 알며, 큰 바다에 들어가 보지 않으면 어찌 풍파의 환난을 알랴?"

【글자 뜻】觀:볼 관. 崕:벼랑 애. 顚:엎어질 전. 墜:떨어질 추. 患:근심환. 臨:임할 림. 淵:못 연. 没:빠질 몰. 溺:빠질 닉. 巨:클 거. 波:물결 파.

【말의 뜻】高崕:높은 절벽. 顚墜:굴러 떨어짐. 没溺:물에 빠짐.

【뜻 풀이】사람은 자신이 직접 어려움을 겪어 보아야 남의 어려움도 알게 된다. 높은 절벽을 가보아야 비로소 절벽에서 떨어지는 환난을 알고, 깊은 연못가에 가보아야 비로소 물에 빠지는 환난을 알게 되고, 큰 바다에 가보아야 비로소 풍파의 무서움을 알게 된다.

9

欲知未來 先察已然.
욕 지 미 래 선 찰 이 연

미래의 일을 알고자 하거든, 먼저 지난 일을 살펴보라.

【글자 뜻】 察:살필 찰. 已:이미 이. 然:그러할 연.

【말의 뜻】 欲知~:~을 알고자 함. 未來:미래. 앞으로의 일. 已然:이미
지나간 일.

【뜻 풀이】 한 국가나 민족의 장래도 지난날의 역사와 오늘의 현실을 살펴
봄으로써 짐작할 수 있고, 개인의 미래도 지난날에 한 일과 현재의 처
지를 생각해 보면 미루어 짐작할 수 있다. 오늘은 지난날의 결과이다.
지난 일을 깊이 성찰(省察)하고 이를 토대로 하여 앞으로의 인생을 가
꾸어 나가도록 노력해야 한다.

子曰 明鏡所以察形 往者所以知今.
자 왈 명 경 소 이 찰 형 왕 자 소 이 지 금

공자께서 이렇게 말씀하셨다.

"밝은 거울은 얼굴을 살펴보는 수단이고, 지난 일은 지금을 아는 수단이다."

【글자 뜻】 鏡:거울 경. 察:살필 찰. 形:얼굴 형, 형상 형.

【말의 뜻】 明鏡:밝은 거울. 所以:까닭. 수단. 察形:얼굴을 살펴봄. 往者:지나간 일. 知今:지금을 앎. 현재를 앎.

【뜻 풀이】 사람은 누구나 현재에 살고 있다. 그러나 현재는 단순한 현재가 아니다. 과거를 어떻게 살았느냐에 따라 나타난 결과가 현재인 것이다. 그러므로 현재를 어떻게 사느냐에 따라 그 결과가 미래에 펼쳐지게 마련이다. 인생은 남이 살아 주는 것이 아니다. 당신의 인생은 당신이 살아가는 것이다. 오늘날 당신이 살아가는 태도가 당신의 미래를 좌우한다.

마치 깨끗한 거울이 얼굴을 환히 비춰 주는 수단이듯이 당신의 과거는 현재를 아는 수단이며, 당신의 현재는 미래를 알 수 있는 수단인 것이다.

11

過去事如明鏡 未來事暗似漆.
과 거 사 여 명 경 미 래 사 암 사 칠

지난 일은 밝은 거울같이 환하고, 미래의 일은 어둡기가 칠흑과 같다.

【글자 뜻】 暗:어두울 암. 似:같을 사. 漆:옻 칠.

【말의 뜻】 如明鏡:밝은 거울처럼 환히 알 수 있음. 暗似漆:어둡기가 칠
흑과 같음.

【뜻 풀이】 세상 사람들은 누구나 자기의 지나간 일은 밝은 거울을 들여다
보듯이 환히 알 수 있지만 앞으로 돌아올 일은 캄캄한 밤길을 걸어가
듯이 알지 못한다. 그러나 깊은 성찰을 하는 사람은 과거와 현재를 미
루어 미래도 짐작할 수 있다.

12

景行錄云 明朝之事 薄暮不可必 薄暮之事 晡時不
경 행 록 운 명 조 지 사 박 모 불 가 필 박 모 지 사 포 시 불

可必.
가 필

《경행록》에 이렇게 씌어 있다.

"내일 아침 일을 저물 때에 기필코 알지는 못하고, 저물 때의 일을 오
후에 기필코 알지는 못한다."

【글자 뜻】 必:기필할 필, 반드시 필.　薄:얇을 박.　暮:저물 모.　晡:신시
　　(申時) 포.

【말의 뜻】 薄暮:날 저물 때.　不可必:기필하지 못함. 꼭 알지는 못함.
　　晡時:신시(申時). 오후 3~5시.

【뜻 풀이】 예측할 수 없는 것은 세상일이요 인생의 앞길이다. 내일 아침
　　에 어떤 불의의 일이 일어날지 저녁에 알 수 없고, 저녁에 어떤 일이
　　일어날지 낮에 알 수 없다. 오직 착한 마음과 올바른 행실로 하루하루
　　를 살아야 할 뿐이다. 맹자도 "사람으로서 할일을 다하고 천명(天命)
　　을 기다리라.(盡人事而待天命)"고 말했다.

13

天有不測風雨 人有朝夕禍福.
천 유 불 측 풍 우 인 유 조 석 화 복

하늘에는 예측할 수 없는 비바람이 있고, 사람에게는 아침과 저녁으로 재앙과 복이 있다.

【글자 뜻】 測:헤아릴 측.

【말의 뜻】 不測:예측할 수 없음.

【뜻 풀이】 앞의 두 문장과 거의 비슷한 뜻이다. 하늘의 조화는 아무도 예측하지 못한다. 맑은 날씨에 갑자기 먹구름이 모여들어 비가 오기도 하고, 소나기가 억수같이 퍼붓다가 잠시 후에 태양이 빛나기도 한다.

　　인간의 길흉화복도 이와 마찬가지로 변화무쌍하다. 오직 선과 덕을 꾸준히 지켜 나가는 사람은 복을 받고, 악과 불의를 저지르는 사람은 언제 재앙을 받을지 모른다. 오직 사람으로서의 올바른 길을 걸어가는 것이 우리들의 할 일이다. 공자께서도 "아침에 도리를 깨달아 알면 저녁에 죽어도 가하다.(朝聞道夕死可矣)"고 말씀하셨다.

14

未歸三尺土 難保百年身 已歸三尺土 難保百年墳.
미 귀 삼 척 토　난 보 백 년 신　이 귀 삼 척 토　난 보 백 년 분

아직 석 자 흙으로 돌아가기 전에는 백 년 동안 몸 보전하기가 어렵고,
이미 석 자 흙으로 돌아간 뒤에는 백 년 동안 무덤을 보전하기가 어렵다.

【글자 뜻】 未:아닐 미.　歸:돌아갈 귀.　難:어려울 난.　保:보전할 보.　已:
　　이미 이.　墳:무덤 분.

【말의 뜻】 未歸:아직 돌아가지 않음.　三尺土:석 자의 흙. 사람이 죽어서
　　돌아가는 흙속을 말함.　保百年身:백 년 동안 몸을 보전함. 百年은 평
　　생을 말함.

【뜻 풀이】 사람은 살아있는 동안 몸을 올바르게 보전하기 어렵다. 자칫하
　　면 악(惡)과 불의(不義)를 저질러 사람들로부터 욕을 먹고 형벌을 받
　　기 쉽다. 이것은 살아서뿐만이 아니다. 옳게 살다 죽으면 후세 사람들
　　로부터 칭송을 받고, 옳지 못하게 살다 죽으면 사람들로부터 욕을 먹
　　는다. 사람으로 태어나서 어찌 옳게 살지 않을 수 있으랴!

景行錄云 木有所養則 根本固而枝葉茂 棟樑之材
경 행 록 운 목 유 소 양 즉 근 본 고 이 지 엽 무 동 량 지 재

成 水有所養則 泉源壯而流派長 灌漑之利博 人有
성 수 유 소 양 즉 천 원 장 이 유 파 장 관 개 지 리 박 인 유

所養則 志氣大而識見明 忠義之士出 可不養哉.
소 양 즉 지 기 대 이 식 견 명 충 의 지 사 출 가 불 양 재

《경행록》에 이렇게 씌어 있다.

"나무를 잘 기르면 뿌리가 튼튼하고 가지와 잎이 무성하여 기둥과 대들보의 재목을 이루고, 물을 잘 기르면 샘의 근원이 장하고 흐름이 길어서 전답에 물대는 이익이 넓고, 사람을 잘 기르면 뜻과 기개가 크고 식견이 밝아서 충의(忠義)의 선비가 되나니, 가히 기르지 않을 수 있으랴."

【글자 뜻】 養:기를 양. 固:굳을 고. 枝:가지 지. 葉:잎 엽. 茂:성할 무. 棟:기둥 동. 樑:대들보 량. 泉:샘 천. 源:근원 원. 壯:장할 장. 派:나눌 파. 灌:물댈 관. 漑:물댈 개. 博:넓을 박. 識:알 식. 哉:어조사 재.

【말의 뜻】 有所養:기르는 바가 있음. 잘 기름. 根本固:뿌리가 튼튼함. 枝葉茂:가지와 잎이 무성함. 棟樑:기둥과 대들보. 泉源壯:샘의 근원이 장함. 流派長:물결의 흐름이 깊. 灌漑:전답에 물댐. 志氣:뜻과 기개. 識見:지식과 견문. 忠義:충성과 의리. 可不養哉:가히 기르지 않을 수 있으랴! 哉는 감탄종결조사.

【뜻 풀이】 나무는 잘 기르고 가꾸어야 기둥이나 대들보의 큰 재목이 될

수 있고, 물은 잘 관리하고 보호해야 수리(水利)의 면적이 넓어진다. 이와 마찬가지로 사람도 어릴 때부터 잘 기르고 가르쳐야 식견이 넓고 뜻과 기개가 큰 올바른 인재가 될 수 있는 것이니, 어찌 사람을 잘 기르고 가르치지 않을 수 있겠는가!

플라톤은 《국가론》에서 "교육이 그 인간을 어느 방향으로 출발시키느냐에 따라 그 사람의 장래가 결정된다."고 말했다.

16

自信者人亦信之 吳越皆兄弟 自疑者人亦疑之 身外
자 신 자 인 역 신 지 오 월 개 형 제 자 의 자 인 역 의 지 신 외
皆敵國.
개 적 국

스스로 믿는 사람은 남도 또한 믿기 때문에 오(吳)나라와 월(越)나라 같은 원수지간도 다 형제가 되고, 스스로 의심하는 사람은 남도 또한 의심하기 때문에 자기 이외에는 다 적국이 된다.

【글자 뜻】吳:나라 오. 越:나라 월. 疑:의심할 의.

【말의 뜻】自信:스스로를 믿음. 吳越:중국 전국시대에 오(吳)와 월(越)은 항상 싸우는 원수지간이었음. 自疑:스스로 자신을 의심함. 身外:자기 이외의 사람.

【뜻 풀이】'吳越同舟'란 말이 있다. 원수끼리 한 배에 탔다는 뜻이다. 우리 나라 속담의 '원수는 외나무다리에서 만난다.'는 말과 같은 뜻

이다.

자기 자신의 마음이 선하고 행실이 올바른 사람은 자신의 행위에 대하여 자신이 있다. 이렇게 되면 다른 사람들도 다 그를 믿어, 심지어는 평소에 원한이 있던 사람까지도 다 형제처럼 가까워진다.

그러나 마음과 행실이 옳지 못한 사람은 자기가 하는 일에 대하여 의심을 품는다. 이렇게 되면 다른 사람들도 다 그를 의심하여 모두가 그를 원수처럼 멀리하게 된다.

당신도 평소에 마음과 행실을 옳게 지녀 당신이 하는 일에 자신을 가져라. 그러면 모든 사람들이 당신의 일을 도와줄 것이다. 굳은 신념을 가져라. 이것이 성공의 원동력이다.

17

疑人莫用 用人勿疑.
의 인 막 용 용 인 물 의

사람을 의심하거든 쓰지 말고, 사람을 썼거든 의심하지 말라.

【글자 뜻】疑:의심할 의. 莫:말 막. 勿:말 물.

【말의 뜻】疑人:사람을 의심함. 莫用:쓰지 말라. 用人勿疑:사람을 썼거든 의심하지 말라.

【뜻 풀이】 사람을 의심하려면 한이 없다. 그러므로 처음 인연을 맺을 때 그 인간성을 잘 파악해야 한다. 처음부터 인간성이 의심스럽다면 절대로 쓰지 말아야 하고, 그 인간성을 믿고 일단 쓴 이상 의심해서는 안 된다. 일단 인연을 맺은 이상 서로 믿지 않는다면 함께 일할 수 없기 때문이다.

諷諫云 水底魚天邊雁 高可射兮低可釣 惟有人心咫
풍 간 운 수 저 어 천 변 안 고 가 사 혜 저 가 조 유 유 인 심 지
尺間 咫尺人心不可料.
척 간 지 척 인 심 불 가 료

《풍간(諷諫)》에 이렇게 씌어 있다.

"물밑에 있는 고기와 하늘가에 뜬 기러기는 높은 것은 활로 쏠 수 있고 낮은 것은 낚시로 낚을 수 있지만, 오직 사람의 마음은 지척 사이에 있으나 지척에 있는 사람의 마음은 헤아릴 수가 없다."

【글자 뜻】 諷:풍자할 풍. 諫:간할 간. 底:밑 저. 邊:갓 변. 雁:기러기 안. 射:쏠 사. 低:낮을 저. 釣:낚시 조. 咫:지척 지. 料:헤아릴 료, 요금 료.

【말의 뜻】 諷諫:책 이름. 작자와 연대는 미상(未詳). 水底魚:물밑에 있는 고기. 天邊雁:하늘가에 뜬 기러기. 可射:활로 쏠 수 있음. 可釣:낚시로 낚을 수 있음. 咫尺:아주 가까운 거리. 不可料:헤아릴 수 없음.

【뜻 풀이】 이 글은 사람의 속마음을 헤아리기 어려움을 말하고 있다. 우리 나라 속담에 '열 길 물속은 알아도 한 길 사람의 속은 모른다.' 는 말이 있다. 하늘에 높이 뜬 기러기는 활로 겨냥하여 맞힐 수도 있고, 깊은 물속에 있는 고기는 낚시로 낚아 올릴 수도 있다. 그러나 마주 대하고 이야기하는 사람의 마음은 바로 지척에 있건만 그 지척에 있는 마음을 헤아려 알기는 어렵다.

그렇다고 처음부터 사람의 마음을 믿지 않는 것도 잘못이요, 덮어 놓고 믿었다가는 어떤 손실을 당할지도 모른다. 처음 만나는 사람과 깊이 사귀지 못하는 것은 이 때문이다. 그러므로 그 사람의 말과 행동을 꾸준히 관찰함으로써만 그의 마음을 알 수가 있는 것이다.

19

畫虎畫皮難畫骨 知人知面不知心.
화 호 화 피 난 화 골　지 인 지 면 부 지 심

호랑이를 그리되 가죽은 그리나 뼈는 그리기 어렵고, 사람을 알되 얼굴은 알지만 마음은 알지 못한다.

【글자 뜻】 畫:그림 화, 그림 그릴 화. 虎:범 호. 皮:가죽 피. 骨:뼈 골. 面:낯 면.

【말의 뜻】 畫虎:호랑이를 그림. 難畫骨:뼈를 그리기는 어려움. 知人:사람을 앎. 知面:얼굴을 앎. 不知心:마음은 알지 못함.

【뜻 풀이】 우리가 흔히 사람을 안다는 것은 그 얼굴을 안다는 뜻이다. 사람의 얼굴은 천인천색(千人千色), 각각 특징을 지니고 있기 때문에 알기가 쉽지만 그 속마음까지 알기는 어렵다. 이는 마치 호랑이를 그릴 때 겉모습은 그리지만 속의 뼈는 그리지 못하는 것과 흡사하다.

對面共話 心隔千山.
대 면 공 화 심 격 천 산

얼굴을 대하고 함께 이야기는 하지만, 마음은 일천(一千) 산이나 떨어
져 있다.

【글자 뜻】 對:대할 대. 共:함께 공. 話:말씀 화. 隔:막힐 격.

【말의 뜻】 對面:얼굴을 마주 대함. 共話:함께 이야기함. 隔千山:많은 산
이 가릴 만큼 멀리 떨어져 있음.

【뜻 풀이】 사람이 얼굴을 마주 대하고 다정한 듯이 이야기를 주고받는 경
우는 많다. 그러나 과연 그중에 마음과 마음이 서로 통하는 사람이 얼
마나 될까? 마음의 간격이 없이 흉금을 터놓고 얘기할 수 있는 사람,
이런 사람을 많이 사귀고 있는 사람은 행복한 사람이다.

21

海枯終見底 人死不知心.
해 고 종 견 저 인 사 부 지 심

바다는 마르면 마침내 바닥을 볼 수 있지만, 사람은 죽어도 마음을 알지 못한다.

【글자 뜻】枯:마를 고. 死:죽을 사.
【말의 뜻】海枯:바닷물이 마름. 見底:바닥을 봄.

【뜻 풀이】썰물이 되면 바다의 바닥이 드러나 볼 수 있다. 그러나 사람은 죽어도 그의 마음을 알기 어렵다. 실로 알기 어려운 것이 사람의 마음이다.
　　시루스는 "현명한 사람은 자기 마음의 주인이 되지만, 어리석은 사람은 자기 마음의 노예가 된다."고 말하고 있다.

22

太公曰 凡人不可逆相 海水不可斗量.
태 공 왈 범 인 불 가 역 상 해 수 불 가 두 량

태공(太公)이 이렇게 말했다.

"무릇 사람은 거슬러 점칠 수 없고 바닷물은 말(斗)로 될 수 없다."

【글자 뜻】凡:무릇 범. 逆:거스릴 역. 相:상볼 상, 서로 상. 斗:말 두.
量:헤아릴 량.

【말의 뜻】逆相:앞날의 운명을 미리 점침. 斗量:말로 됨.

【뜻 풀이】사람의 운명은 변화무쌍하여 부귀한 사람이 빈천해지기도 하
고, 빈천하던 사람이 갑자기 부귀해지는 수도 있다. 바닷물을 말로 될
수 없듯이 사람의 운명도 미리 알 수 없다. 그러나 굳은 신념을 가지
고 꾸준히 노력하는 사람만이 성공한다는 사실에는 변함이 없다.

23

景行錄云 結怨於人謂之種禍 捨善不爲謂之自賊.
경 행 록 운 결 원 어 인 위 지 종 화 사 선 불 위 위 지 자 적

《경행록》에 이렇게 씌어 있다.

"남과 원수 맺는 것을 재앙의 씨앗을 심는다 말하고, 선(善)을 버리고
하지 않는 것을 스스로를 해친다고 말한다."

【글자 뜻】 結:맺을 결. 怨:원망 원. 種:심을 종, 씨 종. 捨:버릴 사. 賊:
해칠 적, 도둑 적.

【말의 뜻】 結怨:원수를 맺는 것. 種禍:재앙을 심음. 捨善:선을 버림. 自
賊:스스로 해침.

【뜻 풀이】 남에게 억울한 일이나 못할 짓을 하여 원한을 사서는 안 된다.
원한이 깊으면 언제 보복을 당할지 모른다. 그러기에 이를 일러 재앙
의 씨앗을 심는다고 말한다. 또 선한 일을 보고도 하지 않는 것은 마
음이 선하지 못하기 때문이다. 이것은 스스로의 복을 물리치는 일이
다.

이 책 첫머리에도 나왔듯이 착한 일을 하는 사람은 복을 받고, 악한
일을 하는 사람은 재앙을 받게 마련이다. 이것은 자연의 법칙이다. 악
행을 버리고 선행에 힘쓰자.

24

若聽一面說 便見相離別.
약 청 일 면 설 변 견 상 이 별

만약 한쪽 말만 듣는다면, 문득 서로 헤어짐을 당할 것이다.

【글자 뜻】 若:만약 약, 같을 약. 便:문득 변, 편할 편. 離:떠날 리. 別:이
별 별.

【말의 뜻】 一面說:한쪽 이야기. 便見~:문득 ~을 당함.

【뜻 풀이】 한쪽 말만 듣고 옳고 그름을 판단해서는 안 된다. 반드시 양쪽
말을 다 들어보아야 한다. 대체로 양쪽 모두에게 일리가 있기 마련이
다. 만일 한쪽 말만 듣고 그 말에 따른다면 다정하고 올바른 사람들은
다 멀어지게 마련이다. 그래서 '정기편(正己篇)' 16장에도 "여러 사람
이 좋아하더라도 반드시 살펴야 하고, 여러 사람이 미워하더라도 반
드시 살펴야 한다."는 공자의 말씀이 실려 있다.

25

飽煖思淫慾 飢寒發道心.
포 난 사 음 욕 기 한 발 도 심

배부르고 따뜻하면 음탕한 욕심을 생각하고, 주리고 추우면 도심(道心)
이 싹튼다.

【글자 뜻】 飽:배부를 포. 煖:더울 난. 淫:음탕할 음. 飢:주릴 기. 發:필
발.

【말의 뜻】 飽煖:배부르게 먹고 따뜻하게 옷 입음. 淫慾:음탕한 욕심. 飢
寒:배 주리고 추위에 떪. 道心:道를 닦으려는 마음.

【뜻 풀이】 사람이란 부유한 생활을 하면 마음이 해이해져서 안일하고 음
탕한 생활에 빠지기 쉽다. 돈이 인간을 망쳐 놓는 것이다. 이와 반대
로 가난한 생활을 하는 사람들 중에도 올바른 길을 걷고 인정미에 넘
치는 사람들이 많다.

요컨대 생활이 부유하면 겸손하게 검소한 생활을 하면서 선행을 많
이 베풀고, 생활이 가난할지라도 선한 마음과 올바른 행실을 지니도
록 노력해야 한다.

26

疎廣曰 賢人多財則損其志 愚人多財則益其過.
소 광 왈 현 인 다 재 즉 손 기 지 우 인 다 재 즉 익 기 과

소광(疎廣)이 이렇게 말했다.

"어진 사람이 재물이 많으면 그 뜻을 손상하고, 어리석은 사람이 재물
이 많으면 그 허물을 더한다."

【글자 뜻】賢:어질 현. 財:재물 재. 損:덜 손, 손될 손. 益:더할 익. 過:
허물 과, 지날 과.

【말의 뜻】疎廣:전한(前漢) 의제(宜帝) 때 학자. 多財:재물이 많음. 損其
志:그 뜻을 손상함. 益其過:그 허물을 더함.

【뜻 풀이】사람은 누구나 부자가 되기를 바란다. 그러나 재물이란 참 묘
한 것이다. 너무 가난하면 생활이 곤궁하고 사람의 도리를 다하기 어
렵다. 또 너무 부유하면 마음이 교만해지고 행실이 방탕으로 흐르기
쉽다.

소광(疎廣)이 태자의 스승으로 있다가 나이 많아 벼슬에서 물러나
자 의제(宜帝)가 많은 재물을 하사했다. 그가 그 재물을 친지들에게
다 나누어 주자, 어떤 사람이 왜 그 재물을 자손에게 물려주지 않느냐
고 물었다. 그러자 그는 이렇게 대답했다고 한다. "현명한 사람이 재
물이 많으면 그 뜻을 잃기가 쉽고, 어리석은 사람이 재물이 많으면 잘
못을 저지르기 쉽다."

27

人貧智短 福至心靈.
인 빈 지 단 복 지 심 령

사람이 가난하면 지혜가 짧아지고, 복이 이르면 마음이 신령해진다.

【글자 뜻】 貧:가난 빈. 短:짧을 단. 靈:신령 령.
【말의 뜻】 智短:지혜가 짧아짐. 福至:복이 이름. 心靈:마음이 신령해짐.

【뜻 풀이】 가난에 시달리면 마음도 위축되어 자기가 본래 지닌 지혜도 줄어든다. 그러나 복이 이르러 행운을 잡게 되면 마음이 커지고 생각에 여유가 생겨 지혜도 밝아지고 계획도 잘 세워 모든 일이 순조롭게 풀려 나간다. 그러나 이것은 마음이 선량한 사람들의 얘기다.

不經一事 不長一智.
불 경 일 사 부 장 일 지

한 가지 일을 경험하지 않으면 한 가지 지혜가 자라지 못한다.

【글자 뜻】 經:지날 경, 글 경. 長:자랄 장, 긴 장.

【말의 뜻】 不經:겪지 않음. 경험하지 않음. 不長:자라지 못함.

【뜻 풀이】 사람의 지혜는 경험을 통하여 늘어난다. 그러므로 한 가지 일을 경험하면 한 가지 지혜가 더 늘어나기 마련이다. 그래서 사람은 새로운 것을 배우고 그 배운 것을 실천해야 한다. 실천을 통한 지식이라야 산지식이 될 수 있는 것이다.

29

是非終日有 不聽自然無.
시 비 종 일 유 불 청 자 연 무

시비가 하루 종일 있을지라도 듣지 아니하면 저절로 없어진다.

【글자 뜻】 是:옳을 시, 이 시. 非:그를 비, 아닐 비.
【말의 뜻】 是非:옳고 그름. 옳고 그름을 따짐. 自然無:저절로 없어짐.

【뜻 풀이】 설사 누가 와서 종일토록 시비를 걸지라도 귓가를 스쳐가는 바람소리로 알고 대꾸하지 말라. 그러면 상대방도 헛되이 입술과 혀만 놀리다가 제풀에 물러날 것이다.

來說是非者 便是是非人.
내 설 시 비 자 변 시 시 비 인

와서 시비를 이야기하는 사람, 이 사람이 곧 시비하는 사람이다.

【글자 뜻】 說:말씀 설. 便:문득 변, 편할 편.
【말의 뜻】 來說:와서 이야기함. 便是:문득 이. 이것이 곧.

【뜻 풀이】 세상에는 남의 잘잘못을 말하기 좋아하는 사람이 있다. 누가
당신에게 와서 다른 사람의 잘잘못을 이야기하거든 조심하라. 그는
다른 사람에게 가면 당신의 잘잘못을 말할 것이다. 바로 이런 사람이
돌아다니며 시비를 일으키는 장본인인 것이다.

31

擊壤詩云 平生不作皺眉事 世上應無切齒人. 大名
격 양 시 운 평 생 부 작 추 미 사 세 상 응 무 절 치 인　대 명
豈有鐫頑石 路上行人口勝碑.
기 유 전 완 석　노 상 행 인 구 승 비

격양시(擊壤詩)에 이렇게 씌어 있다.

"평생에 눈썹 찌푸리는 일을 하지 않는다면, 세상에 응당 이를 갈 사람
이 없을 것이다. 큰 이름을 어찌 완고한 돌에 새길 것인가? 길 가는 행인
의 입이 비석보다 낫다."

【글자 뜻】擊:칠 격. 壤:흙덩이 양. 皺:주름 추. 眉:눈썹 미. 應:응당
　　응, 응할 응. 豈:어찌 기. 鐫:새길 전. 頑:완고할 완. 勝:나을 승, 이
　　길 승.

【말의 뜻】不作:만들지 않음. 하지 않음. 皺眉事:눈썹을 찌푸리는 일.
　　應無:마땅히 없음. 切齒人:이 가는 사람. 豈有~:어찌~하랴. 頑石:
　　완고한 돌. 口勝碑:입이 비석보다 나음.

【뜻 풀이】평생 동안 남이 눈썹 찌푸릴 일을 하지 말라. 그러면 아무도 당
　　신에게 이를 갈며 원망할 사람이 없을 것이다. 꾸준히 선한 마음과 올
　　바른 행실로 덕을 쌓으라. 그러면 당신이 죽은 뒤에도 길 가는 행인들
　　이 당신의 덕을 칭송할 것이다. 이것이 덕행을 비석에 새겨 세우는 것
　　보다 낫다.

32

有麝自然香 何必當風立.
유 사 자 연 향 하 필 당 풍 립

　사향을 지니면 절로 향기를 풍기거늘 어찌 반드시 바람을 맞아 설 필요
가 있으랴!

【글자 뜻】麝:사향 사. 當:당할 당.
【말의 뜻】有麝:사향을 지니고 있음. 當風立:바람을 맞아 섬.

【뜻 풀이】사향을 몸에 지니면 그 향기가 절로 풍기는 법이니, 굳이 바람
　　앞에 서서 향기를 풍기려고 애쓸 필요가 없다. 사람이 덕행을 쌓으면
　　저절로 그 명성이 알려지게 마련이니, 굳이 이름을 날리려고 애쓸 필
　　요가 없다.

33

有福莫享盡 福盡身貧窮. 有勢莫使盡 勢盡冤相逢.
유복막향진 복진신빈궁 유세막사진 세진원상봉

福兮常自惜 勢兮常自恭. 人生驕與侈 有始多無終.
복혜상자석 세혜상자공 인생교여치 유시다무종

복이 있어도 다 누리지 말라. 복이 다하면 몸이 빈궁해진다. 권세가 있어도 다 부리지 말라. 권세가 다하면 원수와 서로 만나게 된다. 복은 항상 스스로 아끼고, 권세는 항상 스스로 공손하라. 인생에 있어 교만과 사치는 흔히 처음은 있으되 끝이 없다.

【글자 뜻】享:누릴 향. 窮:궁할 궁. 冤:원수 원. 惜:아낄 석. 恭:공손할 공. 驕:교만할 교. 侈:사치 치.

【말의 뜻】享盡:다 누림. 有勢:권세가 있음. 使盡:다 부림. 다 사용함. 驕與侈:교만함과 사치. 有始無終:시작은 있고 끝이 없음.

【뜻 풀이】꽃은 피면 시들고, 달도 만월이 되면 기울어지게 마련이다. 복이 있어 많은 재산이 있을지라도 낭비를 하면 바닥이 나 가난해지게 되고, 권력이 있어 세도를 마구 부리면 권력을 잃은 뒤에 원수를 만나게 된다. 그러므로 부유할 때 근검절약하고 가난한 사람들을 도와준다면 부를 오래 누릴 수 있고, 권력이 있을 때 겸손함을 잃지 않는 것이 이름을 더럽히지 않는 길이다.

만일 부자라고 사치하고 권력이 있다고 교만하게 행동하기 시작하면 끝이 없게 마련이다.

34

王參政四留銘曰　留有餘不盡之巧　以還造物　留有
왕 참 정 사 류 명 왈　유 유 여 부 진 지 교　이 환 조 물　유 유

餘不盡之祿　以還朝廷　留有餘不盡之財　以還百姓
여 부 진 지 록　이 환 조 정　유 유 여 부 진 지 재　이 환 백 성

留有餘不盡之福　以還子孫.
유 유 여 부 진 지 복　이 환 자 손

왕참정(王參政)의 사류명(四留銘)에 이렇게 말하고 있다.

"나머지를 두어 재주를 다 쓰지 않았다가 조물주에게 돌려주고, 나머지를 두어 녹봉(祿俸)을 다 쓰지 않았다가 조정에 돌려주고, 나머지를 두어 재물을 다 쓰지 않았다가 백성에게 돌려주고, 나머지를 두어 복을 다 쓰지 않았다가 자손에게 돌려주어야 한다."

【글자 뜻】 參:참여할 참, 석 삼. 留:머무를 류. 盡:다할 진. 巧:재주 교. 還:돌이킬 환. 造:지을 조. 祿:녹 록. 廷:조정 정.

【말의 뜻】 王參政:북송(北宋)의 정치가로 이름은 단(旦). 四留銘:네 가지 남겨둠에 대한 좌우명. 留有餘:나머지를 남겨둠. 不盡之巧:다 쓰지 않은 재주. 재주를 다 쓰지 않음. 還造物:우주와 만물을 창조한 조물주에게 돌려줌. 祿:녹봉. 벼슬아치들이 받는 봉급.

【뜻 풀이】 사람이 타고난 재주를 다 부리다 보면 잔재주가 되기 쉽다. 그러므로 재주를 다 써먹지 말고 여유를 두었다가, 천지와 만물을 창조하는 재주를 가진 조물주에게 돌려주어야 한다. 벼슬아치들은 나라에서 받는 봉급을 다 쓰지 않았다가 나라에 돌려주어야 한다.

또 아무리 재산이 많을지라도 그것은 혼자서 번 돈이 아니다. 여러 사람들의 협조와 사회가 부자를 만들어 준 것이다. 그러므로 근검절약하여 나머지 돈은 사회로 환원해야 한다. 또 복이 아무리 많을지라도 그것을 다 누려서는 안 된다. 여유를 두고 덕을 베풀어 자손이 그 복을 받을 수 있도록 해야 한다.

35

黃金千兩未爲貴 得人一語勝千金.
황 금 천 량 미 위 귀 득 인 일 어 승 천 금

황금 천 냥이 귀한 것이 아니고, 사람에게서 좋은 말 한마디 듣는 것이 천금보다 낫다.

【글자 뜻】貴:귀할 귀. 勝:이길 승, 나을 승.

【말의 뜻】未爲貴:귀한 것이 되지 못함. 得人一語:사람에게서 좋은 말 한 마디를 얻음. 勝千金:천금보다 나음.

【뜻 풀이】황금이 천 냥이나 된다면 큰 보물이요 재산이다. 그러나 물질이란 원래 귀한 것이 되지 못한다. 인간에게 귀중한 것은 인간성이다. 그러면 인간성과 인격은 무엇으로 도야(陶冶)해야 하는가? 성현이나 위인들의 인생 체험에서 우러나온 귀중한 말을 듣고 배워 마음을 닦고 실천해 나가야 한다. 그래서 성현의 좋은 말 한마디를 들어 깨닫는 것이 천금의 재산보다 낫다고 한 것이다.

36

巧者拙之奴 苦者樂之母.
교 자 졸 지 노 고 자 낙 지 모

재주는 졸렬함의 종이고, 괴로움은 즐거움의 어머니이다.

【글자 뜻】拙:졸렬할 졸. 奴:종 노. 苦:괴로울 고.

【말의 뜻】巧者:재주란 것. 拙之奴:서툰 것의 종. 苦者:괴로움이란 것.
樂之母:즐거움의 어머니.

【뜻 풀이】재주가 없는 사람은 재주 있는 사람이 만들어 놓은 물건을 사
서 쓴다. 그래서 재주는 졸렬함의 종이라고 한 것이다. 또 어려운 처
지에 있는 사람이 성공을 거두려면 온갖 고생과 괴로움을 겪어야 한
다. 그리고 드디어는 성공의 즐거움을 맛보는 것이다. 그래서 괴로움
은 즐거움의 어머니라고 말한 것이다. 괴로움을 이겨내고 거둔 성공
이라야 성공의 즐거움은 달게 마련이다.
　　디즈레일리는 "성공의 비결은 목적을 향해 계속 전진하는데 있다."
고 말했다.

37

小船難堪重載 深逕不宜獨行.
소 선 난 감 중 재 심 경 불 의 독 행

작은 배는 무겁게 싣는 것을 견디지 못하고, 깊은 오솔길은 홀로 다니
지 말아야 한다.

【글자 뜻】船:배 선.　堪:견딜 감.　載:실을 재.　逕:길 경.　宜:마땅 의.
　獨:흘로 독.
【말의 뜻】小船:작은 배.　難堪:견디기 어려움. 견디지 못함.　重載:무겁
　게 실음.　深逕:깊은 오솔길. 으슥한 작은 길.　不宜:마땅하지 않음. 옳
　지 않음.　獨行:혼자서 다님.

【뜻 풀이】작은 배에 무거운 짐을 많이 실으면 견디지 못하고 엎어지거나
　물에 가라앉는다. 인생은 작은 배와 같다. 무거운 짐을 많이 지고 고
　생을 하면 몸과 마음이 견디지 못한다. 짐은 알맞게 지고 가는 것이
　건강에도 좋고 마음의 여유도 생긴다. 또 으슥한 오솔길을 혼자 다니
　면 언제 도둑이라도 만나 봉변을 당할지 모른다. 우리는 항상 매사에
　조심하여 실수하는 일이 없어야겠다.

38

黄金未是貴 安樂値錢多.
황 금 미 시 귀 안 락 치 전 다

황금이 귀하지 아니하고, 안락함이 값이 많다.

【글자 뜻】値:값 치. 錢:돈 전.

【말의 뜻】未是貴:이 귀하지 않음. 安樂:편안하고 즐거움. 値錢:값.

【뜻 풀이】세상 사람들은 돈과 부를 귀하게 여겨 이를 쫓아다니다가 몸을
    망치는 수가 많다. 비록 가난할지라도 착한 마음과 올바른 행실을 지
    켜 나가면 저절로 마음이 편안하고 즐거움을 느껴 행복하게 된다.
      이야말로 무한한 가치를 지니고 있는 것이니 어찌 뜬구름 같은 부
    에 비할 수 있으랴!

39

在家不會邀賓客 出外方知少主人.
재 가 불 회 요 빈 객 출 외 방 지 소 주 인

집에서 손님을 맞이할 줄 모르면 밖에 나가서 비로소 주인이 적음을 알
게 된다.

【글자 뜻】 會:모일 회, 깨달을 회. 邀:맞을 요. 賓:손 빈. 方:모 방, 바야
흐로 방.

【말의 뜻】 在家:집에 있음. 不會:알지 못함. 邀賓客:손님을 맞아 대접
함. 出外:밖에 나감. 方知:비로소 알게 됨.

【뜻 풀이】 사람의 집에는 손님이 많이 찾아와야 부유해지고, 손님이 찾아
오지 않는 집안은 가난해지게 마련이다. 만약 집에 있을 때 찾아온 손
님을 반갑게 맞아들여 잘 대접할 줄 모른다면, 남의 집에 갔을 때에도
대접을 받지 못한다. 그래서 주인이 적음을 알게 된다고 말한 것이다.

貧居鬧市無相識 富住深山有遠親.
빈 거 요 시 무 상 식 부 주 심 산 유 원 친

가난하면 번화한 저자에 살아도 서로 아는 사람이 없고, 부자면 깊은 산속에 살아도 먼 데서 찾아오는 친구가 있다.

【글자 뜻】 居:살 거. 鬧:시끄러울 요. 識:알 식. 住:살 주.
【말의 뜻】 貧居:가난하게 삶. 鬧市:시끄러운 장바닥. 富住:부자로 삶.
遠親:먼 데서 찾아오는 친구.

【뜻 풀이】 이 글은 요즈음의 세태를 그대로 말해 주고 있다. 가난하게 살면 친척이나 친구도 찾아오지 않기 때문에 비록 시장바닥에 살지라도 가까이 아는 사람이 없다. 그러나 부자로 잘 살면 아무리 외진 곳이나 산골에 살지라도 친척이나 친구들이 멀리에서도 찾아온다. 우리는 친척이나 친구가 아무리 가난하게 살더라도 때때로 찾아가 위로해 주는 의리 있는 인간이 되도록 노력해야겠다.

41

人義盡從貧處斷 世情便向有錢家.
인 의 진 종 빈 처 단 세 정 편 향 유 전 가

사람의 의리는 다 가난한 곳을 따라 끊어지고, 세상의 인정은 곧 돈 있
는 집으로 쏠린다.

【글자 뜻】 盡:다할 진. 從:쫓을 종. 斷:끊어질 단. 便:편할 편, 문득 변,
곧 변. 向:향할 향.

【말의 뜻】 人義:사람의 의리. 盡從~:다 ~을 따름. 貧處:가난한 곳. 世
情:세상의 인정. 便向~:곧 ~로 쏠림.

【뜻 풀이】 앞의 글과 비슷한 뜻이다. 사람이 가난해지면 가까운 친척이나
친구들까지 발길을 끊어 의리가 없어지고 만다. 한편 세상의 인심은
돈 많은 부잣집으로 쏠린다. 의리를 지킬 줄 모르는 사람들의 태도라
하겠다.

42

寧塞無底缸 難塞鼻下橫.
녕 색 무 저 항 난 색 비 하 횡

차라리 밑 빠진 항아리를 막을지언정 코 아래 가로놓인 입은 막기 어렵다.

【글자 뜻】寧:편안 녕, 차라리 녕. 塞:막을 색. 底:밑 저. 缸:항아리 항.
　鼻:코 비. 橫:가로 횡.

【말의 뜻】寧塞:차라리 막을 수 있음. 無底缸:밑 빠진 항아리. 鼻下橫:
　코 밑에 가로놓인 입.

【뜻 풀이】 '가난은 나라에서도 구제하지 못한다.' 는 속담이 있다. 오직
본인 자신이 부지런히 노력해야만 가난에서 벗어날 수가 있다. 사람
은 먹지 않고서 하루도 살 수가 없다. 지금 세상에는 자기 자신만 부
지런히 노력하면 악을 저지르지 않고도 능히 가난에서 벗어날 수 있
다. 밑 빠진 항아리를 막을지언정 입에 풀칠조차 하기 어려운 인생이
되어서는 안 되겠다.

人情皆爲窘中疎.
인 정 개 위 군 중 소

사람의 정은 다 군색한 속에서 성기어지게 된다.

【글자 뜻】皆:다 개. 窘:군색할 군. 疎:성길 소.

【말의 뜻】人情:사람의 정. 皆爲~:다 ~하게 됨. 窘中疎:군색한 속에서
성기어짐.

【뜻 풀이】인정이란 오고 가기 마련이다. 가난하게 살아 친척이나 친구들
이 찾아오지 않으면 자연히 이쪽에서도 찾아가지 않게 되어 사이가
멀어지게 된다. 물질로 말미암아 소중한 의리까지 멀어져서는 안 되
겠다.

史記曰 郊天禮廟 非酒不享 君臣朋友 非酒不義 鬪
사 기 왈 교 천 예 묘 비 주 불 향 군 신 붕 우 비 주 불 의 투

爭相和 非酒不勸 故酒有成敗而 不可泛飮之.
쟁 상 화 비 주 불 권 고 주 유 성 패 이 불 가 범 음 지

《사기(史記)》에 이렇게 씌어 있다.

"하늘에 제사 지내고 사당에 제사 지냄에도 술이 아니면 흠향하지 않고, 임금과 신하나 친구 사이에도 술이 아니면 의리가 두터워지지 않고, 싸우고 서로 화해하는 데도 술이 아니면 권하지 못한다. 그러므로 술에는 성공과 실패가 있어서 함부로 마시면 안 된다."

【글자 뜻】史:사기 사. 郊:들 교, 제사 지낼 교. 廟:사당 묘. 享:누릴 향, 흠향할 향. 鬪:싸울 투. 爭:다툴 쟁. 勸:권할 권. 敗:패할 패. 泛:뜰 범, 넘칠 범. 飮:마실 음.

【말의 뜻】史記:전한(前漢) 때 사마천(司馬遷)이 한무제(漢武帝)까지 약 삼천 년 동안의 중국(中國)의 역사를 기록한 책. 郊天:왕이 남쪽 들에 나가 천제(天祭)를 지내던 의식. 禮廟:사당에 제사 지냄. 不享:흠향하지 않음. 不義:의리가 두터워지지 않음. 鬪爭相和:싸우고 나서 서로 화해함. 酒有成敗:술에는 성공과 실패가 있음. 不可:해서는 안 됨. 泛飮之:함부로 마심.

【뜻 풀이】왕이 천제(天祭)를 지낼 때나 조상에게 제사 지낼 때에도 술이 아니면 하늘이나 조상의 혼령이 흠향하지 않는다. 임금과 신하나, 상사와 부하 사이에나, 친구 사이에도 술이 의리를 두텁게 만들어 준다.

그리고 말다툼이라도 한 뒤에는 술이 화해를 시켜 주는 역할을 한다.

술이란 묘한 음식이다. 잘 조절하여 알맞게 마시면 건강에도 좋고 대인 관계가 원만하여 성공을 거두지만, 함부로 마시면 건강을 해칠 뿐 아니라 온갖 실수를 저질러 실패를 맛보게 된다.

인생의 성공과 실패는 술에도 많이 달려 있다. 그러므로 항상 이성을 잃지 않도록 조심해 마셔야지 함부로 마셔서는 안 된다.

45

子曰 士志於道而恥惡衣惡食者 未足與議也.
자 왈 사 지 어 도 이 치 악 의 악 식 자 미 족 여 의 야

공자께서 말씀하셨다.

"선비가 뜻을 도(道)에 두고서도 악의악식(惡衣惡食)을 부끄러워하는 자는 함께 상의할 사람이 못 된다."

【글자 뜻】志:뜻 지. 恥:부끄러울 치. 與:더불어 여. 議:의논 의.

【말의 뜻】志於道:뜻을 道에 둠. 惡衣惡食:나쁜 옷을 입고 나쁜 음식을 먹음. 未足:족하지 못하다. 못 된다. 與議:함께 의논함.

【뜻 풀이】여기에서 말한 도(道)란 무엇인가? 도(道)는 곧 길이니, 모든 사람들이 걸어가야 할 올바른 길이다. 교양인으로서는 얼마나 옳게 사느냐가 문제이지 물질적으로 가난하게 지내는 것은 큰 문제가 아니다.

그러므로 뜻을 道에다 두고서도 가난하여 좋은 옷을 못 입고 좋은 음식을 먹지 못하는 것을 부끄럽게 생각하는 사람이라면, 그는 함께 道를 상의할 사람이 못 되는 것이다.

46

荀子曰 士有妬友則 賢交不親 君有妬臣則 賢人不至.
순 자 왈 사 유 투 우 즉 현 교 불 친 군 유 투 신 즉 현 인 부 지

순자(荀子)가 이렇게 말했다.

"선비가 벗을 시기하면 어진 벗과 사귀어 친할 수 없고, 임금이 신하를 시기하면 어진 사람이 오지 않는다."

【글자 뜻】妬:질투할 투.

【말의 뜻】士有妬友:선비가 친구를 시기함.   賢交:어진 친구와의 사귐.
妬臣:신하를 질투함.   賢人不至:어진 사람은 나오지 않음

【뜻 풀이】사람들은 흔히 다른 사람이 잘되는 것을 시기하고 질투한다.
그러나 이러한 감정은 사람의 마음을 혼란에 빠지게 할 뿐 아니라 불안과 초조를 느끼게 하며 이것이 쌓이면 건강까지 해친다.
다정한 친구 사이라면 그가 잘되는 것을 진심으로 축하해 주어야한다. 만일 이를 시기하고 질투하는 마음을 지니고 있다면 어진 친구들은 그를 멀리하여 가까이 사귈 수 없게 된다. 또 임금이나 국가의 지도자가 신하나 장관을 시기한다면 어진 사람은 숨어서 나오지 않는

다. 이것은 기업에 있어서도 마찬가지이다. 사장이나 간부가 부하들을 시기한다면 사기가 떨어져 열심히 일하지 않게 된다.

47

天不生無祿之人 地不長無名之草.
천 불 생 무 록 지 인 지 부 장 무 명 지 초

하늘은 녹 없는 사람을 내지 아니하고, 땅은 이름 없는 풀을 기르지 아니한다.

【글자 뜻】祿:녹 록. 長:긴 장, 자랄 장.
【말의 뜻】不生:내지 아니함. 無祿之人:녹이 없는 사람. 먹을 것이 없는
 사람. 不長:기르지 아니함.

【뜻 풀이】사람은 누구나 열심히 일하면 최소한 먹을 걱정은 않게 마련이다. 마치 땅에서 자라나는 풀들이 각각 다 소용이 있듯이 말이다. 그러므로 사람은 누구나 확고부동한 목표를 세우고 그 목표 달성을 위하여 꾸준히 노력한다면, 자연히 의식주의 걱정도 하지 않게 되고 보람도 느끼게 된다.

48

大富由天 小富由勤.
대 부 유 천 소 부 유 근

큰 부자는 하늘에 말미암고, 작은 부자는 부지런함에 말미암는다.

【글자 뜻】 由:말미암을 유. 勤:부지런할 근.
【말의 뜻】 由天:하늘에 말미암음. 운명에 달려 있음. 由勤:부지런함에
말미암음. 부지런한 데 달려 있음.

【뜻 풀이】 운이 좋을 때에는 생각지 않게 일이 잘 풀려 나가고, 운이 나쁠
때에는 틀림없이 될 일도 안 되는 수가 있다. 따지고 보면 운이라는
것도 자기 자신이 만드는 것이지만 말이다.
　이름난 큰 부자나 재벌은 운이 계속 좋아야 한다. 그러나 인생의 목
표를 세우고 부지런히 노력하기만 하면 작은 부자는 누구나 될 수 있
다.
　맹자(孟子)는 그의 저서《孟子》에서 "하늘이 준 운명은 지리적인 조
건만 못하고, 지리적 조건은 인화(人和)만 못하다.(天時不如地利 地利
不如人和)"라고 말했다. 사람은 자기 혼자의 힘으로는 아무것도 이루
지 못한다. 모든 일은 좋은 대인 관계에서 이루어지게 마련이다. 우리
가 좋은 대인 관계를 이루면서 성실하고 부지런히 노력한다면 큰 성
공도 거둘 수 있는 것이다.

49

成家之兒惜糞如金 敗家之兒用金如糞.
성 가 지 아 석 분 여 금 패 가 지 아 용 금 여 분

집안을 이룰 아이는 똥 아끼기를 금과 같이 하고, 집안을 망칠 아이는
돈 쓰기를 똥과 같이 한다.

【글자 뜻】 惜:아낄 석.　糞:똥 분.　敗:패할 패.

【말의 뜻】 成家:집안을 이룩함. 집안을 번영케 함.　惜糞如金:똥 아끼기
를 금과 같이 아낌.　敗家:집안을 망침.　用金如糞:돈 쓰기를 똥과 같
이 마구 씀.

【뜻 풀이】 우리 나라 속담에 '될성부른 나무는 떡잎부터 알아본다.' 는 말
이 있다. 장차 크게 될 사람은 어릴 때부터 그 기미가 엿보인다는 뜻
이다.

장차 장성하여 집안을 크게 번영시킬 아이는 똥이나 오줌을 돈 아
끼듯 하고, 집안을 망쳐놓을 아이는 돈 쓰기를 똥이나 오줌처럼 헤프
게 쓴다는 말이다. 과거에는 금비(金肥)가 없어 곡식에 똥이나 오줌을
주어 길렀다.

아무리 부자라도 헤프게 낭비를 하면 집안 형세가 기울기 마련이
고, 가난한 사람도 부지런히 일하고 절약하여 알뜰히 살림을 꾸려 나
가면 부유해지기 마련이다. 낭비나 절약이나 하나의 습관이다. 근검
절약하는 습관을 길러 집안이 부유해지도록 노력해야겠다.

50

康節邵先生曰 閑居愼勿說無妨 纔說無防便有妨.
강 절 소 선 생 왈　한 거 신 물 설 무 방　재 설 무 방 변 유 방

爽口勿多能作疾 快心事過必有殃. 與其病後能服
상 구 물 다 능 작 질　쾌 심 사 과 필 유 앙　여 기 병 후 능 복

藥 不若病前能自防.
약 불 약 병 전 능 자 방

강절(康節) 소(邵)선생이 이렇게 말했다.

"한가하게 살 때 삼가 걱정거리가 없다고 말하지 말라. 겨우 걱정거리 없다고 말하면 문득 걱정거리가 생긴다. 입에 맞는 상쾌한 음식이라고 많이 먹지 말라, 능히 병을 만들게 된다. 마음에 유쾌한 일이라고 지나치게 하면 반드시 재앙이 있다. 그 병든 뒤에 능히 약을 먹기보다는 병들기 전에 능히 스스로 막는 것이 낫다."

【글자 뜻】閑:한가할 한. 居:살 거. 愼:삼갈 신. 妨:거리낄 방. 纔:겨우 재. 便:편할 편, 문득 변. 爽:시원할 상. 疾:병 질. 快:쾌할 쾌. 殃: 재앙 앙. 與:더불어 여, 보다 여. 服:옷 복, 먹을 복. 防:막을 방.

【말의 뜻】閑居:근심과 걱정이 없이 한가하게 삶. 愼勿~:삼가 ~하지 말 아라. 說無妨:걱정거리 없다고 말함. 便有妨:문득 걱정거리가 생김. 爽口:입맛에 맞는 상쾌한 음식. 勿多:많이 먹지 말라. 作疾:병이 일 어남. 快心事過:마음에 유쾌한 일이라고 지나치게 함. 與~不若~:~ 하기보다는 ~하는 것이 낫다. 自防:스스로 막음(예방함).

【뜻 풀이】인간은 착한 마음이나 착한 행실 말고는 무슨 일이나 너무 지

나쳐서는 안 된다. 알맞은 정도에서 그칠 줄 알아야 한다.

걱정 없는 한가한 생활에 빠져 '나는 아무 걱정이 없다.'고 말하면 곧 걱정거리가 생긴다. 입에 맞는 맛있는 음식이라고 지나치게 많이 먹으면 병이 생기게 되고, 마음을 즐겁게 해 주는 일도 지나치게 하면 재앙을 받게 된다. 또 병든 뒤에 병을 고치기 위하여 약을 먹기보다는 병이 들지 않도록 조심하는 것이 낫다.

51

梓童帝君垂訓曰 妙藥難醫冤債病 橫財不富命窮人.
재 동 제 군 수 훈 왈　묘 약 난 의 원 채 병　횡 재 불 부 명 궁 인

生事事生君莫怨 害人人害汝休嗔. 天地自然皆有報
생 사 사 생 군 막 원　해 인 인 해 여 휴 진　천 지 자 연 개 유 보

遠在兒孫近在身.
원 재 아 손 근 재 신

재동제군(梓童帝君)이 훈계를 내려 이렇게 말했다.

"영묘한 약도 원한의 병은 고치기 어렵고, 갑자기 얻은 재물도 운명이 다한 사람은 부자로 만들지 못한다. 일을 만들어 일이 생긴 것을 그대 원망하지 말고, 남을 해쳐 남이 해치게 됨을 그대 성내지 말라. 천지와 자연은 다 갚음이 있으니, 멀면 자손에게 있고 가까우면 자기에게 있다."

【글자 뜻】梓:가래나무 재. 垂:드릴 수. 訓:가르칠 훈. 妙:묘할 묘. 醫: 의원 의, 고칠 의. 冤:원한 원. 債:빚 채. 橫:비낄 횡. 財:재물 재. 窮:궁할 궁. 怨:원망 원. 休:쉴 휴, 말 휴. 嗔:성낼 진.

【말의 뜻】 梓童帝君:道家. 시대와 이름은 알 수 없음.　妙藥:영묘한 약.
難醫:고치기 어려움.　冤債病:원한으로 생긴 병.　橫財:뜻밖에 생긴 재
물.　命窮人:운명이 다한 사람.　生事事生:일을 만들어 일이 생김.　害
人人害:남을 먼저 해쳐 남이 나를 해침.　休嗔:성내지 말라.　有報:갚
음이 있음.　遠在兒孫:멀면 자손에게 있음.　近在身:가까우면 자신에
게 있음.

【뜻 풀이】 자기가 행한 일에 대한 보답은 자기가 받게 된다. 좋은 일을 했
으면 복을 받고 악한 일을 했으면 재앙을 받는다.

특히 남에게 원한을 품거나 남을 원망하는 감정을 지녀서는 안 된
다. 이와 같은 소극적이고 부정적인 감정을 지니면 건강을 해칠 뿐 아
니라 모든 일이 풀려 나가지 않는다.

아무리 좋은 약이 많을지라도 원한의 병은 고치지 못하고, 뜻밖에
큰 재물을 얻어도 자신의 피땀을 흘려서 모은 재산이 아니면 봄눈처
럼 순식간에 사라지게 마련이다. 골치 아픈 일을 만들어 놓고 그것을
원망하지 말라. 모두가 자기 자신이 불러들인 죄의 대가인 것이다. 남
을 먼저 해치면 남도 나를 해치려 하거니와, 이것을 가지고 성을 내서
는 안 된다.

천지와 자연의 이치는 악한 일을 한 사람에게는 반드시 재앙을 보
복으로 주거니와, 멀면 그 재앙을 자손이 받고 가까우면 자기 자신이
받게 된다.

이 얼마나 두려운 일인가! 우리에게 이런 일이 있어서는 안 되겠다.
그러려면 우선 마음과 행실을 닦아 인도(人道)에서 벗어나는 행동을
삼가고 선행과 덕행을 쌓아 나가야겠다.

52

花落花開開又落 錦衣布衣更換着. 豪家未必常富
화락화개개우락　금의포의갱환착　　호가미필상부

貴 貧家未必長寂寞. 扶人未必上靑霄 推人未必塡
귀　빈가미필장적막　　부인미필상청소　추인미필전

邱壑. 勸君凡事莫怨天 天意於人無厚薄.
구학　권군범사막원천　천의어인무후박

　꽃이 떨어지면 다시 꽃이 피며, 피었다가 또 떨어지고, 비단옷도 베옷
으로 다시 바꾸어 입는다. 호화스러운 집도 반드시 항상 부귀하지 못하
고, 가난한 집도 반드시 오래 적막하지 않다. 사람을 붙들어 올려도 반드
시 푸른 하늘에까지 올리지 못하고, 사람을 밀어 떨어뜨려도 반드시 깊은
구렁텅이에 굴러 떨어지지 않는다. 그대에게 권하노니, 모든 일에 하늘
을 원망치 말라. 하늘의 뜻은 사람에게 후하고 박함이 없다.

【글자 뜻】錦:비단 금. 布:베 포. 更:다시 갱. 換:바꿀 환. 着:이를 착,
　　입을 착. 豪:호화스러울 호, 호걸 호. 寂:고요 적. 寞:고요할 막.
　　扶:붙들 부. 霄:하늘 소. 推:밀 추. 塡:박아넣을 전, 메울 전. 邱:언
　　덕 구. 壑:구렁 학. 凡:무릇 범. 怨:원망할 원. 意:뜻 의. 厚:후할
　　후. 薄:박할 박.

【말의 뜻】開又落:피었다가 또 떨어짐. 錦衣:비단옷. 布衣:베옷. 換着:
　　바꾸어 입음. 豪家:호화스러운 집. 未必~:반드시 ~하지 않다. 반드
　　시 ~하지 못하다. 寂寞:쓸쓸함. 扶人:사람을 붙들어 올림. 靑霄:푸
　　른 하늘. 推人:사람을 밀어 떨어뜨림. 塡邱壑:깊은 구렁텅이에 굴러
　　떨어짐. 凡事:모든 일. 怨天:하늘을 원망함. 天意:하늘의 뜻. 無厚

薄:후하고 박함이 없음.

【뜻 풀이】 부자라고 언제까지나 부자일 수 없고 가난하다고 언제까지나
가난하게 살지는 않는다. 원래 부귀와 빈천은 뜬구름과 같아, 한 자리
에 오래 머물러 있지 않는다. 오직 착한 마음과 올바른 행실로 성실히
살아가는 사람만이 부귀를 오래 누릴 수 있는 것이다.

꽃은 피었다 지고, 지면 다시 피고, 피면 다시 지게 마련이다. 이와
마찬가지로 비단옷을 입던 사람이 언제 베옷으로 갈아입을지 모르는
일이다. 원래 호화로운 영화를 누리던 집안도 언제까지나 부귀할 수
없고, 가난한 집안이라고 언제까지나 쓸쓸하지 않고 부귀해질 수 있
는 것이다.

사람을 추켜세운다고 하늘까지 올라가는 것이 아니고, 사람을 밀어
떨어뜨린다 해도 깊은 구렁텅이에 빠지게 할 수는 없다. 부귀에 아첨
하여 사람을 추켜세워도 안 되고, 나만 못하다고 하여 사람을 멸시해
서도 안 된다.

일이 잘 안 된다고 하늘이나 운명을 원망해서는 안 된다. 모든 일은
자기 자신이 하기에 달린 것이다. 원래 하늘의 뜻과 자연의 섭리는 누
구에게는 후하고 누구에게는 박하게 하는 일이 없이 누구에게나 똑같
이 대해 준다. 오직 자기가 뿌린 씨앗은 자기가 거두게 마련인 것이
다.

53

堪歎人心毒似蛇. 誰知天眼轉如車. 去年妄取東隣
감 탄 인 심 독 사 사   수 지 천 안 전 여 거   거 년 망 취 동 린

物 今日還歸北舍家. 無義錢財湯潑雪 儻來田地水
물 금 일 환 귀 북 사 가   무 의 전 재 탕 발 설   당 래 전 지 수

推沙. 若將狡譎爲生計 恰似朝雲暮落花.
추 사 약 장 교 휼 위 생 계 흡 사 조 운 모 락 화

사람의 마음 독하기가 뱀과 같음을 한탄하여 마지않는다. 누가 하늘의
눈이 수레바퀴와 같이 돌아감을 알랴!

지난해에는 망령되이 동쪽 이웃의 물건을 취하더니, 오늘은 도리어 북
쪽 집으로 돌아갔다. 불의로 얻은 돈과 재물은 끓는 물에 뿌린 눈과 같
고, 갑자기 온 전지(田地)는 물에 밀려온 모래와 같다. 만일 장차 간사한
속임수로 생계를 삼으면 마치 아침 구름과 저물 때 지는 꽃과 같다.

【글자 뜻】 堪:견딜 감. 歎:탄식할 탄. 毒:독 독. 蛇:뱀 사. 誰:누구 수.
眼:눈 안. 轉:구를 전. 妄:망령될 망. 隣:이웃 린. 還:돌아올 환, 도
리어 환. 舍:집 사. 湯:끓을 탕. 潑:뿌릴 발. 儻:갑자기 당. 沙:모
래 사. 狡:간사할 교. 譎:속일 휼. 恰:마치 흡. 暮:저물 모.
【말의 뜻】 堪歎:한탄하여 마지않음. 毒似蛇:독하기가 뱀과 같음. 誰知:
누가 알랴. 天眼:하늘의 눈. 轉如車:수레바퀴와 같이 돎. 妄取:망령
되이 취함. 北舍家:북녘 집. 無義:不義와 같음. 錢財:돈과 재물. 湯
潑雪:끓는 물에 뿌린 눈. 儻來:갑자기 옴. 水推沙:물에 밀린 모래.
狡譎:간사한 속임수. 爲生計:생계로 삼음. 恰似:비슷함. 朝雲:아침
에 뜬 구름. 暮落花:저물 때 떨어지는 꽃.

【뜻 풀이】 정당한 노력의 대가로 얻은 재물은 오래가지만 불의로 취한 재
물은 쉬 없어지고 만다.

　인심이 독함을 한탄하지 말라. 하늘의 눈은 마치 수레바퀴 돌듯 하
여 하나도 놓치는 일이 없다.

　작년에 망령되이 이웃집의 물건을 뺏더니, 오늘은 빈 몸으로 북녘
집으로 돌아간다. 불의로 모은 재물은 끓는 물에 뿌린 눈처럼 곧 사라
지고, 갑자기 얻은 논밭은 물결에 밀려온 모래와 같아서 다시 물결에
쓸려가게 된다. 만일 간사한 속임수로 생활의 방편을 삼는다면 아침
에 피어오른 구름이나 저물게 떨어지는 꽃처럼 허무하게 없어지고 만
다.

54

無藥可醫卿相壽 有錢難買子孫賢.
무 약 가 의 경 상 수 유 전 난 매 자 손 현

재상의 목숨을 고칠 수 있는 약은 없고, 돈이 있어도 자손의 현명함은
사기 어렵다.

【글자 뜻】卿:벼슬 경. 相:서로 상, 정승 상. 壽:수할 수.
【말의 뜻】可醫:고칠 수 있음. 卿相:정승. 재상. 難買:사기 어려움. 子
孫賢:자손이 현명함.

【뜻 풀이】인간의 수명에는 한이 있다. 아무리 부귀를 극진히 누리는 나
라의 정승도 죽음 앞에는 약이 없다. 또 아무리 돈 많은 부자라도 돈
을 주고 자손의 현명함은 사지 못한다. 자손의 교육은 어릴 때부터 꾸
준히 시켜야지 갑자기 살 수 없는 것이다.
집안이 잘되려면 자손이 어질고 현명해야 한다. 그러나 그것은 일
조일석에 이루어지는 일이 아니다.

55

一日淸閑 一日仙.
일 일 청 한 일 일 선

하루가 마음이 깨끗하고 한가하면, 그 하루는 신선이 된 것이다.

【글자 뜻】 淸:맑을 청. 閑:한가할 한. 仙:신선 선.

【말의 뜻】 淸閑:마음이 깨끗하고 한가함. 一日仙:하루 동안의 신선.

【뜻 풀이】 몸은 비록 바쁘더라도 마음은 언제나 밝고 즐겁고 한가하게 지
녀야 한다. 만일 하루 동안 마음이 깨끗하고 한가하다면, 그날 하루는
신선이 된 것이다. 신선이란 따로 없다. 언제나 마음을 깨끗하게 지니
고 한가하게 지내면 그가 곧 신선인 것이다.

제12장
성심편 하
(省心篇 下)

항상 행동을 반성하도록 힘쓰라.

위태로움을 알고 험함을 알면 마침내 법망에 걸리는 일이 없다.

몸에 누더기를 입었어도 항상 베 짜는 여자의 노고를 생각하고, 하루에
세 끼 밥을 먹더라도 매양 농부의 괴로움을 생각하라.

물이 너무 맑으면 물고기가 없고, 사람이 너무 살피면 친구가 없다.

자기 집 두레박줄이 짧은 것은 한탄하지 아니하고, 다만 남의 집 우물이
깊은 것만 원망한다.

나무는 먹줄을 따르면 곧아지고, 사람은 간함을 받아들이면 거룩해진다.

까닭 없이 천금을 얻으면 큰 복이 있는 것이 아니라 반드시 큰 재앙이
있다.

먼 데 있는 물은 가까운 불을 구하지 못하고, 먼 데 있는 친척은 가까운
이웃만 못하다.

眞宗皇帝御製曰 知危識險 終無羅網之門 擧善薦
진종황제어제왈 지위식험 종무나망지문 거선천

賢 自有安身之路. 施仁布德 乃世代之榮昌 懷妬
현 자유안신지로 시인포덕 내세대지영창 회투

報冤 與子孫之爲患. 損人利己 終無顯達雲仍 害
보원 여자손지위환 손인이기 종무현달운잉 해

衆成家 豈有久長富貴. 改名異體 皆因巧語而生
중성가 기유구장부귀 개명이체 개인교어이생

禍起傷身 皆是不仁之召.
화기상신 개시불인지소

진종황제(眞宗皇帝)가 지은 글에 이렇게 씌어 있다.

"위태로움을 알고 험함을 알면 마침내 법망에 걸리는 일이 없고, 착하고 어진 사람을 천거하면 스스로 몸이 편안할 길이 있다. 어짊을 베풀고 덕을 펴는 것은 곧 대대로 번영을 가져오고, 질투를 품고 원한을 갚는 것은 자손에게 환난이 된다. 남을 손상시키고 나를 이롭게 하면 마침내 현달하는 자손이 없고, 여러 사람을 해치고 집안을 이루면 어찌 오래도록 부귀가 있으랴!

이름을 고치고 몸을 달리함은 다 간교한 말로 인하여 생기고, 재앙이 일어나고 몸이 상함은 다 어질지 못함이 부르는 것이다."

【글자 뜻】御:어거할 어. 製:지을 제. 危:위태할 위. 識:알 식. 險:험할 험. 羅:벌릴 라, 그물 라. 網:그물 망. 擧:들 거. 薦:천거할 천. 施:베풀 시. 布:베 포, 펼 포. 乃:이에 내. 懷:품을 회. 妬:투기할 투. 冤:원한 원. 患:근심 환. 顯:나타낼 현. 達:달할 달. 仍:인할 잉, 칠

대손 잉. 衆:무리 중. 豈:어찌 기. 久:오랠 구. 改:고칠 개. 異:다를
이. 因:인할 인. 起:일어날 기. 傷:상할 상. 召:부를 소.

【말의 뜻】眞宗皇帝:북송(北宋)의 3대 임금. 御製:임금이 지은 글. 羅
網:그물. 법망. 擧善薦賢:착하고 어진 사람을 천거함. 安身之路:몸
이 편안한 길. 施仁布德:인(仁)을 베풀고 덕을 폄. 世代之榮昌:대대
로 번영함. 懷妬:질투를 품음. 報寃:원한을 갚음. 與子孫之爲患:자
손에게 환난이 됨. 損人利己:남을 해치고 나를 이롭게 함. 顯達:입
신출세함. 雲仍:자손. 먼 후대의 자손. 害衆成家:많은 사람에게 해
를 입히고 집안을 이룸. 豈有~:어찌 ~함이 있으랴. 改名異體:이름
을 바꾸고 모습을 달리 고침. 巧語:간사하게 꾸며대는 말. 禍起傷
身:재앙이 일어나고 자기 몸을 손상시킴. 不仁之召:어질지 못함(악
함)이 부르는 것.

【뜻 풀이】이 글은 우리가 인생을 살아가는 데 경계해야 할 일들을 말해
주고 있다. 되풀이해 읽고 명심하기 바란다.

마음과 행실을 닦아 위험과 불의를 저지르지 않는다면 법망에 걸리
는 일이 없다. 착하고 현명한 사람들을 천거하여 사회적 지도자가 되
게 하면 저절로 몸이 안락해질 길이 열린다.

어진 마음을 사람들에게 베풀고 선행으로 사람들에게 덕을 펴는 것
이 자손 대대로 번영하는 길이다. 만일 남이 잘되는 것을 시기 질투하
거나 서운한 감정이나 원한을 보복한다면 이것은 나쁜 아니라 자손들
에게 환난을 만들어 주는 것이 된다. 다른 사람들에게 손해를 입히고
나만의 이익을 추구한다면 대대로 입신출세하는 자손이 없게 된다.
또 여러 사람들에게 해를 입히면서 내 집만을 위하여 부귀를 이룩한
다면 그 부귀가 어찌 오래갈 수 있으랴!

성명을 바꾸고 모습까지 바꿔야 하는 일은 모두가 간사한 말과 간
악한 꾀로 인하여 생긴다. 또 내 집안에 재앙이 일어나고 내 몸에 손
상되는 일이 일어나는 것은 모두가 악한 마음과 악한 행실이 불러들
인 것이다.

2

神宗皇帝御製曰 遠非道之財 戒過度之酒 居必擇
신종황제어제왈 원비도지재 계과도지주 거필택

隣 交必擇友 嫉妬勿起於心 讒言勿宣於口 骨肉貧
린 교필택우 질투물기어심 참언물선어구 골육빈

者莫疎 他人富者莫厚 克己以勤儉爲先 愛衆以謙
자막소 타인부자막후 극기이근검위선 애중이겸

和爲首 常思已往之非 每念未來之咎. 若依朕之斯
화위수 상사이왕지비 매념미래지구 약의짐지사

言 治國家而可久.
언 치국가이가구

신종황제(神宗皇帝)가 지은 글에 이렇게 씌어 있다.

"도리에 어긋나는 재물을 멀리하고 정도에 지나친 술을 경계하며, 사
는 데는 반드시 이웃을 가리고 사귐에는 반드시 벗을 가리며, 질투를 마
음에 일으키지 말고 참소하는 말을 입에 내지 말며, 형제간의 가난한 사
람을 소홀히 대하지 말고 다른 사람의 부유함을 후하게 대하지 말며, 자
기의 사리사욕을 극복하는 데는 근면과 검소한 생활로써 첫째로 삼고 사
람들을 사랑하는 데는 겸손함과 화친으로써 첫째로 삼으며, 항상 지난날
의 잘못을 생각하고 매양 앞날의 허물을 생각하라. 만약 나의 이 말에 따

른다면 나라와 집안을 다스려서 오래갈 수 있다.”

【글자 뜻】 戒:경계할 계.　居:살 거.　擇:가릴 택.　隣:이웃 린.　嫉:시기할
질.　讒:참소할 참.　宣:베풀 선.　疎:성길 소.　克:이길 극.　勤:부지런
할 근.　儉:검소할 검.　謙:겸손할 겸.　首:머리 수.　已:이미 이.　往:갈
왕.　每:매양 매.　念:생각 념.　咎:허물 구.　朕:나 짐.　依:의할 의, 따
를 의.　斯:이 사.

【말의 뜻】 神宗皇帝:북송(北宋)의 6대 임금.　非道:도리에 어긋남.　擇隣:
이웃을 가림.　嫉妬:남을 시기함.　起於心:마음에 일으킴.　讒言:참소
하는 말. 남을 모략중상하는 말.　宣於口:입 밖에 냄.　骨肉:부모와 형
제자매.　莫疎:소홀하게 대하지 말라.　莫厚:후하게 대하지 말라.　克
己:자기의 사리사욕을 극복함.　勤儉:근면과 검소.　爲先:첫째로 삼음.
愛衆:사람들을 사랑함.　謙和:겸손함과 화친함.　爲首:첫째로 삼음.
常思:항상 생각함.　已往之非:지난날의 잘못.　每念:항상 생각함.　未
來之咎:앞으로의 허물.　若依~:만일 ~을 따르면.　朕:임금이 자신을
일컫는 말.　斯言:이 말.　國家:나라와 집안.　可久:오래갈 수 있음.

【뜻 풀이】 이 글 역시 우리가 처세하는 데 많은 도움을 주는 말들이다. 되
풀이해서 읽고 마음에 새겨 두기 바란다.
　　도리에 벗어난 재물은 탐내지 말아 멀리하고 술은 정도에 맞게 마
셔야지 과음해서는 안 된다.
　　이웃에 올바른 사람들이 사는 곳을 가려서 살고 사람다운 사람을
가려서 친구로 사귀라. 마음에 남을 시기하는 생각을 품지 말고 남을
헐뜯는 말을 하지 말라. 형제간에 가난한 사람은 도와 우애를 유지하
고 부유하게 사는 다른 사람을 지나치게 후하게 대하지 말라.

근면하고 검소한 생활로 사리사욕을 버리고, 대인 관계에서는 항상 겸손하고 화친을 도모하도록 노력해야 한다. 그리고 지난날의 잘못을 항상 뉘우쳐 생각하고 앞으로 다시는 잘못을 저지르지 않도록 힘써야 한다.

만일 이와 같은 내 말을 꼭 실천하기만 한다면, 나라나 집안을 잘 다스려 오래도록 번영을 누릴 수 있을 것이다.

3

高宗皇帝御製日 一星之火能燒萬頃之薪 半句非
고 종 황 제 어 제 왈   일 성 지 화 능 소 만 경 지 신   반 구 비

言誤損平生之德. 身被一縷常思織女之勞 日食三
언 오 손 평 생 지 덕   신 피 일 루 상 사 직 녀 지 로   일 식 삼

飧每念農夫之苦. 苟貪妬損終無十載安康 積善存
손 매 념 농 부 지 고   구 탐 투 손 종 무 십 재 안 강   적 선 존

仁必有榮華後裔. 福緣善慶多因積行而生 入聖超
인 필 유 영 화 후 예   복 연 선 경 다 인 적 행 이 생   입 성 초

凡盡是眞實而得.
범 진 시 진 실 이 득

고종황제(高宗皇帝)가 지은 글에 이렇게 씌어 있다.

"한 점의 불도 능히 만 경의 나무 숲을 태울 수 있고, 반 마디의 그릇된 말도 평생의 덕을 오손시킨다. 몸에 누더기를 입었어도 항상 베 짜는 여자의 노고를 생각하고, 하루에 세 끼 밥을 먹더라도 매양 농부의 괴로움을 생각하라. 구차하게 탐내고 시기하고 손해를 입히면 마침내 십 년의 편안함도 없고, 선함을 쌓고 인(仁)을 지니면 반드시 자손들에게 영화가

있다. 복의 인연과 좋은 경사는 대개 선행을 쌓음으로 인하여 생겨나고, 성현에 들고 범부(凡夫)를 넘어섬은 다 진실한 데서 얻는 것이다."

【글자 뜻】燒:불사를 소. 頃:잠시 경, 백 이랑 경. 薪:땔나무 신. 誤:그르칠 오. 損:덜 손, 손 될 손. 被:입을 피. 縷:실 루, 누더기 루. 織:짤 직. 勞:수고로울 로. 飧:밥 손. 苟:진실로 구, 구차할 구. 貪:탐낼 탐. 載:실을 재, 해 재. 康:편안 강. 存:있을 존, 보존할 존. 華:빛날 화. 裔:후손 예. 緣:인연 연. 慶:경사 경. 聖:성인 성. 超:넘을 초. 凡:무릇 범, 평범할 범.

【말의 뜻】高宗皇帝:남송(南宋)의 1대 임금. 一星之火:한 점의 불. 萬頃之薪:몹시 넓은 나무 숲. 一頃은 백 이랑. 半句非言:반 마디의 그릇된 말. 誤損:그르치고 손상시킴. 平生之德:평생 동안 쌓은 덕. 身被一縷:몸에 누더기 옷을 입음. 日食三飧:하루에 세 끼 밥을 먹음. 苟貪妬損:구차하게 남의 것을 탐내고 시기하고 손해를 입힘. 十載:십 년. 積善存仁:선행을 쌓고 어진 마음을 지님. 後裔:후손. 福緣:복의 인연. 善慶:좋은 경사. 積行:선행을 쌓음. 入聖超凡:성현의 경지에 들어가고 평범한 사람을 초월함. 眞實:참되고 성실함.

【뜻 풀이】이 글도 여러 번 읽고 마음에 새겨 두는 것이 좋을 것이다.

마치 한 점의 불티가 넓고 넓은 나무 숲을 태우듯이, 그릇된 말을 한 번 하면 평생 동안 쌓아올린 덕을 허물어 버린다.

비록 몸에 누더기 옷을 입고 있더라도 그 옷감을 짠 여인의 수고를 잊지 말아야 하고, 하루에 세 끼 밥을 먹을 때마다 피땀을 흘리며 농사지은 농부들의 노고를 생각해야 한다.

남의 물건을 탐내고 남이 잘되는 것을 시기하고 남의 재산에 손해를 입히면 십 년 동안 편안하기도 어렵고, 어진 마음을 지니고 선행을 쌓으면 반드시 후손들에게 영화가 찾아온다.

행복과 경사는 선행을 계속 쌓는 데서 생기고, 성현의 경지에 들고
평범한 사람보다 나은 사람이 되는 것은 인생을 참되고 성실하게 사
는 데서 얻을 수 있다.

4

王良曰 欲知其君先視其臣 欲識其人先視其友 欲知
왕 량 왈 욕 지 기 군 선 시 기 신 욕 식 기 인 선 시 기 우 욕 지
其父先視其子. 君聖臣忠 父慈子孝.
기 부 선 시 기 자 군 성 신 충 부 자 자 효

왕량(王良)이 이렇게 말했다.

"그 임금을 알려고 하면 먼저 그 신하를 보고, 그 사람을 알려고 하면
먼저 그 친구를 보고, 그 아버지를 알려고 하면 먼저 그 아들을 보라. 임
금이 성스러우면 신하가 충성하고, 아버지가 인자하면 아들이 효도한
다."

【글자 뜻】 良:어질 량. 欲:하고자할 욕. 視:볼 시. 聖:성인 성, 성스러울
　　　성. 慈:사랑 자.

【말의 뜻】 王良:중국 춘추시대 진(晉)나라 사람. 欲知其君:그 임금을 알
　　　려고 함. 先視其臣:먼저 그 신하를 봄. 君聖臣忠:임금이 성스러우면
　　　신하가 충성함. 父慈子孝:아버지가 인자하면 아들이 효도함.

【뜻 풀이】 사람은 모든 일을 추론(推論)으로 판단할 수 있으며 대인 관계

에 있어서는 더욱 그렇다. 굳이 임금을 보지 않더라도 그의 신하들의 행동을 보면 그 임금이 어떤 사람인지를 알 수 있다. 굳이 그 사람을 만나 보지 않더라도 그와 친하게 사귀는 친구들의 태도와 행동을 보면 그 사람이 어느 정도의 인간인지를 미루어 짐작할 수 있다. 또 굳이 그 아버지를 보지 않더라도 그 아들의 태도와 행동을 보면 능히 그 아버지가 어떤 사람인지를 짐작할 수 있는 것이다.

원래 임금이 위대하여 백성들을 위한 정치를 베풀면 자연히 그 신하들은 진심으로 충성을 다하고, 아버지가 선한 마음과 올바른 행동을 하고 자식들에게 사랑을 베풀면 자연히 그 자식들은 마음에서 우러나 부모에게 효성을 다하게 된다.

그러므로 사람은 꾸준히 선한 마음과 올바른 행동을 하도록 노력하는 한편, 부모에게 효도하고 친구들을 잘 가려서 사귀어야 한다. 자식의 행실이 옳지 못하면 부모에게 욕이 돌아가게 되며, 친구들을 잘못 사귀면 그릇된 길로 빠져 패가망신하게 된다.

家語云 水至淸則無魚 人至察則無徒.
가어운 수지청즉무어 인지찰즉무도

《가어(家語)》에 이렇게 씌어 있다.

"물이 너무 맑으면 물고기가 없고 사람이 너무 살피면 친구가 없다."

【글자 뜻】至:이를 지, 지극할 지. 淸:맑을 청. 察:살필 찰. 徒:무리 도.

【말의 뜻】家語:《공자가어(孔子家語)》를 가리킴. 공자의 유문(遺聞)과 일
사(逸事) 등을 모은 책. 모두 십 권으로 되어 있음. 水至淸:물이 너무
맑음. 人至察:사람이 너무 살핌. 無徒:친구가 없음.

【뜻 풀이】물이 너무 맑아 으슥한 곳이 하나도 없으면 물고기들이 와서
살지 않는다. 이와 마찬가지로 사람이 다른 사람의 잘잘못을 너무 따
져 살핀다면 아무도 그를 좋아하는 사람이 없어 친한 친구를 얻기가
어렵다.

원래 인간은 아무리 위대해도 인간인 이상 단점도 가지고 있으며,
아무리 악한 사람이라도 장점도 있기 마련이다. 그러므로 대인 관계
에 있어서 사람을 가려서 사귀되 사소한 단점은 아량으로 묻어 주어
야 한다.

6

許敬宗曰 春雨如膏 行人惡其泥濘 秋月揚輝 盜者
허 경 종 왈 춘 우 여 고 행 인 오 기 이 녕 추 월 양 휘 도 자

憎其照鑑.
증 기 조 감

허경종(許敬宗)이 이렇게 말했다.

"봄비가 기름과 같으나 길 가는 사람은 그 진창을 싫어하고, 가을 달이
밝은 빛을 드날리나 도둑은 그 밝게 빛남을 미워한다."

【글자 뜻】敬:공경할 경.　宗:마루 종.　膏:기름 고.　惡:미워할 오, 악할
악.　泥:진흙 니.　濘:진창 녕.　揚:날릴 양.　輝:빛날 휘.　盜:도둑 도.
憎:미워할 증.　照:비칠 조.　鑑:거울 감.

【말의 뜻】許敬宗:중국 당(唐)나라 사람.　春雨如膏:봄비가 기름과 같음.
行人:길 가는 사람.　惡其泥濘:그 진창을 싫어함.　秋月揚輝:가을 달
이 밝은 빛을 드날림.　憎其照鑑:그 밝게 비춤을 싫어함.

【뜻 풀이】인간은 모든 사물을 자기 중심으로 생각한다. 봄비가 비록 모
든 나무의 새싹을 움트게 하고 모든 풀의 새싹을 돋아나게 하고 모든
곡식을 움트고 자라나게 하여 기름과 같이 소중하지만, 그러나 길 가
는 행인은 길이 질퍽질퍽한 것을 싫어한다. 또 아무리 가을 달이 대낮
처럼 밝게 비추어 모든 사람들이 다 좋아하지만, 도둑질하는 사람은
그 밝게 비추는 것을 도리어 싫어한다.

7

景行錄云 大丈夫 見善明故 重名節於泰山 用心精故
경 행 록 운 대 장 부 견 선 명 고 중 명 절 어 태 산 용 심 정 고
輕死生於鴻毛.
경 사 생 어 홍 모

《경행록(景行綠)》에 이렇게 씌어 있다.

"대장부는 선함을 보는 것이 밝기 때문에 이름과 절개를 태산보다도
중히 여기고, 마음을 씀이 깨끗하기 때문에 죽고 사는 것을 터럭보다도
가볍게 여긴다."

【글자 뜻】丈:어른 장. 節:마디 절, 절개 절. 泰:클 태. 精:깨끗할 정, 자
세할 정. 輕:가벼울 경. 鴻:기러기 홍. 毛:터럭 모.

【말의 뜻】見善明:선을 보는 것이 밝음. 重名節:이름과 절개를 중하게
여김. 於泰山:태산보다도. 태산은 중국 산동성(山東省)에 있는 산. 중
국 오악(五嶽)의 하나. 用心精:마음을 씀이 깨끗함. 輕死生:죽고 사
는 것을 가벼이 여김. 鴻毛:기러기의 터럭. 가벼운 것을 말함.

【뜻 풀이】대장부는 악과 불의를 미워하고 선과 정의에 사는 사람이다.
그러므로 그들은 선과 정의를 보는 눈이 밝기 때문에 명분과 절개를
태산보다도 더 중히 여긴다. 그리고 마음을 씀이 물 샐 틈 없이 치밀
하기 때문에, 죽음을 터럭보다도 더 가벼이 여기고 정의를 위하여 목
숨을 바친다.

悶人之凶 樂人之善 濟人之急 救人之危.
민 인 지 흉 낙 인 지 선 제 인 지 급 구 인 지 위

남의 흉한 것을 민망하게 생각하고 남의 선한 것을 즐겁게 여기며, 남의 위급함을 구제하고 남의 위태함을 구해야 한다.

【글자 뜻】悶:민망할 민. 凶:흉할 흉. 濟:건널 제, 건질 제. 急:급할 급. 救:구원할 구. 危:위태할 위.

【말의 뜻】悶人之凶:다른 사람의 흉한 일을 딱하게 여김. 樂人之善:다른 사람의 선행을 즐겁게 여김. 濟人之急:다른 사람의 위급함을 구제함. 救人之危:다른 사람의 위태함을 구원해 줌.

【뜻 풀이】인간 사회에서 가장 소중한 것은 역시 인간이다. 다른 사람들을 사랑하고 위할 줄 아는 마음을 지녀야겠다.

다른 사람이 흉한 일을 당하면 그를 딱하게 여겨 위로해 주어야 하고, 다른 사람이 선행하는 것을 보면 내가 선행을 한 것처럼 즐거워해야 한다. 또 다른 사람이 위급한 일을 당하면 힘껏 도와 구제해야 하고 다른 사람이 위험한 일을 당하면 그를 구해주어야 한다.

9

經目之事恐未皆眞 背後之言豈足深信.
경 목 지 사 공 미 개 진 배 후 지 언 기 족 심 신

눈으로 본 일도 다 진실이 아닐까 두렵거늘 등 뒤에서 하는 말을 어찌
족히 깊이 믿을 수 있으랴!

【글자 뜻】 經:지날 경, 글 경. 恐:두려울 공. 皆:다 개. 眞:참 진. 背:등
　배. 豈:어찌 기. 深:깊을 심.
【말의 뜻】 經目之事:직접 눈으로 본 일. 恐未皆眞:다 진실이 아닐까 두
　려워함. 背後之言:등 뒤에서 하는 말. 豈足~:어찌 족히 ~할 수 있으
　랴. 深信:깊이 믿음.

【뜻 풀이】 사람들 중에는 다른 사람이 찾아와 어떤 말을 하면 그것을 그
　대로 굳게 믿는 사람이 있다. 특히 다른 사람의 잘못을 흉보는 일 같
　은 것이 더욱 그렇다. 그러나 자기 눈으로 직접 본 일도 그것이 모두
　진실이 아닌가 하고 두렵게 생각해야 하는데, 하물며 본인이 없는 자
　리에서 하는 말을 어찌 굳게 믿을 수 있겠는가?
　　그래서 孔子께서는 이 책 '정기편(正己篇)'에서 "모든 사람들이 좋
　아하더라도 반드시 살펴야 하며, 모든 사람들이 미워하더라도 반드시
　살펴야 한다."고 말씀하신 것이다.

10

不恨自家汲繩短 只恨他家苦井深.
불 한 자 가 급 승 단 지 한 타 가 고 정 심

자기 집 두레박줄이 짧은 것은 한탄하지 아니하고, 다만 남의 집 우물
이 깊은 것만 원망한다.

【글자 뜻】 恨:한될 한. 汲:물 길을 급. 繩:줄 승, 노 승. 短:짧을 단.
只:다만 지. 苦:괴로울 고. 井:우물 정.

【말의 뜻】 不恨:한탄하지 않음. 自家:자기 집. 汲繩:두레박줄. 他家:남
의 집. 苦井深:우물 깊은 것을 괴로워함.

【뜻 풀이】 우리 나라 속담에 '자기 흉 열 가지 가진 사람이 남의 흉 한 가
지를 본다.'는 말이 있다. 사람은 대개 자기의 단점은 잘 깨닫지 못하
면서 남의 단점은 눈에 잘 띄게 마련이다. 또 어떤 일이 잘못되면 자
기 잘못은 생각지 않고 남의 탓부터 한다.
자기 집 두레박줄이 짧은 것은 탓하지 않고 오직 남의 집 우물이 깊
은 것만 탓한다. 우리는 항상 남의 단점을 발견하기 전에 자신을 반성
하여 내 단점부터 깨닫도록 노력하고, 남의 탓을 하기 전에 자기 잘못
부터 아는 사람이 되어야겠다.

11

臟濫滿天下 罪拘薄福人.
장 람 만 천 하 죄 구 박 복 인

　부정을 저지르고 도둑질하는 사람이 천하에 가득하건만, 죄는 박복한
사람에게만 걸린다.

【글자 뜻】臟:장물 장.　濫:넘칠 람, 도둑질할 람.　罪:허물 죄.　拘:걸릴
　　구, 거리낄 구.　薄:얇을 박, 박할 박.
【말의 뜻】臟濫:부정을 저지르고 도둑질을 함.　罪拘:~죄는 ~에 걸린다.
　　薄福人:복이 없는 사람.

【뜻 풀이】세상에는 부정과 악을 저질러 부(富)를 도모하려는 사람들이
　　많다. 그러나 그들 중에서 운이 나쁘고 박복한 사람만이 죄에 걸려 제
　　재를 받는다. 하루 빨리 부정과 악이 용납되지 않는 도의 사회가 이루
　　어져야 하겠지만, 그러려면 우선 우리들 각자가 부정과 불의를 저지
　　르지 않도록 노력해야겠다.

12

> 天若改常 不風卽雨 人若改常 不病卽死.
> 천 약 개 상 불 풍 즉 우 인 약 개 상 불 병 즉 사

하늘이 만약 정도(正道)를 어긴다면 바람 불지 않으면 비가 오고, 사람이 만약 정도를 어긴다면 병들지 않으면 죽는다.

【글자 뜻】 改:고칠 개. 常:항상 상. 卽:곧 즉.

【말의 뜻】 改常:정도(正道)를 어김. 不風卽雨:바람 불지 않으면 비가 옴. 不病卽死:병들지 않으면 죽음.

【뜻 풀이】 만물이 잘 자라고 우순풍조하여 풍년이 들려면 하늘이 날씨를 잘해 주어야 한다. 그런데 만일 하늘이 정상 궤도에서 벗어나면 폭풍우가 휘몰아쳐 흉년이 들게 된다. 이와 마찬가지로 사람은 언제나 올바른 도리를 지켜 나가야 한다. 만일 마음이 악에 물들어 악행을 저지르면 큰 재앙을 당하게 된다. 자신뿐만 아니라 자손들까지 재앙에서 벗어나기가 어렵게 된다. 그보다도 인간으로 태어나서 어찌 악에 물들겠는가?

13

> 壯元詩云 國正天心順 官淸民自安. 妻賢夫禍少 子
> 장 원 시 운 국 정 천 심 순 관 청 민 자 안 처 현 부 화 소 자
> 孝父心寬.
> 효 부 심 관

장원시(壯元詩)에 이렇게 씌어 있다.

"나라가 바르면 하늘의 마음도 순하고 관리들이 청렴결백하면 백성들
이 저절로 편안하다. 아내가 어질면 남편의 재앙이 적고 아들이 효성스러
우면 아버지의 마음이 너그럽다."

【글자 뜻】 壯:장할 장. 順:순할 순. 賢:어질 현. 夫:남편 부. 少:적을
　　　소. 젊을 소. 寬:너그러울 관.

【말의 뜻】 壯元詩:과거에서 장원한 시. 國正:나라의 정치가 올바름. 天
　　　心順:하늘의 마음이 순함. 우순풍조(雨順風調)하여 풍년이 듦. 官淸:
　　　관리들이 청렴결백함. 民自安:백성들이 저절로 편안하게 살게 됨.
　　　妻賢夫禍少:아내가 현명하면 남편에게 재앙이 적음. 子孝父心寬:아
　　　들이 효성으로 섬기면 아버지의 마음이 너그러워짐.

【뜻 풀이】 나라가 바르게 다스려지면 하늘의 마음도 순해져서 우순풍조
　　　하여 풍년이 든다. 그러나 나라가 어지러우면 흉년이 들고 전염병이
　　　유행하며, 하늘이 벌을 내린다.

　　　또 모든 관리들이 청렴결백하여 뇌물을 받지 않고 부정을 저지르지
　　　않는다면 백성들이 편안하고 행복하게 살 수 있게 된다. 아내가 마음
　　　이 착하고 현명하면 남편에게 재앙이 돌아오지 않고 아들이 부모에게

효도하면 아버지의 마음이 즐겁고 관대해진다.

　명(明)나라 방정학(方正學)의 시에 '아들이 효도하면 아버지 마음 너그럽다더니, 이 말 진실로 확실하도다. 아버지의 인자하지 않음을 걱정 말라. 아들이 어질면 부모는 절로 즐거워진다.(子孝父心寬 斯言 誠爲確 不患父不慈 子賢親自樂)' 라고 했다.

14

子曰 木從繩則直 人受諫則聖.
자 왈 목 종 승 즉 직 인 수 간 즉 성

　공자께서 이렇게 말씀하셨다.
　"나무는 먹줄을 따르면 곧아지고, 사람은 간함을 받아들이면 거룩해진다."

【글자 뜻】 從:쫓을 종. 直:곧을 직. 受:받을 수. 諫:간할 간. 聖:성스러울 성, 성인 성.

【말의 뜻】 從繩:먹줄을 따름. 승(繩)은 먹줄의 뜻. 受諫:간함을 받아들임. 충고를 받아들임. 聖:거룩해짐.

【뜻 풀이】 굽은 나무도 목수가 먹줄을 치고 깎아내면 곧게 된다. 이와 마찬가지로 남의 올바른 충고를 받아들여 잘못을 고쳐 나감으로써 더욱 올바른 사람이 될 수 있는 것이다. 대저 사람의 잘못은 자기 자신보다 옆에서 보는 사람의 눈에 더 잘 띄게 마련이다. 이때 올바른 충고를

받아들이는 것도 중요하지만 이에 앞서 올바른 충고를 해 줄 사람이 있어야 한다. 그러므로 올바른 사람을 골라 친구로 사귈 필요가 있는 것이다.

시루스는 "많은 사람들이 충고를 받지만 오직 현명한 사람만이 충고의 덕을 본다."고 말했다.

15

一派靑山景色幽 前人田土後人收. 後人收得莫歡喜
일 파 청 산 경 색 유　전 인 전 토 후 인 수　　후 인 수 득 막 환 희

更有收人在後頭.
갱 유 수 인 재 후 두

한 줄기의 푸른 산은 경치가 그윽한데, 앞사람이 가꾸던 밭을 뒷사람이 거두었네. 뒷사람은 거두어 얻음을 기뻐하지 말라. 다시 거두어 가질 사람이 뒷머리에 있다네.

【글자 뜻】派:갈래 파, 줄기 파.　景:경치 경.　幽:그윽할 유.　收:거둘 수.　歡:기쁠 환.　更:다시 갱.

【말의 뜻】一派靑山:한 줄기 푸른 산.　景色幽:경치가 아름답고 그윽함.　前人田土:앞사람이 가꾸던 밭.　後人收:뒷사람이 거두어 가짐.　歡喜:기뻐함.　有收人:거두어 가질 사람. 有는 소유의 뜻.　後頭:뒷머리. 바로 뒤.

【뜻 풀이】재물이란 뜬구름과 같아서 있다가도 없어지고 없다가도 생기게 마련이다.

한 줄기 푸른 산의 경치는 아름답기도 하구나. 자연은 이와 같이 변함이 없는데, 앞집 사람이 가꾸던 밭을 뒷집 사람이 차지했네. 그러나 뒷집 사람은 밭 얻은 것을 너무 기뻐하지 말라. 다시 그 밭을 차지할 사람이 바로 뒤에서 기다리고 있다네.

16

蘇東坡曰 無故而得千金 不有大福必有大禍.
소 동 파 왈 무 고 이 득 천 금 불 유 대 복 필 유 대 화

소동파(蘇東坡)가 이렇게 말했다.

"까닭 없이 천금을 얻으면 큰 복이 있는 것이 아니라 반드시 큰 재앙이 있다."

【글자 뜻】蘇:차지기 소, 성 소. 坡:언덕 파. 故:연고 고.

【말의 뜻】蘇東坡:북송(北宋)의 문인으로 이름은 식(軾), 호는 동파(東坡). 당송팔대가(唐宋八大家)의 한 사람. 그가 지은 적벽부(赤壁賦)는 명문(名文)으로 알려져 있음. 無故:아무런 까닭도 없이.

【뜻 풀이】사람은 꾸준히 노력하여 모은 재산이라야 오래 지닐 수 있는 법이다. 그런데 노력도 하지 않고서 갑자기 횡재하여 많은 재물을 얻을지라도 그 재물은 오래가지 못한다. 공짜로 얻은 재물은 낭비하여 쉬 없어지게 마련이다. 본인은 기뻐 좋아하겠지만 대개는 복이 아니라 재앙이 따른다.

17

邵康節先生曰 有人來問卜 如何是禍福. 我虧人是禍
소 강 절 선 생 왈 유 인 래 문 복 여 하 시 화 복   아 휴 인 시 화

人虧我是福.
인 휴 아 시 복

소강절(邵康節) 선생이 이렇게 말했다.

"어떤 사람이 와서 점을 묻기를, 어떤 것이 재앙이고 복인가? 내가 남에게 해를 끼치면 이것이 재앙이고, 남이 나에게 해를 끼치면 이것이 복이다."

【글자 뜻】 卜:점 복. 虧:이지러질 휴.

【말의 뜻】 有人:사람이 있음. 어떤 사람. 問卜:점을 물음. 我虧人:내가 남에게 손해를 입힘. 人虧我:남이 나에게 손해를 입힘.

【뜻 풀이】 어떤 사람이 찾아와서 어떤 것이 재앙이고 어떤 것이 복이냐고 물었다. 그래서 내가 남을 손상시키는 것은 재앙이고, 남이 나를 손상시키는 것이 복이라고 대답했다.

좀 극단적인 표현이기는 하지만, 만일 내가 다른 사람을 손상시켰다면 양심의 가책을 받아 괴로워해야 하고 또 그의 보복이 두려워진다. 그러므로 이것은 재앙이 된다. 그리고 다른 사람이 나를 손상시킨 것을 복이라고 했다. 손상을 입은 사람은 마음이 편하지만 손상을 입힌 사람은 괴로워하기 때문이다. 우리는 다른 사람에게 해를 끼치는 일을 해서는 안 되겠다.

18

大廈千間 夜臥八尺 良田萬頃 日食二升.
대 하 천 간 야 와 팔 척 양 전 만 경 일 식 이 승

큰 집이 천 칸이나 되어도 밤에 눕는 곳은 여덟 자뿐이고, 좋은 밭이 만경이나 되어도 하루에 먹는 것은 두 되뿐이다.

【글자 뜻】廈:큰집 하. 臥:누울 와. 良:어질 량, 좋을 량. 頃:백 이랑 경. 升:되 승.

【말의 뜻】大廈:큰 집. 夜臥:밤에 누움. 良田:좋은 밭. 萬頃:넓은 면적을 말함.

【뜻 풀이】세상 사람들은 물질에 눈이 어두워 부자가 되려고 애쓴다. 작은 부자는 큰 부자가 되려 하고 큰 부자는 더욱 큰 부자가 되려고 한다. 우리 나라 속담에 '아흔아홉 섬 가진 사람이 한 섬 가진 사람에게 꾸어 달라고 한다.'는 말이 있다. 백 섬을 채우고 싶어서 한 섬 수확한 사람에게 꾸어 달라는 것이다.

원래 욕심이란 스스로 억제할 줄 모르면 한이 없는 법이다. 아무리 화려하고 좋은 집이 천 칸이나 되어도 밤에 누워 자는 곳은 여덟 자면 충분하고, 또 아무리 좋은 논밭이 많아 많은 곡식을 쌓아 놓고 살지라도 사람이 하루에 먹는 양식은 두 되면 충분하다.

우리는 물질보다 더 소중한 마음과 정신을 올바로 지니도록 노력해야겠다.

久住令人賤 頻來親也疎. 但看三五日 相見不如初.
구 주 령 인 천   빈 래 친 야 소   단 간 삼 오 일   상 견 불 여 초

오래 머물면 사람이 천해지고, 자주 오면 친한 사이도 멀어진다. 단지 사흘이나 닷새만 보아도 서로 보는 것이 처음과 같지 않다.

【글자 뜻】久:오랠 구. 住:머물 주, 살 주. 令:하여금 령, 명령할 령. 賤: 천할 천. 頻:자주 빈. 但:다만 단. 看:볼 간. 初:처음 초

【말의 뜻】久住:오래 머물음. 令人賤:사람으로 하여금 천하게 함. 사람이 천해짐. 頻來:자주 옴. 親也疎:친하던 사이도 멀어짐. 不如初:처음 같지 않음.

【뜻 풀이】이것은 우리 주변에서도 흔히 볼 수 있는 광경이다. 아무리 가까운 친척이나 친한 친구의 집이라도 가서 오래 머물면 가족들의 멸시를 받아 사람이 천하게 된다. 또 아무리 가까운 사이라도 너무 자주 가면 친하던 사이가 도리어 멀어진다. 단지 사흘이나 닷새만 묵어도 대하는 것이 처음과 같지 않다.

더구나 현대는 누구나 시간에 쫓기는 바쁜 생활을 하고 있다. 까닭 없이 오래 머물거나 자주 찾아가는 것은 실례가 된다. 가까운 사이일수록 서로 인격을 존중하고 예의를 지킬 줄 아는 교양인이 되어야겠다.

20

渴時一滴如甘露 醉後添盃不如無.
갈 시 일 적 여 감 로 취 후 첨 배 불 여 무

  목마를 때 물 한 방울은 단 이슬 같고, 취한 뒤 술잔 더함은 없느니만
못하다.

【글자 뜻】 渴:목마를 갈. 滴:물방울 적. 甘:달 감. 露:이슬 로. 醉:취할
    취. 添:더할 첨. 盃:잔 배.

【말의 뜻】 渴時一滴:목마를 때 물 한 방울. 甘露:단 이슬. 醉後添盃:술
    취한 뒤에 술잔을 더함. 不如~:~하니만 못함.

【뜻 풀이】 술은 절제해서 적당히 마시면 건강에도 좋고 대인 관계도 원만
    해지지만, 과음을 하면 그야말로 술 마신 개가 되어버린다.
      목마를 때에는 냉수도 입에 달고, 취한 뒤에 술을 더 마시는 것은
    차라리 안 마시는 것만 못하다. 지나치게 술에 취하면 횡설수설 잔소
    리가 많고 또 실수를 저지르는 수가 많기 때문이다.

21

酒不醉人人自醉 色不迷人人自迷.
주 불 취 인 인 자 취　색 불 미 인 인 자 미

술이 사람을 취하게 하는 것이 아니라 사람이 스스로 취하고,
여색이 사람을 미혹시키는 것이 아니라 사람이 스스로 미혹한다.

【글자 뜻】色:빛 색, 여색 색. 迷:헤맬 미, 미혹할 미.
【말의 뜻】酒不醉人:술이 사람을 취하게 하는 것이 아님. 人自醉:사람이
스스로 취함. 色不迷人:여색이 사람을 미혹시키는 것이 아님.

【뜻 풀이】세상의 모든 일은 마음가짐에 달려 있다. 특히 술과 여색은 사
람을 방탕한 길로 끌어들이는 지름길이다. 항상 조심하여 방탕한 생
활에 빠지지 않도록 마음을 굳게 지녀야 한다. 술이 사람을 취하게 만
드는 것이 아니라 사람이 계속 마시기 때문에 취하게 된다. 또 여색이
사람을 혼미하게 만드는 것이 아니라 사람이 스스로 여색에 빠져드는
것이다.

22

> 公心若比私心 何事不辨 道念若比情念 成佛多時.
> 공 심 약 비 사 심 하 사 불 변 도 념 약 비 정 념 성 불 다 시

공(公)을 위하는 마음을 만약 사(私)를 위하는 마음과 같게 하면 무슨 일인들 분별하지 못하며, 도(道) 생각함을 만약 정(情)을 생각함과 같게 하면 부처가 된 지 오래일 것이다.

【글자 뜻】公:함께할 공. 比:견줄 비, 따를 비. 私:사사 사. 辨:분별할 변. 佛:부처 불.

【말의 뜻】公心:公을 위하는 마음. 比私心:私를 위하는 마음과 같게 함. 何事不辨:무슨 일이나 옳고 그름을 가려 판단함. 道念:道를 생각함. 情念:남녀 간의 애정을 생각함. 成佛:부처가 됨. 多時:오래 전에.

【뜻 풀이】공직(公職)에 있는 사람이 나라의 일이나 공공(公共)의 일을 자기 개인의 일처럼 생각한다면 마음의 문이 절로 열려 어떤 일에 있어서나 옳고 그름을 판단하여 처리할 수 있다. 또 사람이 道를 생각하는 마음이 남녀 간의 애정을 생각하는 것처럼 간절하다면 이미 오래 전에 부처가 되었을 것이다.

비단 공직에 있는 사람뿐만 아니라 사람은 누구나 개인의 사사로운 일보다 공공의 일을 앞세워야 하고, 도리에서 떠난 생활을 해서는 안 된다.

23

濂溪先生曰 巧者言拙者黙 巧者勞拙者逸 巧者賊
拙者德 巧者凶拙者吉. 嗚呼 天下拙刑政徹 上安
下順 風淸弊絕.

염계선생(濂溪先生)이 이렇게 말했다.

"간교한 사람은 말을 잘하고 어리석은 사람은 말이 없으며, 간교한 사람은 수고롭고 어리석은 사람은 편안하며, 간교한 사람은 남을 해치고 어리석은 사람은 덕이 있으며, 간교한 사람은 흉하고 어리석은 사람은 길하니, 아, 천하가 모두 어리석으면 형벌의 정치가 없어져 윗사람은 편안하고 아랫사람은 순종하며, 풍속은 맑아지고 폐단은 끊어질 것이다.

【글자 뜻】濂:시내이름 렴. 溪:시내 계. 巧:공교 교, 약을 교. 拙:졸할 졸. 黙:잠잠할 묵. 勞:수고할 로. 逸:편안할 일. 賊:도둑 적, 해칠 적. 嗚:슬플 오. 呼:부를 호, 슬플 호. 刑:형벌 형. 徹:통할 철, 치울 철. 弊:폐단 폐. 絕:끊어질 절.

【말의 뜻】濂溪先生:북송(北宋)의 유학자. 성은 주(周), 이름은 돈이(敦頤). 巧者:꾀가 많은 사람. 拙者:재주 없고 어리석은 사람. 巧者賊:간교한 사람은 남을 해침. 刑政徹:형벌의 정치가 없어짐. 風淸:풍속이 맑아짐. 弊絕:폐단이 끊어짐.

【뜻 풀이】세상에는 간사하고 잔꾀가 많아 처세에 아주 밝은 사람이 있는가 하면, 순박하고 어리석어 처세에 어두운 사람도 있다. 전자는 말을

앞세우기를 잘하고 수고롭고 남을 해쳐 신상이 흉하다. 그러나 후자는 말이 적고 마음이 항상 편하여 한가롭게 유유자적하며, 덕을 지니고 있어 신상이 길하다. 즉, 졸자(拙者)란 착한 마음과 올바른 행실을 지니고 꾸준히 도리를 지켜 나가는 사람이다.

그러므로 온 세상 사람들이 모두 이와 같이 순박하다면 형벌로 다스리는 정치는 없어지고 덕으로 다스리는 세상이 되어, 나라가 잘 다스려져 위정자는 편안하고 백성들은 순종하며 좋은 풍습이 이루어지고 여러 가지 나쁜 폐단은 없어질 것이다.

易曰 德微而位尊 智小而謀大 無禍者鮮矣.
역왈 덕미이위존 지소이모대 무화자선의

《역경(易經)》에 이렇게 씌어 있다.

"덕이 작으면서 지위가 높고 지혜가 작으면서 꾀하는 것이 크면, 재앙을 받지 않을 사람이 드물다."

【글자 뜻】 易:바꿀 역, 쉬울 이. 微:작을 미. 位:자리 위, 벼슬 위. 尊:높을 존. 智:지혜 지. 謀:꾀 모. 鮮:드물 선, 고울 선.

【말의 뜻】 易:역경(易經). 주역(周易). 德微:덕이 작음. 位尊:지위가 높음. 智小而謀大:지혜가 작으면서 큰 것을 도모함. 無禍者:재앙이 없을 사람. 鮮矣:드물다. 거의 없다.

【뜻 풀이】 사람은 마땅히 자기 분수에 맞게 살아야 한다. 덕을 적게 쌓은 사람이 높은 벼슬자리에 앉아 있고 지혜가 별로 없는 사람이 큰 꿈을 실현하려 한다면 재앙을 받지 않을 사람이 거의 없다.

說苑曰 官怠於宦成 病加於小愈 禍生於懈怠 孝衰
설 원 왈 관 태 어 환 성 병 가 어 소 유 화 생 어 해 태 효 쇠
於妻子 察此四者 愼終如始.
어 처 자 찰 차 사 자 신 종 여 시

《설원(說苑)》에 이렇게 씌어 있다.

"벼슬아치는 벼슬이 이루어지는 데서 게을러지고, 병은 조금 낫는 데
서 더해지며, 재앙은 게으른 데서 생기고, 효성은 처자에게서 쇠하여지
거니와, 이 네 가지를 살펴서 나중 삼가기를 처음같이 해야 한다."

【글자 뜻】 說:말씀 설. 苑:동산 원. 怠:게으를 태. 宦:벼슬 환. 愈:나
을 유. 懈:게으를 해. 衰:쇠할 쇠. 察:살필 찰. 愼:삼갈 신. 始:비
로소 시.

【말의 뜻】 說苑:전한(前漢)의 유향(劉向)이 꾸민 책. 官怠:관리가 게을러
짐. 於宦成:벼슬이 이루어지는 데서. 於는 ~에서의 뜻. 病加:병이
더해짐. 小愈:조금 나음. 禍生:재앙이 생김. 懈怠:게으름. 孝衰:효
성이 쇠하여짐. 察此四者:이 네 가지를 살핌. 愼終:나중을 삼감. 如
始:처음과 같이 함.

【뜻 풀이】 사람의 마음은 간사하여 지위가 높아지거나 생활이 부유해지
면 게을러지고 교만해지기 쉽다. 또 병은 좀 나았을 때 조심해야 하
고, 처자를 너무 사랑하여 이에 빠지면 자연히 부모에 대한 효성은 줄
어들게 된다.

그러므로 관직에 있는 사람은 지위가 높아질수록 더욱 직무에 충실해야 하고, 병은 좀 나을 때 더욱 조심해야 하고, 생활이 부유해질수록 더욱 근검절약해야 하고, 아내를 얻고 자식이 생길수록 부모에게 더욱 효성을 베풀도록 힘써야 한다. 이 네 가지를 잘 살펴서 처음에 먹은 마음을 끝까지 밀고 나가도록 조심한다면 재앙은 멀어지고 행복과 평화를 누릴 수 있게 된다.

26

器滿則溢 人滿則喪.
기 만 즉 일 인 만 즉 상

그릇은 가득 차면 넘치고, 사람은 가득 차면 잃게 된다.

【글자 뜻】器:그릇 기. 滿:가득할 만. 溢:넘칠 일. 喪:잃을 상, 상사 상.
【말의 뜻】器滿則溢:그릇은 가득 차면 넘침. 人滿則喪:사람은 가득 차면 잃게 됨.

【뜻 풀이】그릇에 곡식이나 물이 가득 차면 넘쳐흐르게 마련이다. 이와 마찬가지로 사람도 자기 분수에 맞지 않게 부나 지위가 가득 차면 그 부나 지위를 잃게 마련이다. 그러므로 우리는 지나친 부귀를 욕심내서는 안 되고 또 부귀해질수록 겸손하고 근검절약하도록 조심하고 노력하여 재앙을 막도록 해야겠다.

27

尺璧非寶 寸陰是競.
척 벽 비 보 촌 음 시 경

한 자의 구슬이 보배가 아니요, 한 치의 시간을 다투어야 한다.

【글자 뜻】 尺:자 척. 璧:구슬 벽. 陰:그늘 음. 競:다툴 경.

【말의 뜻】 尺璧:한 자나 되는 구슬. 寸陰:한 치의 광음, 즉 아주 짧은 시간. 是競:이를 다툼.

【뜻 풀이】 세상 사람들은 인간의 정신적인 존엄성은 생각지 않고 오로지 물질만을 추구하려 한다. 모든 죄악과 잘못은 여기에서 시작된다. 또 인생은 유한하여 백 살을 사는 사람이 드물다. 이 소중한 일평생 동안에 짧은 시간도 아껴서 자기의 마음과 행실을 닦도록 힘써야 할 것이다.

　세상 사람들은 한 자 되는 구슬을 보배로 알지만 그것이 보배가 아니다. 오히려 잠시의 시간이라도 아껴서 선한 마음과 올바른 행실을 닦아 덕을 쌓고 선행을 베풀어 나가야겠다.

羊羹雖美 衆口難調.
양 갱 수 미 중 구 난 조

양 고깃국이 비록 맛이 좋지만 여러 사람의 입을 맞추기는 어렵다.

【글자 뜻】羊:양 양. 羹:국 갱. 美:아름다울 미, 맛날 미. 衆:무리 중.
調:고루 조, 맞을 조.

【말의 뜻】羊羹:양 고깃국. 雖美:비록 맛이 좋으나. 衆口:여러 사람의
입. 難調:맞추기 어려움.

【뜻 풀이】사람은 백인백색(白人白色), 천인천색(千人千色)이어서 각각
식성이 다르듯이 개성도 모두 다르다. 비록 양고기로 끓인 국이 맛이
좋다고는 하지만 모든 사람의 입맛에 다 맞지는 않아 먹지 않는 사람
도 있기 마련이다. 부귀가 아무리 좋은 것일지라도 마음을 닦아 청렴
한 사람은 굳이 이를 취하려고 하지 않는다. 그러나 한 가지 모든 사
람들이 좋아하는 것이 있으니, 그것은 곧 선한 마음과 올바른 행실을
닦아 덕행을 베푸는 일이다.

29

益智書云 白玉投於泥塗 不能汚穢其色 君子行於
익지서운 백옥투어이도 불능오예기색 군자행어

濁地不能染亂其心 故松栢可以耐雪霜 明智可以
탁지불능염란기심 고송백가이내설상 명지가이

涉危難.
섭위난

《익지서(益智書)》에 이렇게 씌어 있다.

"백옥(白玉)은 진흙에 던질지라도 그 빛을 더럽힐 수 없고, 군자(君子)는 혼탁한 땅에 갈지라도 그 마음을 어지러움에 물들게 할 수 없다. 소나무와 잣나무는 눈과 서리를 견디어낼 수 있고, 밝은 지혜는 위태롭고 어려움을 건널 수 있다."

【글자 뜻】投:던질 투. 泥:진흙 이. 塗:진흙 도, 칠할 도. 汚:더러울 오. 穢:더러울 예. 濁:흐릴 탁. 染:물들 염. 亂:어지러울 란. 松:소나무 송. 栢:잣나무 백. 耐:견딜 내. 雪:눈 설. 霜:서리 상. 智:지혜 지. 涉:건널 섭. 危:위태할 위.

【말의 뜻】投於泥塗:진흙에 던짐. 不能~:~하지 못함. 汚穢:더럽힘. 濁地:혼탁한 땅. 染亂:어지러움에 물듦. 松栢:소나무와 잣나무. 可以~:~할 수 있음. 가히 써. 耐雪霜:눈과 서리를 견디어냄. 明智:밝은 지혜. 涉危難:위태하고 어려움을 건넘.

【뜻 풀이】모든 것은 사람의 마음가짐에 달려 있다. 아무리 세상이 어지럽고 혼탁하더라도 마음이 옳고 지조가 있는 사람은 꿋꿋하게 살아간다.

백옥(白玉)을 진흙에 던질지라도 그 흰 빛까지 더러워지지는 않는다. 이와 마찬가지로 지조가 높고 덕이 있는 군자(君子)는 아무리 어지럽고 혼탁한 세상에 살더라도 결코 그 마음을 더럽히지 않는다. 소나무와 잣나무는 능히 눈서리를 이겨내어 절개를 자랑하고, 밝은 지혜를 가진 사람은 아무리 위험한 난관에 부닥치더라도 이를 능히 무사히 극복하고 안락함을 되찾는다.

30

入山擒虎易 開口告人難.
입 산 금 호 이 개 구 고 인 난

산에 들어가 호랑이를 사로잡기는 쉽지만, 입을 열어 남에게 고하는 것은 어렵다.

【글자 뜻】擒:사로잡을 금. 開:열 개. 告:고할 고.

【말의 뜻】擒虎:호랑이를 사로잡음. 開口告人:입을 열어 다른 사람에게 고함.

【뜻 풀이】입은 재앙을 불러들이는 문이다. 말을 함부로 하면 반드시 난처한 일을 당하게 된다. 그래서 '입 지키기를 병같이 하라.(守口如甁)'고 한 것이다. 차라리 산속에 들어가 호랑이를 산 채로 잡는 것은 쉽지만, 다른 사람에게 말을 함부로 하기는 어려운 것이다. 항상 말을 조심해서 하는 습관을 길러야겠다.

31

遠水不救近火 遠親不如近隣.
원 수 불 구 근 화 원 친 불 여 근 린

먼 데 있는 물은 가까운 불을 구하지 못하고, 먼 데 있는 친척은 가까운 이웃만 못하다.

【글자 뜻】遠:멀 원. 救:구원할 구. 近:가까울 근. 隣:이웃 린.

【말의 뜻】遠水:먼 곳에 있는 물. 不救近火:가까운 곳의 불을 끄지 못함.
　遠親:먼 곳에 있는 친척. 不如~:~만 못하다. 近隣:가까운 이웃.

【뜻 풀이】 '이웃사촌'이란 말이 있다. 예수는 "네 이웃을 사랑하라."고
　말했다. 이웃과는 가까이 지내야 한다. 그런데 요즈음 도시 생활에 있
　어서는 이웃에 누가 사는지조차 잘 모르고 지낸다. 이것은 큰 잘못이
　다. 사람이란 인생을 살다 보면 뜻밖의 위급한 일을 당할 때가 많다.
　이런 경우에는 우선 이웃 사람들의 협조를 얻어 위급한 불을 끄고 봐
　야 한다.
　　먼 곳에 있는 물은 가까운 곳에서 일어난 화재에 전혀 도움이 되지
　못한다. 이와 마찬가지로 먼 곳에 사는 친척은 가까운 이웃만도 못한
　경우가 많다. 우리는 마음의 담을 헐어버리고 이웃 사람들과 더 가까
　이 지내도록 노력해야겠다.

32

太公曰 日月雖明不照覆盆之下 刀刃雖快不斬無罪
태 공 왈 일 월 수 명 부 조 복 분 지 하 도 인 수 쾌 불 참 무 죄
之人 非災橫禍不入愼家之門.
지 인 비 재 횡 화 불 입 신 가 지 문

태공(太公)이 이렇게 말했다.

"해와 달이 비록 밝으나 엎어 놓은 동이의 밑은 비추지 못하고, 칼날이
비록 날카로우나 죄 없는 사람은 베지 못하고, 잘못된 재난과 뜻밖의 재
앙은 조심하는 집 문에는 들어가지 못한다."

【글자 뜻】照:비출 조. 覆:엎을 복, 덮을 복. 盆:동이 분. 刀:칼 도. 刃:
칼날 인. 快:쾌할 쾌, 빠를 쾌. 斬:벨 참. 非:아닐 비, 그를 비. 災:
재앙 재. 橫:비낄 횡. 愼:삼갈 신.

【말의 뜻】不照:비추지 못함. 覆盆:엎어 놓은 동이. 刀刃:칼날. 不斬:베
지 못함. 非災:잘못된 재난. 橫禍:뜻밖의 재앙. 愼家:조심하는 집.

【뜻 풀이】사람은 언제나 말과 행동을 조심하여 도리와 예절에서 벗어나
지 않게 해야 한다. 해와 달이 아무리 밝을지라도 엎어 놓은 동이 밑
에까지는 비추지 못하고 형법이 아무리 엄격할지라도 죄 없는 사람을
다스리지는 못한다. 이와 마찬가지로 항상 말과 행동을 조심하는 집
에는 재앙이 들어가지를 못한다.

太公曰 良田萬頃 不如薄藝隨身.
태 공 왈 양 전 만 경 불 여 박 예 수 신

태공(太公)이 이렇게 말했다.

"좋은 밭 만 경이 박한 재주를 몸에 지님만 못하다."

【글자 뜻】頃:백 이랑 경. 薄:얇을 박. 藝:재주 예. 隨:따를 수.

【말의 뜻】良田:좋은 밭. 萬頃:백만 이랑. 몹시 넓다는 뜻. 薄藝:박한 재주. 하잘 것 없는 재주. 隨身:몸에 따름. 몸에 지님.

【뜻 풀이】재물이란 뜬구름과 같아서 언제 없어질지 모른다. 그러나 젊은 시절에 열심히 배우고 익혀 몸에 지닌 지식이나 기술은 평생 동안 없어지지 않는다. 더구나 과학 문명이 발달된 오늘날의 사회에서는 남보다 뛰어난 재주 한 가지만 가지고 있으면 안락하게 살아갈 수 있다.

34

> 性理書云 接物之要 己所不欲勿施於人 行有不得反
> 성 리 서 운 접 물 지 요 기 소 불 욕 물 시 어 인 행 유 부 득 반
> 求諸己.
> 구 제 기

《성리서(性理書)》에 이렇게 씌어 있다.

"사물을 접촉하는 데 중요한 것은 자기가 바라지 않는 것을 남에게 베풀지 말고, 행하여 얻지 못하는 것이 있으면 돌이켜 자신에게서 원인을 찾는 것이다."

【글자 뜻】 性:성품 성. 接:접할 접. 要:필요 요, 중요할 요. 己:몸 기. 欲:하고자할 욕. 施:베풀 시. 反:돌이킬 반. 求:구할 구. 諸:모두 제, 어조사 제.

【말의 뜻】 性理書:유교의 경전. 接物:사물을 접함. 己所不欲:자기가 바라지 않는 것. 勿施於人:남에게 베풀지 말라. 行有不得:행하여 얻지 못하는 것이 있음. 反求諸己:돌이켜 자신에게서 그 원인을 찾음. 제(諸)는 지어(之於)의 뜻.

【뜻 풀이】 세상 사람들은 흔히 자기가 원치 않는 것을 남에게 시키고, 하던 일이 잘못 되면 그 원인을 자신에게서 찾지 않고 다른 사람을 탓한다.

공자는《논어(論語)》에서 "군자는 잘못을 자신에게서 찾고, 소인(小人)은 잘못을 남에게서 찾는다.(君子求諸己 小人求諸人)"고 말씀하셨다. 우리는 항상 스스로 반성하여 잘못의 원인을 자신에게서 찾도록 노력해야겠다.

35

酒色財氣四堵墻 多少賢愚在內廂. 若有世人跳得出
주 색 재 기 사 도 장 다 소 현 우 재 내 상   약 유 세 인 도 득 출

便是神仙不死方.
변 시 신 선 불 사 방

  술·여색·재물·기운의 네 가지 담 안에, 많은 어진 사람과 어리석은
사람들이 안채 행랑에 있다. 만일 속세의 어떤 사람이 뛰쳐나올 수 있다
면 곧 이것이 신선의 죽지 않는 방법이다.

【글자 뜻】堵:담 도. 墻:담 장. 廂:행랑 상. 跳:뛸 도. 便:문득 변, 편할
    편. 仙:신선 선.

【말의 뜻】酒色財氣:술과 여색과 재물과 기운. 堵墻:담. 多少賢愚:수많
    은 어진 사람과 어리석은 사람들. 內廂:안채에 붙어 있는 행랑. 若有
    世人:만일 속세의 어떤 사람이. 跳得出:뛰쳐나올 수 있음. 便是:문득
    이것이. 곧 이것이. 不死方:죽지 않는 방법.

【뜻 풀이】술과 여색과 재물과 기운의 네 가지 담이란 곧 속세를 말한 것
    이다. 세상 사람들은 이 네 가지에 얽매어, 이에서 벗어나지를 못하고
    살아가는 것이다. 그렇지만 누구든지 욕심을 버리고 이 담 밖으로 뛰
    쳐나오기만 하면 마음이 안락하고 유유자적하는 생활을 하여 신선과
    같이 언제까지나 죽지 않고 사는 길을 얻게 된다.
      욕심은 인간의 본능이다. 수양으로써 이 욕심의 본능을 다소 억제
    할 수 있다면 인생을 편안하고 즐겁게 살 수 있을 것이다.

제13장
입교편
(立教篇)

욕심을 버리고 도덕과 질서를 준수하라.

입신함에 의로움이 있으니 효도가 그 근본이 된다.

글을 읽음은 집안을 일으키는 근본이요, 부지런하고 절약함은 집안을 다스리는 근본이다.

일생의 계획은 어릴 때에 있고, 1년의 계획은 봄철에 있고, 하루의 계획은 새벽에 있다.

충신은 두 임금을 섬기지 않고, 열녀는 두 남편을 고치지 않는다.

벼슬을 다스림에는 공평함만한 것이 없고, 재물에 임함에는 청렴함만한 것이 없다.

모든 말을 반드시 성실하고 신의가 있게 하며, 모든 행동을 반드시 독실하고 공경스럽게 하라.

다른 사람과 함께 있을 때 자신의 편리만을 택하지 말아야 하고, 다른 사람의 부유하고 귀함을 부러워하거나 헐뜯지 말아야 한다.

子曰 立身有義而孝爲本 喪祀有禮而哀爲本 戰陣
자왈 입신유의이효위본 상사유례이애위본 전진

有列而勇爲本 治政有理而農爲本 居國有道而嗣
유 렬 이 용 위 본 치 정 유 리 이 농 위 본 거 국 유 도 이 사

爲本 生財有時而力爲本.
위 본 생 재 유 시 이 역 위 본

공자께서 이렇게 말씀하셨다.

"입신(立身)함에 의로움이 있으니 효도가 그 근본이 되고, 상사와 제사에 예도가 있으니 슬퍼함이 그 근본이 되고, 전쟁터에 질서가 있으니 용맹이 그 근본이 되고, 나라를 다스리는 데 도리가 있으니 농사가 그 근본이 되고, 나라를 유지함에 길이 있으니 왕위의 계승이 그 근본이 되고, 재물을 얻는 데 때가 있으니 힘씀이 그 근본이 된다."

【글자 뜻】喪:상사 상. 祀:제사 사. 禮:예도 례. 哀:슬플 애. 陣:진칠 진. 列:줄 렬, 벌일 렬. 勇:날랠 용. 理:이치 리, 다스릴 리. 居:살 거, 있을 거. 嗣:이을 사. 力:힘 력, 힘쓸 력.

【말의 뜻】立身有義:입신출세하는 데 의로움이 있음. 孝爲本:부모에게 효도함이 근본이 됨. 喪祀:상사와 제사. 戰陣有列:전쟁터에는 서열이 있음. 治政有理:나라를 다스리는 데 도리가 있음. 居國:나라를 지킴. 나라를 유지함. 嗣爲本:왕위의 계승이 근본이 됨. 生財:재물을 만듦. 力爲本:힘쓰는 것이 근본이 됨.

【뜻 풀이】부모에게 효도함은 인간 생활에 있어서의 백 가지 행실의 근본

이다. 공자는 《효경(孝經)》에서 "孝는 德의 근본이다.(孝德之本也)"라고 말씀하시고 또 "사람의 행실이 孝보다 큰 것이 없다.(人之行 莫大於孝)"고 말씀하셨다.

공자는 또 《효경》에서 "효자는 부모를 섬김에 있어서 기거하심에는 공경을 다하고, 봉양함에는 즐거움을 다하고, 병환이 나시면 근심을 다하고, 상사를 당하면 슬픔을 다하고, 제사를 당하면 엄숙함을 다한다.(孝子之事親也 居則致其敬 養則致其樂 病則致其憂 喪則致其哀 祭則致其嚴)"고 말씀하셨다.

공자는 또 "다섯 가지 형벌에 속한 것이 삼천 가지나 되어도 불효(不孝)보다 더 큰 죄는 없다.(五刑之屬三千 而罪莫大於不孝)"고 말씀하셨다.

인간이 세상을 살아감에 있어서 부모에게 효도하는 것이 근본이고 부모의 상사나 제사를 당하면 슬퍼하는 것이 근본이며, 전쟁터에서는 용맹스러운 것이 근본이고 나라를 다스림에 있어서는 농사를 근본으로 삼아야 한다. 그리고 나라를 유지함에 있어서는 왕위의 계승이 근본이 되며, 재산을 모으는 데는 때가 중요하므로 때를 놓치지 말고 힘쓰는 것이 근본이다.

2

景行錄云 爲政之要 曰公與淸 成家之道 曰儉與勤.
경 행 록 운 위 정 지 요 왈 공 여 청 성 가 지 도 왈 검 여 근

《경행록(景行錄)》에 이렇게 씌어 있다.

"정사를 다스리는 데 중요한 것은 공정함과 청렴함이요, 집을 이루는 길은 검소함과 부지런함이다."

【글자 뜻】 要:필요 요, 중요로울 요. 儉:검소할 검. 勤:부지런할 근.

【말의 뜻】 爲政:정치를 함. 정사를 다스림. 要:요긴한 것. 중요한 것. 公與淸:공평무사함과 청렴결백함. 成家之道:집안을 일으키는 길. 儉與勤:검소한 생활과 부지런히 일함.

【뜻 풀이】 위정자가 백성들을 다스리는 방법과 가정이 경제적으로 부유해지는 길을 말하고 있다. 공자는 《논어》에서 "위정자가 올바르면 명령하지 않아도 나라가 잘 다스려지고, 위정자가 올바르지 못하면 비록 명령할지라도 백성들이 따르지 않는다.(其身正不令而行 其身不正雖令不從)"고 말씀하셨다. 이 진리는 예나 지금이나 마찬가지다. 만일 위정자나 관리들이 공정무사(公正無私)하고 청렴결백(淸廉潔白)하면 국가는 저절로 잘 다스려지게 마련이다.

또 앞에서 "큰 부자는 하늘에 달려 있고 작은 부자는 부지런함에 달려 있다.(大富由天 小富由勤)"는 말이 있었다. 부지런히 일하고 절약해서 검소한 생활을 하는 것이 집안을 부유하게 만드는 길이다.

3

> 讀書起家之本 循理保家之本 勤儉治家之本 和順齊
> 독 서 기 가 지 본 순 리 보 가 지 본 근 검 치 가 지 본 화 순 제
> 家之本.
> 가 지 본

글을 읽음은 집안을 일으키는 근본이요, 이치를 따름은 집안을 보전하
는 근본이요, 부지런하고 절약함은 집안을 다스리는 근본이요, 화목하고
순종함은 집안을 정제하는 근본이다.

【글자 뜻】起:일어날 기, 일으킬 기. 循:따를 순. 保:보전할 보. 齊:정제
할 제, 가지런할 제.

【말의 뜻】起家:집안을 일으킴. 循理:이치를 따름. 保家:집안을 보전함.
勤儉:부지런히 일하고 검소하게 절약함. 和順:화목하고 순종함. 齊
家:집안을 정제함.

【뜻 풀이】《예기(禮記)》에 '사람이 배우지 않으면 의(義)를 알지 못한
다.(人不學 不知義)'라는 말이 있고, 강태공(姜太公)은 "사람이 배우
지 아니하면 마치 어두운 밤길을 가는 것과 같다.(人生不學 如冥冥夜
行)"고 말했다. 또 공자는 "하늘에 순종하는 자는 생존하고 하늘에 거
역하는 자는 망한다.(順天者存 逆天者亡)"고 말씀하셨다.
사람은 성현들의 가르침을 비롯한 학문을 배워야만 마음을 닦을 수
있고, 사물의 옳고 그른 이치를 깨달아 착한 일을 할 수 있게 된다. 그
러므로 좋은 책을 읽는 것이 집안을 일으키는 근본이 되는 것이다. 더
불어 자연과 사물의 이치에 따라 옳게 행동하는 것이 집안을 보전하

는 근본이 되는 것이다. 또 부지런히 일하고 검소한 생활로 절약하는 것이 집안을 부유하게 하는 근본이고, 가족이 화목하고 어른에게 순종하는 것이 집안을 잘 다스리는 근본인 것이다. 이상의 네 항목은 수신(修身)과 제가(齊家)의 근본이라 하겠다.

4

孔子三計圖云 一生之計在於幼 一年之計在於春
공 자 삼 계 도 운 일 생 지 계 재 어 유 일 년 지 계 재 어 춘

一日之計在於寅 幼而不學老無所知 春若不耕秋
일 일 지 계 재 어 인 유 이 불 학 노 무 소 지   춘 약 불 경 추

無所望 寅若不起日無所辦.
무 소 망 인 약 불 기 일 무 소 판

공자의 '삼계도(三計圖)'에 이렇게 씌어 있다.

"일생의 계획은 어릴 때에 있고, 1년의 계획은 봄철에 있고, 하루의 계획은 새벽에 있다. 어릴 때 배우지 아니하면 늙어서 아는 것이 없고, 봄철에 만일 밭 갈지 아니하면 가을철에 바랄 것이 없고, 새벽에 만일 일어나지 아니하면 그날에 할 일이 없다."

【글자 뜻】 計:계교 계, 셈할 계. 圖:그림 도, 도모할 도. 幼:어릴 유. 寅: 동방 인, 범 인. 若:같을 약, 만약 약. 耕:밭 갈 경. 望:바랄 망. 起: 일어날 기. 辦:힘쓸 판.

【말의 뜻】 三計:세 가지 계획. 一生之計:일생의 계획. 在於幼:어린 시절에 있음. 寅:寅時. 3~5시 사이. 老無所知:늙어서 아는 바가 없음.

春若不耕:봄에 만일 밭 갈지 않으면. 秋無所望:가을에 바랄 것이 없음. 日無所辦:그날에 힘써 할 일이 없음.

【뜻 풀이】 사람은 누구나 목표와 계획을 세우고, 계획성 있는 생활을 영위해야 한다. 이것은 몹시 중요한 일이다. 목표가 없이 살아가는 사람은 마치 어두운 밤길을 헤매는 것과 같고, 물 위에 떠서 표류하는 나무토막과 같다. 향하여 나아갈 목적지가 없기 때문에 움직이고는 있지만 살아가는 것이라고는 말할 수 없다.

인생은 한 번밖에 태어나지 못한다. 이 소중한 인생을 그르치지 않기 위해서는 우선 목표를 설정하고 치밀한 계획을 세워, 그 계획대로 실천함으로써 목표를 달성해야 한다. 계획은 일생의 계획, 십 년의 계획, 5년의 계획, 1년의 계획 등으로 구분하여 세우고, 다시 1개월의 계획, 1주일의 계획, 하루의 계획 등으로 세분하는 것이 좋다.

십육 세기 영국의 정치가요 철학자인 베이컨은 "지식은 힘이다."라고 갈파했다. 지식이 없으면 인생을 옳게 살 수 있는 힘이 없고, 기술이 없으면 인생을 살아갈 수단이 없다. 그런데 이 지식과 기술은 어리고 젊었을 때 익혀야 한다. 이것이 일생을 위한 계획이다.

또한 1년의 계획은 새해에 세워야 한다. 만일 농부가 봄철에 논밭을 갈고 씨앗을 뿌리지 않는다면 가을이 되어도 수확할 것이 없게 된다. 비단 농부뿐만이 아니다. 누구나 1년의 계획을 월별로 세워놓고 계획을 실천해 나가는 것이 바람직하다. 또 하루의 계획은 그날 아침에 세워야 한다. 계획이 없는 하루의 생활은 무의미하고 헛된 것이 되어버리기 쉽기 때문이다.

현대는 과학의 시대이다. 치밀한 계획을 세우고 실천해 나가지 않고서는 성공을 거두기 어렵다.

5

性理書云 五敎之目 父子有親 君臣有義 夫婦有別
성 리 서 운 오 교 지 목 부 자 유 친 군 신 유 의 부 부 유 별
長幼有序 朋友有信.
장 유 유 서 붕 우 유 신

《성리서(性理書)》에 다음과 같이 씌어 있다.

"다섯 가지 가르침의 조목은, 아버지와 아들 사이에는 친함이 있어야
하며, 임금과 신하 사이에는 의리가 있어야 하며, 남편과 아내 사이에는
분별이 있어야 하며, 어른과 어린이 사이에는 차례가 있어야 하며, 친구
사이에는 믿음이 있어야 한다."

【글자 뜻】性:성품 성. 目:눈 목, 조목 목. 別:다를 별, 분별 별. 長:긴
　　장, 어른 장. 序:차례 서. 朋벗 붕. 信:믿을 신.
【말의 뜻】五敎之目:다섯 가지 교육의 조목. 오륜(五倫).

【뜻 풀이】이 五倫, 즉 다섯 가지 교육의 기본 목표는 중국 봉건 제도 사
　　회에서 발달된 것으로, 고려 말과 조선시대에도 큰 영향을 끼쳐 왔다.

　　　父子有親:부모는 자식을 사랑하고 자식은 부모를 효도로 섬겨야 한
다.
　　　君臣有義:임금은 신하를 아끼고 사랑하며, 신하는 임금에게 충성을
다해야 한다. 오늘날에는 임금을 국가나 민족으로 보고, 국민들은 애
국애족(愛國愛族)의 정신을 발휘해야 한다.

夫婦有別:남편은 바깥일을 보고 아내는 집안일을 다스려야 한다. 물론 이것은 남존여비(男尊女卑) 사상에서 나온 것이다. 유교 사상에 의하면 여자는 출가하기 전에는 부모를 따르고, 출가한 다음에는 남편을 따르고, 남편이 죽으면 자식을 따르는 것이 도리로, 이것을 삼종지도(三從之道)라고 한다. 그러나 현대의 남녀평등(男女平等)의 민주사회(民主社會)에 있어서는 여권(女權)이 많이 신장되어 여자도 남자와 마찬가지로 사회 각 분야에서 활동할 수 있게 되었다.

長幼有序:유교 제도에서는 나이가 자기보다 배가 되면 아버지처럼 대하고, 열 살 위면 형처럼 대하고, 다섯 살 위면 친구로 사귀었다.(年長以倍則父事之 十年以長則兄事之 五年以長則肩隨之).

맹자는 "내 부모를 공경하여 그 마음이 남의 노인에게까지 미치게 하고, 내 어린 것들을 사랑하여 그 마음이 남의 어린 것들에게까지 미치게 하면 천하를 손바닥 위에서 움직일 수 있다.(老吾老 以及人之老 幼吾幼 以及人之幼 天下可運於掌)"고 말했다.

비록 시대는 달라졌지만 어른들이 어린이나 젊은이들을 사랑하고 지도해 주며, 어린이나 젊은이들이 어른들을 마음으로부터 공경하는 인정이 넘치는 사회를 이룩하도록 다 함께 힘써야 할 것이다.

朋友有信:인간은 모든 대인 관계에 있어서 신의가 있어야 하지만 특히 가까운 친구 사이에는 믿음이 두터워야 한다. 맹자는 "착하게 인도하여 꾸짖는 것이 친구 사이의 도리이다.(責善朋友之道)"라고 말했다. 말과 행실이 잘못되었을 때 꾸짖고 충고해도 마음에 거슬리지 않고 고맙게 받아들이는 친구 사이를 막역지우(莫逆之友)라고 한다. 모든 대인 관계에 있어서 신의를 바탕으로 상호 협조해야 하거니와, 특히 서로 충고해 주고 서로 돕는 친구가 있어야 한다.

6

三綱 君爲臣綱 父爲子綱 夫爲婦綱.
삼 강 군 위 신 강 부 위 자 강 부 위 부 강

삼강(三綱)이란 임금은 신하의 본보기가 되고, 아버지는 아들의 본보기
가 되고, 남편은 아내의 본보기가 되는 것이다.

【글자 뜻】 綱:벼리 강.

【말의 뜻】 三綱:군신(君臣)·부자(父子)·부부(夫婦)의 관계를 말한 인륜
의 세 가지. 君爲臣綱:임금은 신하의 본보기가 되어야 함.

【뜻 풀이】 삼강(三綱)은 오륜(五倫)과 함께 군주주의 사회에 있어서의 기
본적인 윤리였다.

　君爲臣綱:임금은 신하의 본보기가 되어야 한다. 임금이 덕이 높아
신하나 백성들이 임금을 부모처럼 따라야 나라가 절로 잘 다스려진
다. 그러나 임금이 포악무도하여 신하와 백성들을 돌보지 않으면 신
하와 백성들은 임금을 배반하여 나라가 어지럽게 된다.
　공자는《논어》에서 "법령으로 이끌고 다스리면 백성들이 이를 빠져
나가도 수치로 여기지 않는다. 그러나 덕으로 이끌고 예절로 다스리
면 수치를 알고 올바르게 된다.(道之以政 齊之以刑 民免而無恥 道之
以德 齊之以禮 有恥且格)"고 말씀하셨다.
　父爲子綱:아버지는 아들의 본보기가 되어야 한다. 강태공(姜太公)
은 '내가 부모에게 효도하면 아들 또한 나에게 효도한다. 내가 만일

부모에게 효도하지 않는다면 아들이 어찌 나에게 효도할 것인가?(孝
於親 子亦孝之 身旣不孝 子何孝焉)'라고 말했다.

아버지가 마음이 선하고 행실이 올바르면 아들 또한 마음이 선하고
행실이 올바르게 된다. 그러므로 부모들은 말로써가 아니라 마음과
행동으로 자녀들의 본보기가 되도록 솔선수범해야 한다.

夫爲婦綱:남편은 아내의 본보기가 되어야 한다. 남편의 마음과 행
동이 올바르면 자연히 아내도 남편을 따라 마음과 행동이 올바르게
된다.

부모와 자식 사이가 1촌, 형제간이 2촌이라 일러지는 반면, 부부 사
이에는 촌수가 없고 일심동체(一心同體)라고 한다. 그런데 촌수가 없
다는 것은 지극히 가까운 밀접한 상태라는 뜻도 되지만, 잘못하면 거
리가 먼 남남이 될 수도 있음을 뜻하고 있다. 때문에 부부지간에는 항
상 서로 이해하고 상호 협조해야 하지만, 특히 남편은 언제나 아내의
모범이 되도록 힘써야 한다.

7

> 王蠋曰 忠臣不事二君 烈女不更二夫.
> 왕 촉 왈 충 신 불 사 이 군 열 녀 불 경 이 부

왕촉(王蠋)이 이렇게 말했다.

"충신은 두 임금을 섬기지 않고, 열녀는 두 남편을 고치지 않는다."

【글자 뜻】 蠋:애벌레 촉. 事:일 사, 섬길 사. 烈:매울 렬. 更:다시 갱, 고칠 경.

【말의 뜻】 王蠋:전국시대 제(齊)나라 사람. 제(齊)나라가 연(燕)나라에 패하자, 항복하라는 권고를 물리치고 자살한 충신. 不事二君:두 임금을 섬기지 않음. 不更二夫:두 남편을 고치지 않음.

【뜻 풀이】 이 몸이 죽고 죽어 일백 번 고쳐 죽어
백골이 진토되어 넋이라도 있고 없고
임 향한 일편단심이야 가실 줄이 있으랴.

이 몸이 죽어 가서 무엇이 될꼬 하니
봉래산 제일봉의 낙락장송 되었다가
백설이 만건곤할 제 독야청청하리라.

앞의 시조는 고려의 충신 정몽주(鄭夢周)의 시조이고 뒤의 시조는 수양대군(首陽大君) 때 충신 성삼문(成三門)이 읊은 것이다.

정몽주는 이성계가 위화도(威化島) 회군(回軍)으로 고려 왕조를 넘

어뜨리고 조선을 세우자, 끝까지 고려 왕조를 지키다가 선죽교의 이슬로 사라진 충신이다. 이 밖에도 이색(李穡)·길재(吉再) 등 수많은 고려의 유신들이 초야에 묻혀 일생을 보냈다.

또 수양대군이 나이 어린 단종(端宗)을 강원도 영월로 보내어 감금 생활을 시키고 왕위를 뺏자 이개(李塏)·하위지(河緯地)·성삼문(成三門)·유성원(柳誠源)·박팽년(朴彭年)·유응부(俞應孚) 등의 충신들은 단종의 복위(復位)를 도모하다가 탄로되어 수양대군에게 잡혀 죽임을 당했다. 이상의 여섯 충신들은 사육신(死六臣)이라고 부르고 있다.

이렇듯 우리 나라에서도 "충신은 두 임금을 섬기지 아니하고, 열녀는 두 남편을 섬기지 않는다."는 사상이 뿌리깊이 박혀있어, 많은 충신들과 함께 청상과부로 수절(守節)하고 일생을 지낸 여인들이 수없이 많았다.

忠子曰 治官莫若平 臨財莫若廉.
충 자 왈 치 관 막 약 평 림 재 막 약 렴

충자(忠子)가 이렇게 말했다.

"벼슬을 다스림에는 공평함만한 것이 없고, 재물에 임함에는 청렴함만
한 것이 없다."

【글자 뜻】治:다스릴 치. 官:벼슬 관. 臨:임할 림. 財:재물 재. 廉:청렴
할 렴.

【말의 뜻】忠子:인물과 시대는 알 수 없음. 治官:벼슬을 다스림. 莫若
~:~함만한 것이 없음. 莫如~와 같음. 臨財:재물에 임함. 재물을
다룸.

【뜻 풀이】이것은 관리들이 지켜야 할 기본을 말한 것이다. 관리들이 직
무를 수행함에 있어서 모든 백성들에게 공평하게 처리해야 백성들은
관청과 나라를 믿고 따르게 된다. 또 관리가 나라의 재산을 관리함에
있어서는 오로지 청렴결백해야 한다. 만일 관리가 뇌물을 받거나 공
금을 횡령하거나 하면 백성들이 관청을 믿지 않을 뿐 아니라 본인 자
신도 패가망신을 당하게 된다. 이것은 비단 관리들뿐만 아니라 현대
의 모든 직장인들이 명심해야 할 일이다.

9

張思叔	座右銘日	凡語必忠信	凡行必篤敬	飲食必
장사숙	좌우명왈	범어필충신	범행필독경	음식필
愼節	字畫必楷正	容貌必端莊	衣冠必整肅	步履必
신절	자획필해정	용모필단장	의관필정숙	보리필
安詳	居處必正靜	作事必謀始	出言必顧行	常德必
안상	거처필정정	작사필모시	출언필고행	상덕필
固持	然諾必重應	見善如己出	見惡如己病	凡此十
고지	연낙필중응	견선여기출	견악여기병	범차십
四者	皆我未深省	書此當座右	朝夕視爲警.	
사자	개아미심성	서차당좌우	조석시위경	

장사숙(張思淑)의 좌우명에 이렇게 말하고 있다.

"모든 말을 반드시 성실하고 신의가 있게 하며, 모든 행동을 반드시 독실하고 공경스럽게 하며, 음식을 반드시 삼가서 알맞게 먹으며, 글자 획을 반드시 똑똑하고 바르게 쓰며, 용모를 반드시 단정하고 장중하게 하며, 의관을 반드시 정돈하여 엄숙하게 입으며, 걸음걸이를 반드시 편안하고 조용하게 하며, 거처하는 곳을 반드시 바르고 고요하게 하며, 일을 반드시 계획을 세워 시작하며, 말할 때에는 반드시 실행할 것을 돌아보고 하며, 변함없는 덕을 반드시 굳게 지니며, 일을 승낙할 때에는 반드시 신중을 기하여 응하며, 착한 일 보기를 내 몸에서 나온 것같이 하며, 악한 일 보기를 내 몸의 병같이 하라.

이상의 열네 가지는 모두 내가 아직 깊이 깨닫지 못한 것이다. 이를 마땅히 자리 오른편에 써놓고 아침과 저녁에 보면서 경계로 삼으려 한다."

【글자 뜻】 座:자리 좌. 銘:새길 명. 凡:무릇 범. 篤:도타울 독. 愼:삼갈

신. 畫:그을 획. 楷:해서 해. 容:얼굴 용. 貌:모양 모. 端:끝 단, 단
정할 단. 莊:씩씩할 장. 冠:갓 관. 整:가지런할 정. 肅:엄숙할 숙.
履:밟을 리. 詳:자세할 상. 靜:고요 정. 謀:꾀 모. 顧:돌아볼 고.
常:떳떳할 상. 항상 상. 固:굳을 고. 持:가질 지. 然:그러할 연. 諾:
허락할 낙. 應:응할 응. 己:몸 기. 省:살필 성. 視:볼 시. 警:경계
할 경.

【말의 뜻】張思叔북송(北宋)의 학자로 정자(程子)의 제자임. 座右銘:자리
옆에 써놓고서 경계로 삼는 글. 凡語:모든 말. 忠信:성실하고 신의가
있음. 篤敬:돈독하고 공경스러움. 愼節:조심하여 알맞게 함. 字畫:
글자의 획. 楷正:해서체로 또박또박 씀. 端莊:단정하고 장엄함. 整
肅:단정하고 엄숙함. 步履:걸음걸이. 安詳:안정되고 침착함. 居處:
사는 곳. 正靜:바르고 고요함. 作事:일을 함. 謀始:계획을 세우고
시작함. 出言:말을 함. 顧行:실행할 것을 돌아봄. 常德:변함없는
덕. 固持:굳게 가짐. 然諾:그러라고 승낙함. 重應:신중히 생각하여
응낙함. 見善如己出:다른 사람의 선한 행실 보기를 자기가 행한 것처
럼 생각함. 見惡如己病:다른 사람의 악한 행실 보기를 자기 몸의 병
처럼 생각함. 未深省:아직 깊이 깨닫지 못하고 있음. 朝夕視:아침저
녁으로 봄. 爲警:경계로 삼음.

【뜻 풀이】이것은 장사숙(張思叔)이 자기의 일상생활을 스스로 경계한 좌
우명으로, 모두 열네 항목으로 되어 있다.

　　凡語必忠信 凡行必篤敬:말은 반드시 성실하고 신의가 있게 하고,
행동은 반드시 독실하고 공경스럽게 하라. 이 말은 孔子의 말씀을 인
용한 것이다.

《논어》에 보면 자장(子張)이라는 제자가 살아가는 데 통하는 길을 여쭈어 보자, 공자께서 "말이 성실하고 신의가 있고 행동이 독실하고 공경스러우면 비록 오랑캐 나라에 가도 통할 수 있지만, 말이 성실치 못하고 신의가 없고 행동이 독실하지 못하고 공경스럽지 아니하면 비록 자기 고향이라도 통할 수 있으랴.(言忠信 行篤敬 雖蠻貊之邦 行矣 言不忠信 行不篤敬 雖州里 行乎哉)"하고 말씀하셨다.

말은 입으로 하지만 입에서만 나와서는 안 된다. 반드시 마음을 통하여 마음에서 우러나온 믿을 수 있는 말을 해야 한다. 또 행동도 마찬가지다. 반드시 올바르고 선한 마음에서 우러나온 착실한 행동이라야 하는 것이다. 만일 말에 믿음이 없고 행동이 성실하지 못하다면 가정이나 친구와 동료들 사이에서도 버림받는 신세를 면치 못할 것이다.

飮食必愼節 字畵必楷正:음식을 조심하여 알맞게 먹고, 글자는 정자로 또박또박 쓰라. 맛있는 음식이라고 과식을 하면 건강을 해친다. 음식은 위장에 약간 덜 차도록 먹는 것이 좋다. 또 글자는 누가 보아도 알기 쉽도록 정자로 또박또박 쓰는 것이 좋다.

신언서판(身言書判)이라는 말이 있다. 용모와 말과 글씨와 판단력으로, 이것은 사람이 갖추어야 할 네 가지 요소다. 용모를 항상 단정하게 하고, 말을 신의 있게 하고, 글씨를 또박또박 쓰고, 올바른 판단력으로 올바른 행동을 하는 것을 이른 말이다.

容貌必端莊 衣冠必整肅:용모와 의복을 단정하고 품위 있게 하라. 용모가 잘생겨야 한다는 것이 아니다. 그것은 자기 마음대로 할 수 있는 일도 아니다. 하지만 올바른 마음을 꾸준히 지니다 보면 자연히 그 마음씨가 표정이나 태도에 나타나게 마련이다. 또한 옷이 날개라는 말이 있다. 의복은 항상 깨끗하고 단정하고 품위 있게 입어야 한다.

步履必安詳 居處必正靜:걸음걸이는 안정되고 침착하게, 거처는 깨끗하고 고요하게 하라. 걸음걸이는 그 사람의 생활 태도를 그대로 나타낸다. 머리를 숙이고 어깨가 처지고 산만하게 걷는 사람은 의욕이 없고 실의에 빠진 사람이다. 고개를 들고 어깨와 허리를 펴고 당당하게 걸으라. 그러면 자신과 용기가 솟아나게 마련이다. 또한 가정은 가족들의 안식처다. 항상 깨끗이 청소하고 모든 것을 제자리에 정돈하여 행복과 가정의 평화가 감돌도록 해야 한다.

作事必謀始 出言必顧行:일은 계획을 세운 다음 시작하고, 말은 실천할 수 있는지를 생각하고 하라. 무슨 일이나 덮어놓고 하다보면 실패의 쓴 잔을 마시게 된다. 큰 일이나 작은 일이나 반드시 계획부터 세우고 나서 시작하는 습관을 붙이는 것이 좋다. 말로 떡을 하면 온 천하가 다 먹을 수 있다는 말이 있다. 말은 절대로 함부로 할 것이 못된다. 행동이 말을 따라가야지 말만 있고 행동이 따르지 못하면 신의를 얻기 어렵다.

常德必固持 然諾必重應:항상 덕을 굳게 지니고, 승낙은 신중하게 하라. 노자(老子)는 《도덕경(道德經)》에서 "道라고 일러지는 道는 변함없는 道가 아니다.(道可道 非常道)"라고 말했다. 상덕(常德)은 변함없는 덕이다. 덕은 올바르고 선한 마음에서 우러나온다. 그러므로 인간은 잠시도 덕에서 떠나서는 안 된다. 또 승낙은 함부로 해서는 안된다. 신중히 생각하여 번복하지 않을 자신이 섰을 때 승낙해야 한다.

見善如己出 見惡如己病:착함을 보거든 내가 행한 것같이 생각하고, 악함을 보거든 내 몸의 병처럼 생각하라. 다른 사람의 선행을 보면 이를 시기하고 질투하는 사람들이 많다. 그러나 올바른 마음을 가꾸어 나가는 사람은 다른 사람의 선행을 마치 자신의 선행처럼 대견하게 생각한다. 다른 사람의 선행을 보면서 자신도 더욱 선행에 힘쓰도록

노력해야 한다. 또 다른 사람의 악행을 보고 쾌재를 부르는 사람들도 있다. 다른 사람의 악행을 보면 마치 병균을 멀리하듯 피하여 악에 물들지 않도록 조심해야 한다.

　이상의 열네 항목은 누구나 아직 깊이 깨달아 제대로 실천하지 못하고 있는 요소들이다. 모두가 좌우명으로 삼아 스스로 경계하도록 힘써야 할 것이다.

范益謙 座右銘曰 一不言朝廷利害邊報差除 二不
범익겸 좌우명왈 일불언조정이해변보차제 이불

言州縣官員長短得失 三不言衆人所作過惡之事
언주현관원장단득실 삼불언중인소작과악지사

四不言仕進官職趨時附勢 五不言財利多少厭貧求
사불언사진관직추시부세 오불언재리다소염빈구

富 六不言淫媒戲慢評論女色 七不言求覓人物干
부 육불언음설희만평론여색 칠불언구멱인물간

索酒食. 又人付書信 不可開坼沈滯 與人並坐 不
색주식 우인부서신 불가개탁침체 여인병좌 불

可窺人私書 凡入人家 不可看人文字 凡借人勿 不
가규인사서 범입인가 불가간인문자 범차인물 불

可損壞不還 凡喫飮食 不可揀擇去取 與人同處 不
가손괴불환 범끽음식 불가간택거취 여인동처 불

可自擇便利 凡人富貴 不可歎羨詆毁 凡此數事 有
가자택편리 범인부귀 불가탄선저훼 범차수사 유

犯之者 足以見 用心之不正 於正心修身 大有所害
범지자 족이견 용심지부정 어정심수신 대유소해

因書以自警.
인서이자경

범익겸(范益謙)의 좌우명에 이렇게 씌어 있다.

"첫째, 조정에 있어서의 이해관계와 변방에서의 보고와 관직의 임명에 대하여 말하지 말아야 하고, 둘째, 주(州)와 현(縣)의 관리들의 장단점과 득실에 대하여 말하지 말아야 하고, 셋째, 여러 사람들이 저지른 잘못과 악한 일을 말하지 말아야 하고, 넷째, 벼슬하여 관직에 나아감과 시기를 따라 권세에 아부함을 말하지 말아야 하고, 다섯째, 재물과 이익의 많고 적음과 가난을 싫어하고 부(富)를 구함을 말하지 말아야 하고, 여섯째, 음탕한 희롱과 여색 평론함을 말하지 말아야 하고, 일곱째, 남의 물건을 탐내어 구하거나 술과 음식을 구하여 찾음을 말하지 말아야 한다.

또한 다른 사람이 부친 편지를 뜯어보거나 지체시키지 말아야 하고, 다른 사람과 나란히 앉아 남의 사사로운 글을 엿보지 말아야 하고, 남의 집에 들어가 남이 지은 글을 보지 말아야 하고, 남의 물건을 빌려 이를 손상시키거나 돌려주지 않거나 하지 말아야 하고, 음식을 먹을 때 가려서 버리거나 취하지 말아야 하고, 다른 사람과 함께 있을 때 자신의 편리만을 택하지 말아야 하고, 다른 사람의 부유하고 귀함을 부러워하거나 헐뜯지 말아야 한다.

무릇 이 몇 가지 일을 범하는 자가 있으면, 족히 그 마음 씀이 바르지 못함을 알 수 있으며 마음을 바르게 하고 몸을 닦는 데 크게 해로운 바가 있다. 그러므로 이 글을 써놓고 스스로를 경계하려 한다."

【글자 뜻】范:법 범. 謙:겸손할 겸. 廷:조정 정. 邊:갓 변. 報:갚을 보, 알릴 보. 差:다를 차, 사신 보낼 차. 除:제할 제, 벼슬 줄 제. 州:고을 주. 縣:고을 현. 衆:무리 중. 過:지날 과, 허물 과. 仕:벼슬 사. 趨:따를 추. 厭:싫어할 염. 貧:가난할 빈. 淫:음탕할 음. 媟:버릇없이 굴 설. 戱:희롱할 희. 慢:거만할 만, 방자할 만. 評:평가할 평. 覓:찾을 멱. 干:방패 간, 찾을 간. 索:찾을 색. 坼:뜯을 탁. 沈:잠길 침. 성씨 심. 滯:막힐 체. 窺:엿볼 규. 借:빌릴 차. 壞:무너질 괴. 還:돌아올 환. 喫:먹을 끽. 揀:간할 간, 가릴 간. 擇:가릴 택. 去:갈 거, 버릴 거. 取:취할 취. 歎:탄식할 탄. 羨:부러워할 선. 詆:흉볼 저. 毁:헐 훼. 犯:범할 범. 修:닦을 수. 因:인할 인.
【말의 뜻】范益謙:인물과 시대는 알 수 없음. 不言:말하지 않음. 朝廷利

害:조정의 이익과 손해. 邊報:변방의 보고. 差除:관직을 임명함. 過
惡之事:잘못하고 악한 일. 仕進官職:벼슬하여 관직에 나아감. 趨時
附勢:시기를 따라 권세에 아부함. 厭貧求富:가난을 싫어하고 부를 구
함. 淫媟戲慢:음탕하고 버릇없이 굴어 희롱하고 방자함. 評論女色:
여색을 평론함. 求覓人物:남의 물건을 차지하려 구함. 干索:찾아 구
함. 開坼:뜯어 봄. 沈滯:묵혀 둠. 窺人私書:남의 사사로운 글을 엿
봄. 看人文字:남이 지은 글을 봄. 借人物:남의 물건을 빌림. 損壞不
還:파괴하거나 돌려주지 않음. 揀擇:가림. 去取:버리고 취함. 自擇
便利:자기의 편리한대로 함. 歎羨詆毁:부러워하거나 헐뜯음. 足以
見:충분히 알 수 있음. 用心:마음을 씀. 正心修身:마음을 바르게 잡
고 몸을 닦음. 大有所害:크게 해로운 바가 있음. 自警:스스로 경계
함.

【뜻 풀이】 이것은 범익겸(范益謙)이 좌우명으로 삼고 있는 열네 가지이
다.

공자는 《논어》에서 "그 지위에 있지 않거든 그 정사를 논의하지 말
라.(不在其位 不謨其政)"고 말씀하셨다. 첫째 항목과 둘째 항목은 국
정이나 지방 행정에 함부로 관여하는 말을 삼가겠다는 뜻이다. 셋째
항목의 여러 사람이 함께 저지른 잘못이나 악행을 말하지 않겠다는
것은 자칫하면 여러 사람들의 미움이나 싫어함을 당하기 쉽기 때문
이다.

넷째 항목의 관직에 나아감과 권세에 아부하는 말을 하지 않겠다는
것은 부당한 관직과 권세를 탐냄으로써 타고난 올바른 마음을 흔들리
게 하지 않겠다는 생각이다. 세상 사람들은 가난을 싫어하고 부를 구
하여 재물과 이득을 추구하거니와 다섯째 항목은 부당한 재물을 탐내

는 일에 마음을 빼앗기지 않겠다는 뜻이다.

여섯째 항목은 음탕한 희롱과 여색을 들추는 말을 하면 자연히 마음이 이에 물들게 되기 때문이며, 일곱째 항목은 남의 물건을 탐내고 술을 즐기면 마음과 몸을 망치게 되기 쉽기 때문이다.

여덟째 항목은 남의 편지를 뜯어보거나 지체시키지 말아야 하고, 아홉째 항목은 남의 사사로운 글을 엿보지 말아야 하고, 열 번째 항목은 남의 집에 들어갔을 때 남이 지은 글을 보지 말아야 함을 말하고 있다. 열한 번째 항목은 남의 물건을 빌려왔으면 그것을 파손하거나 돌려보내지 않는 일이 있어서는 안 되며, 열두 번째 항목은 음식을 가려 먹지 말아야 할 것을 말하고 있다.

열세 번째 항목은 사람들과 함께 행동할 때 자기의 편리한 길만을 택해서는 안 되며, 열네 번째 항목은 다른 사람의 부귀함을 부러워하거나 헐뜯어서는 안 된다는 것을 말하고 있다.

이상의 열네 가지 일을 하나라도 저지르는 사람이 있으면, 이는 곧 그 사람의 마음가짐이 올바르지 못하다는 것을 알 수가 있다. 이런 사람은 내가 마음을 올바르게 지니고 몸을 닦는 데 큰 해독을 끼치는 사람이다. 그러므로 이 글을 써서 자리 오른쪽에 붙여 놓고 항상 내 자신의 경계로 삼음은 물론, 이를 범하는 사람을 가까이하지 않도록 경계하는 바이다.

武王問太公曰 人居世上 何得貴賤貧富不等. 願聞
무왕문태공왈 인거세상 하득귀천빈부부등 원문

說之 欲知是矣. 太公曰 富貴如聖人之德 皆由天
설지 욕지시의 태공왈 부귀여성인지덕 개유천

命 富者用之有節 不富者家有十盜.
명 부자용지유절 불부자가유십도

무왕(武王)이 태공에게 이렇게 물었다.

"사람이 세상에 삶에 어찌하여 귀천과 빈부가 같지 않습니까? 원컨대 말씀을 들어 이를 알고자 합니다."

그러자 태공이 이렇게 대답했다.

"부(富)와 귀(貴)는 마치 성인의 덕과 같아서 다 천명에 달려있거니와, 부한 사람은 쓰는 것이 절도가 있고, 부하지 못한 사람은 집에 열 가지 도둑이 있습니다."

【글자 뜻】居:살 거. 等:등급 등, 무리 등, 같을 등. 由:말미암을 유. 節:
　　마디 절, 절약할 절. 盜:도둑 도.

【말의 뜻】武王:주(周)나라 문왕(文王)의 아들. 은(殷)나라의 폭군인 주
　　(紂)를 멸하고 주왕조(周王朝)를 세웠음. 太公:강태공(姜太公). 이름
　　은 여상(呂尙). 무왕(武王)의 왕사(王師)로 무왕을 도와 주왕조(周王
　　朝)를 세웠음. 人居世上:사람이 세상에 살음. 何得:어찌 능히. 得은
　　별 뜻이 없음. 不等:같지 않음. 願聞說之:원컨대 말씀을 들려주소서.
　　欲知是矣:이를 알고자 하나이다. 矣는 어조사. 皆由天命:다 천명(天
　　命)에 달려 있음. 用之有節:씀씀이에 절도가 있음. 家有十盜:집에 열

가지 도둑이 있음.

【뜻 풀이】강태공(姜太公)은 원래 위수(渭水) 물가에서 낚시질을 하던 현
인(賢人)으로, 주문왕(周文王)을 만나 등용되었다.

　　무왕(武王)이 스승인 태공에게,

　　"다 같은 사람인데 어찌하여 어떤 사람은 귀하고 어떤 사람은 천하
며 어떤 사람은 부하고 어떤 사람은 가난한가?"

　　하고 물었다. 이 물음에 대하여 태공은,

　　"원래 부귀는 하늘이 정해준 운명에 달린 것으로, 부한 사람은 재물
을 절약하여 쓰고 가난한 사람은 집안에 열 가지 도둑이 있다."

　　하고 대답했다.

12

> 武王曰 何謂十盜. 太公曰 時熟不收爲一盜 收積
> 무왕왈 하위십도 태공왈 시숙불수위일도 수적
>
> 不了爲二盜 無事燃燈寢睡爲三盜 慵懶不耕爲四
> 불료위이도 무사연등침수위삼도 용나불경위사
>
> 盜 不施功力爲五盜 專行巧害爲六盜 養女太多爲
> 도 불시공력위오도 전행교해위육도 양녀태다위
>
> 七盜 晝眠懶起爲八盜 貪酒嗜慾爲九盜 强行嫉妬
> 칠도 주면나기위팔도 탐주기욕위구도 강행질투
>
> 爲十盜.
> 위십도

무왕(武王) 이 다시 물었다.

"무엇을 열 가지 도둑이라 합니까?"

그러자 태공이 이렇게 대답했다.

"곡식이 익은 것을 제때에 거두어들이지 않는 것이 첫째 도둑이요, 거두어들인 곡식 쌓는 것을 끝내지 않는 것이 둘째 도둑이요, 일 없이 등불을 켜놓고 잠자는 것이 셋째 도둑이요, 게을러서 밭 갈지 않는 것이 넷째 도둑이요, 공력(功力)을 베풀지 않는 것이 다섯째 도둑이요, 간교하고 해로운 일만 하는 것이 여섯째 도둑이요, 딸들을 너무 많이 기르는 것이 일곱째 도둑이요, 낮잠을 자고 늦게 일어나는 것이 여덟째 도둑이요, 술을 탐내고 욕심을 즐기는 것이 아홉째 도둑이요, 몹시 질투하는 것이 열 번째 도둑입니다."

【글자 뜻】謂:이를 위. 熟:익을 숙. 收:거둘 수. 積:쌓을 적. 了:마칠 료. 燃:사를 연. 燈:등불 등. 寢:잘 침. 睡:잘 수. 慵:게으를 용. 懶:게으를 나. 耕:밭 갈 경. 施:베풀 시. 功:공 공. 專:오로지 전. 巧:공교할

교. 太:콩 태, 클 태, 심할 태. 晝:낮 주. 眠:잘 면. 起:일어날 기. 貪:
탐할 탐. 嗜:즐길 기. 慾:욕심 욕. 嫉:시기할 질. 妬:시기할 투.

【말의 뜻】時熟:제때가 되어 곡식이 익음. 不收:거두어들이지 않음. 收
積:거두어들인 곡식을 쌓아서 잘 간수함. 不了:끝내지 않음. 燃燈寢
睡:등불을 켜놓고 잠을 잠. 慵懶不耕:게을러서 밭 갈지 않음. 不施
功力:농사에 힘쓰지 않음. 專行:그 일만 함. 巧害:간교하고 해로운
일. 養女太多:딸들을 너무 많이 낳아 기름. 晝眠:낮잠. 懶起:늦게
일어남. 貪酒:술을 탐내어 마심. 嗜慾:욕심을 탐내어 즐김. 强行:심
하게 함. 嫉妬:남을 시기하고 질투함.

【뜻 풀이】부자가 되는 길은 부지런히 일하고 검소한 생활로 물자를 절약
하는 데 있다. 그런데 게을러서 일하기를 싫어하고 또 낭비를 일삼는
다면 언제까지나 가난에서 벗어나지 못할 것이다. 태공(太公)은 이에
대하여 열 가지 도둑으로 비유해서 말하고 있다.

첫째, 익은 곡식을 제때에 거두어들이지 않는 것.

둘째, 거두어들인 곡식을 잘 간수하지 않는 것.

셋째, 일도 없는데 등불을 켜놓고 잠자는 것.

넷째, 천성이 게을러서 봄철에 밭 갈기를 하지 않는 것.

다섯째, 씨 뿌리고 김매고 하는 노력을 기울이지 않는 것.

여섯째, 간사하고 해로운 일만 골라서 하는 것.

일곱째, 밉지 않은 도둑인 딸들을 많이 낳아 기르는 것.

여덟째, 부지런히 일하지 않고서 낮잠을 자고 아침에 늦게 일어나는 것.

아홉째, 술을 탐내어 마시고 노름과 여색에 빠지는 것.

열 번째, 다른 사람의 부유함과 귀하게 됨을 질투하는 것.

武王曰 家無十盜而不富者何如. 太公曰 人家必有
무왕왈 가무십도이불부자하여 태공왈 인가필유

三耗. 武王曰 何名三耗. 太公曰 倉庫漏濫不蓋 鼠
삼모 무왕왈 하명삼모 태공왈 창고누람불개 서

雀亂食爲一耗 收種失時爲二耗 抛撒米穀穢賤爲
작난식위일모 수종실시위이모 포살미곡예천위

三耗.
삼모

무왕이 태공에게 물었다.

"집에 열 가지 도둑이 없는데도 부자가 되지 못하는 것은 어째서 그러합니까?"

태공이 이에 대답했다.

"그런 사람의 집에는 반드시 세 가지 소모가 있습니다."

무왕이 다시 물었다.

"무엇을 세 가지 소모라고 합니까?"

태공이 대답했다.

"창고가 뚫려 있는데도 덮지 않아 쥐와 새들이 마구 먹는 것이 첫째 소모요, 곡식을 거두고 씨 뿌리는 시기를 놓치는 것이 둘째 소모요, 쌀과 곡식을 마구 흩트려 더럽고 천하게 다루는 것이 셋째 소모입니다."

【글자 뜻】 耗:소모할 모.　倉:창고 창.　庫:창고 고.　漏:샐 루.　濫:넘칠 람.　蓋:덮을 개.　鼠:쥐 서.　雀:새 작.　亂:어지러울 란.　種:심을 종, 씨앗 종.　失:잃을 실.　抛:버릴 포.　撒:뿌릴 살.　穀:곡식 곡.　穢:더러

울 예. 賤:천할 천.

【말의 뜻】 何如:어째서 그러한가? 三耗:세 가지 소모. 漏濫不蓋:구멍이
뚫려 새는 것을 덮지 않음. 鼠雀亂食:쥐와 새들이 들어와 마구 먹음.
收種失時:곡식을 거두고 씨 뿌리는 시기를 놓침. 抛撒米穀:쌀과 곡식
을 흘리고 흐트러뜨림. 穢賤:더럽고 천하게 여김.

【뜻 풀이】 무왕이 "집안에 열 가지 도둑이 없는데도 부자가 되지 못하는
것은 무슨 까닭입니까?"하고 묻자, 태공은 "그런 집에는 반드시 세 가
지 소모되는 것이 있기 때문입니다."하고 대답했다.
　세 가지 소모되는 것이란 첫째, 곡식을 쌓아 둔 창고에 구멍이 뚫려
있는데도 그것을 막지 않아 쥐와 새들이 들어가 곡식을 마구 먹어 치
우는 것이고 둘째, 곡식의 씨앗을 뿌리고 수확하는 시기를 놓쳐 생산
량이 감소되는 일이고 셋째, 곡식을 천하게 여겨 함부로 흘리는 일이
라고 말했다.
　사람은 곡식과 음식을 소중히 알아야 한다. 밥이나 음식은 알맞게
만들어 밥알 하나, 음식 한 가지라도 버리는 일이 없도록 검소하고 절
약하는 생활을 해야 하겠다.

14

武王曰 家無三耗而不富者何如. 太公曰 人家必有
무 왕 왈 가 무 삼 모 이 불 부 자 하 여   태 공 왈   인 가 필 유

一錯二誤三痴四失五逆六不祥七奴八賤九愚十强
일 착 이 오 삼 치 사 실 오 역 육 불 상 칠 노 팔 천 구 우 십 강

自招其禍 非天降殃.
자 초 기 화 비 천 강 앙

무왕이 다시 물었다.

"집에 세 가지 소모가 없는데도 부자가 되지 못하는 것은 어찌하여 그러합니까?"

그러자 태공(太公)이 이렇게 대답했다.

"그런 사람의 집에는 반드시 一착(錯)과 二오(誤)와 三치(痴)와 四실(失)과 五역(逆)과 六불상(不祥)과 七노(奴)와 八천(賤)과 九우(愚)와 十강(强)이 있어서, 스스로 그 재앙을 불러들이는 것이지 하늘이 재앙을 내리는 것이 아닙니다."

【글자 뜻】錯:그릇될 착. 誤:그릇될 오. 痴:어리석을 치. 逆:거스릴 역.
祥:상서로울 상. 奴:종 노. 愚:어리석을 우. 招:부를 초. 禍:재앙
화. 降:내릴 강. 殃:재앙 앙.

【말의 뜻】一錯:첫째 그릇됨. 二誤:둘째 그릇됨. 三痴:셋째 어리석음.
四失:넷째 과실. 五逆:다섯째 거역. 六不祥:여섯째 상서롭지 못함.
七奴:일곱째 상스러움. 八賤:여덟째 천함. 九愚:아홉째 어리석음.
十强:열째 억지. 自招其禍:스스로 그 재앙을 불러들임. 非天降殃:하
늘이 재앙을 내리는 것이 아님.

【뜻 풀이】 무왕은 다시, 집안에 세 가지 소모가 없는데도 부자가 되지 못하는 것은 무슨 까닭이냐고 물었다. 이에 태공은 그런 집에는 반드시 열 가지 잘못 즉, 1착 · 2오 · 3치 · 4실 · 5역 · 6불상 · 7노 · 8천 · 9우 · 10강이 있어서, 하늘이 재앙을 내리는 것이 아니라 스스로 재앙을 불러들이는 것이라고 대답했다.

결국 부자가 되기 위해서는 첫째, 집안에 열 가지 도둑이 없어야 하고 둘째, 세 가지 소모가 없어야 하고 셋째, 열 가지 잘못이 없어야 한다는 것이다. 비록 시대는 다르지만 누구나 깊이 명심해야 할 것이다.

그러면 다음에서 열 가지 잘못에 대하여 알아보기로 하자.

15

武王曰 願悉聞之. 太公曰 養男不敎訓爲一錯 嬰孩
무왕왈 원실문지 태공왈 양남불교훈위일착 영해

不訓爲二誤 初迎新婦不行嚴訓爲三痴 未語先笑爲
불훈위이오 초영신부불행엄훈위삼치 미어선소위

四失 不養父母爲五逆 夜起赤身爲六不祥 好挽他
사실 불양부모위오역 야기적신위육불상 호만타

弓爲七奴 愛騎他馬爲八賤 喫他酒勸他人爲九愚
궁위칠노 애기타마위팔천 끽타주권타인위구우

喫他飯命朋友爲十强. 武王曰 甚美誠哉是言也.
끽타반명붕우위십강 무왕왈 심미성재시언야

이에 무왕이 이렇게 말했다.

"원컨대 그 내용을 모두 들려주시기를 바랍니다."

그러자 태공이 이렇게 대답했다.

"아들을 기르면서 가르치지 않는 것이 첫째 잘못이요, 어린아이들을 훈계하지 않는 것이 둘째 잘못이요, 새 며느리를 처음 맞아들여 엄한 훈계를 하지 않는 것이 셋째 어리석음이요, 말하기도 전에 먼저 웃는 것이 넷째 과실이요, 부모를 봉양하지 않는 것이 다섯째 거역이요, 밤에 벌거벗은 몸으로 일어나는 것이 여섯째 상서롭지 못함이요, 다른 사람의 활 당기기를 좋아하는 것이 일곱째 천함이요, 다른 사람의 말 타기를 좋아하는 것이 여덟째 천함이요, 남의 술을 얻어먹으면서 다른 사람에게 권하는 것이 아홉째 어리석음이요, 남의 밥을 얻어먹으면서 친구에게 권하는 것이 열째 억지가 되나이다."

이 말을 듣고 무왕이 말했다.

"몹시 아름답고도 진실되도다, 그 말씀이여!"

【글자 뜻】悉:다 실. 養:기를 양. 訓:가르칠 훈. 錯:어긋날 착, 그릇될 착. 嬰:어릴 영. 孩:어릴 해. 迎:맞을 영. 嚴:엄할 엄. 笑:웃을 소. 起:일어날 기. 赤:붉을 적. 挽:당길 만, 말릴 만. 弓:활 궁. 騎:말 탈 기. 喫:먹을 끽 勸:권할 권. 飯:밥 반. 朋:벗 붕. 强:강할 강, 억지 강. 甚:심할 심. 誠:정성 성, 진실로 성. 哉:어조사 재.

【말의 뜻】願悉聞之:다 듣기를 바람. 養男:아들을 기름. 不敎訓:가르치지 아니함. 嬰孩:어린 아이. 初迎新婦:새 며느리를 처음 맞아들임. 不行嚴訓:엄한 훈계를 행하지 않음. 未語先笑:말하기 전에 웃기부터 함. 不養父母:부모를 봉양하지 아니함. 夜起赤身:밤에 벌거벗은 몸으로 일어남. 他弓:다른 사람의 활. 愛騎:말 타기를 좋아함. 喫他酒勸他人:남의 술을 얻어먹으면서 다른 사람에게 권함. 命朋友:친구에게 먹으라고 권함. 甚美誠哉:몹시 아름답고 진실되도다. 哉는 감탄어미. 是言:이 말.

【뜻 풀이】이 글은 우리가 흔히 저지르기 쉬운 열 가지 잘못에 대한 것이다.

자녀의 교육은 어릴 때부터 올바로 시켜야 한다. 교육은 크게 나누면 가정교육·학교 교육·사회 교육으로 이루어져 있다. 이중에서도 가장 중요한 것이 가정교육이다. 특히 요즈음의 젊은이들은 자녀를 귀여워하고 사랑할 줄은 알면서도 교육을 제대로 시키는 사람이 적은 것 같다.

교육은 학교에서 맡는 것으로 착각하는 사람들이 많다. 물론 '아는 것이 힘이다.' 그러나 아는 것보다 더 중요한 것이 있으니, 그것은 곧 인간성의 도야(陶冶)이다. 어릴 때부터 올바른 마음을 길러 주고 착한 행실을 하도록 꾸준한 노력을 기울여야만 비로소 훌륭한 인격이 이루어지게 된다.

이와 같은 인격 위에 아는 것이 많을 때 비로소 자기 자신과 가정과 이웃과 국가와 민족을 위해서 보람 있는 일을 할 수 있다. 만일 인간성이 비뚤어진 사람이 아는 것이 많다면, 그는 그 지식을 오히려 악한 면으로 이용하여 자기 자신을 망치고 집안을 망치고 사회와 국가를 좀먹게 된다.

요즈음 전인 교육(全人敎育)이란 말이 사람들의 입에 자주 오르내리고 있거니와, 전인 교육을 실시할 수 있는 곳은 오직 가정뿐이다. 그리고 귀여운 자녀에게 전인 교육을 실시하려면 우선 부모의 마음과 행실이 올바르고 선량해야 함을 잊어서는 안 된다.

새 며느리를 맞이하면 우선 내 집안 가풍(家風)에 따르도록 가르쳐야 한다. 성인(成人)이 지나도록 다른 부모 밑에서, 그리고 다른 가정의 법도 밑에서 자랐기 때문에 처음부터 잘 선도하지 않으면 안 된다. 그렇지만 며느리도 내 자식이기에 우선 사랑하는 마음이 앞서야 한다. 잘못하면 시부모나 동기간 사이에 화목하지 못하게 되기 쉽다.

그리고 말하기 전에 웃음부터 웃는 실없는 사람, 부모를 잘 봉양하지 않는 사람, 밤에 벌거벗은 맨몸으로 일어나는 사람, 남의 물건 빌려 쓰기를 좋아하는 사람, 남의 술이나 밥을 얻어먹으면서 다른 사람에게 권하는 사람, 이와 같은 실수나 잘못을 저지르는 사람이 되지 않도록 조심해야 한다.

태공의 이와 같은 말을 듣고 난 무왕은, "선생님의 말씀은 정말로 아름답고 진실되도다!"하고 감탄했다.

제14장
치정편
(治政篇)

관리가 정치와 행정을 다스리는 길.

처음에 관직에 임명된 선비라도 진실로 물자를 사랑하는 마음이 있으면 사람들에게 반드시 구제하는 바가 있다.

아래에 있는 백성들을 학대하기는 쉽지만, 위에 있는 푸른 하늘은 속이기 어렵다.

관리가 된 사람이 지켜야 할 법이 오직 세 가지 있으니, 청렴함과 신중함과 근면함이다. 이 세 가지를 알면 어떻게 처신해야 하는지를 알 수 있게 된다.

임금 섬기기를 부모 섬기듯 하며, 상관 섬기기를 형 섬기듯 하며, 동료 대하기를 집안 식구 대하듯 하며, 백성 사랑하기를 내 처자같이 하라.

백성들로 하여금 각각 그들의 뜻을 펼 수 있게 해야 한다.

내 몸을 바르게 하고 남을 바르게 해야 한다.

1

明道先生曰 一命之士 苟有存心於愛物 於人必有所濟.
명 도 선 생 왈 일 명 지 사 구 유 존 심 어 애 물 어 인 필 유 소 제

　명도 선생(明道先生)이 이렇게 말했다.

　"처음에 관직에 임명된 선비라도 진실로 물자를 사랑하는 마음이 있으
면 사람들에게 반드시 구제하는 바가 있다."

【글자 뜻】命:목숨 명, 명할 명.　苟:진실로 구.　存:있을 존.　濟:건널 제,
　구제할 제.

【말의 뜻】明道先生:성은 정(程). 이름은 호(顥). 송(宋)나라의 학자로 성
　리학(性理學)을 발전시켰음. 아우 정이(程頤)와 아울러 정자(程子)라
　고 일컬어지며 명도 선생(明道先生)이라고도 함.　一命之士:처음으로
　관직의 임명을 받은 선비.　存心:마음에 둠.　於人:사람들에게. 백성들
　에게. 於는 ~에게(~에서)의 뜻을 가진 어조사.

【뜻 풀이】나라를 다스리는 정치란 봉건사회에 있어서나 민주사회에 있
　어서나 백성들의 생활 안정과 교화(敎化)를 근본으로 삼아야 한다. 그
　러므로 비록 처음으로 관직에 임명된 하급 관리라도 물자를 사랑하고
　아끼는 일에 마음을 두고 있다면, 자연히 백성들의 생활 안정에 이바
　지하는 바가 있게 마련이다.

2

唐太宗御製云 上有麾之 中有乘之 下有附之 幣帛
당 태종 어 제 운 상 유 휘 지 중 유 승 지 하 유 부 지 폐 백

衣之 倉廩食之 爾俸爾祿 民膏民脂. 下民易虐 上
의 지 창 름 식 지 이 봉 이 록 민 고 민 지 하 민 이 학 상

蒼難欺.
창 난 기

당(唐)나라 태종(太宗)이 지은 글에 이렇게 씌어 있다.

"위에 지휘하는 사람이 있고 가운데 다스리는 관리가 있고 아래에 따
르는 백성들이 있어, 예물로 받은 비단을 입고 창고에 있는 곡식을 먹으
니, 너희들의 봉록(俸祿)은 곧 백성들의 기름이다. 아래에 있는 백성들을
학대하기는 쉽지만, 위에 있는 푸른 하늘은 속이기 어렵다."

【글자 뜻】唐:당나라 당. 宗:마루 종. 御:어거할 어, 모실 어. 製:지을
제. 麾:두를 휘. 乘:탈 승, 꾀 승. 附:붙을 부, 따를 부. 幣:폐백 폐.
帛:비단 백. 倉:곳간 창. 廩:곳간 름. 爾:너 이. 俸:녹 봉. 祿:녹 록.
膏:기름 고. 脂:기름 지. 虐:사나울 학. 蒼:푸를 창. 欺:속일 기.

【말의 뜻】唐太宗:당(唐)나라 2대 임금. 이름은 이세민(李世民). 나라를
잘 다스리고 백성을 몹시 사랑했음. 御製:임금이 지은 글. 麾之:지휘
함. 乘之:백성을 다스림. 附之:따름. 幣帛:예물로 받은 비단. 衣之:
옷을 만들어 입음. 倉廩:창고. 爾俸爾祿:너희들이 받는 녹. 民膏民
脂:백성들의 기름. 下民易虐:아래 있는 백성들은 학대하기 쉬움. 上
蒼:위에 있는 푸른 하늘. 難欺:속이기 어려움.

【뜻 풀이】 당태종(唐太宗)은 백성들을 몹시 사랑하여 나라를 잘 다스린 임금으로, 이 글은 모든 관리들을 경계한 것이다.

위에는 명령을 내리는 임금이 있고, 가운데는 그 명령을 받들어 백성을 다스리는 관리들이 있고, 밑에는 관리들의 지시에 따르는 백성들이 있다. 그런데 높고 낮은 관리들은 백성들이 세금으로 바치는 비단으로 옷을 해 입고 곡식으로 먹고 살아간다.

그러므로 그대들이 받는 봉급과 녹은 모두가 백성들의 피땀이 어린 기름인 것이다. 마땅히 백성들이 잘살 수 있도록 백성을 근본으로 삼고, 백성을 위하는 정치를 베풀어야만 한다. 어리석은 백성들을 못살게 구는 관리가 있다면 하늘이 그대로 내버려두지 않을 것이다.

3

童蒙訓曰 當官之法 唯有三事 曰淸曰愼曰勤. 知此
동몽훈왈 당관지법 유유삼사 왈청왈신왈근 지차
三者 知所以持身矣.
삼자 지소이지신의

《동몽훈(童蒙訓)》에 이렇게 씌어 있다.

"관리가 된 사람이 지켜야 할 법이 오직 세 가지 있으니, 청렴함과 신
중함과 근면함이다. 이 세 가지를 알면 어떻게 처신해야 하는지를 알 수
있게 된다."

【글자 뜻】童:아이 동. 蒙:어릴 몽. 當:마땅 당, 당할 당. 唯:오직 유.
愼:삼갈 신. 勤:부지런할 근. 持:가질 지.

【말의 뜻】童蒙訓:송(宋)나라의 여본중(呂本中)이 아이들을 가르치기 위
하여 꾸민 책의 이름. 當官:관리가 됨. 所以:까닭. 하는 바. 持身:몸
가짐. 처신함.

【뜻 풀이】관리들이 관직에 나아감에 있어 지켜야 할 법이 세 가지가 있
다. 그것은 곧 청렴함과 신중함과 부지런함이다.

관리가 만일 청렴결백하지 못하다면 부정을 저지르고 뇌물 받기를
좋아하게 되어, 나라의 기강이 어지러워지고 백성들은 등을 돌리게
될 것이다. 그러므로 백성들의 봉사자인 관리들은 우선 청렴결백한
지조를 굳게 지켜야만 하는 것이다. 그리고 관청의 일은 공명정대하
고 신중하게 처리해야 한다. 어떤 백성에게는 후하게 하고 어떤 백성

에게는 박하게 하는 일이 있어서는 안 되며 항상 조심해서 처리해야 한다. 그리고 관리는 근면하고 성실해야 한다. 만일 관리가 게으르다면 직무에 소홀하게 되어 여러 가지 폐단이 생기게 된다.

4

當官者 必以暴怒爲戒 事有不可 當詳處之 必無不
당 관 자 필 이 폭 노 위 계 사 유 불 가 당 상 처 지 필 무 부
中若先暴怒 只能自害 豈能害人.
중 약 선 폭 노 지 능 자 해 기 능 해 인

관직을 맡은 관리는 반드시 사납게 성내는 것을 경계하여, 일에 옳지 않음이 있거든 마땅히 자상하게 처리하면 반드시 맞아들지 않음이 없거니와, 만약 먼저 사납게 화를 내면 단지 자신을 해칠 뿐, 어찌 다른 사람을 해치게 되랴.

【글자 뜻】暴:사나울 폭. 怒:성낼 노. 戒:경계할 계. 詳:자세할 상. 中: 가운데 중, 맞을 중. 若:같을 약, 만약 약. 只:다만 지. 豈:어찌 기.

【말의 뜻】暴怒:사납게 성냄. 爲戒:경계로 삼음. 不可:옳지 않음. 詳處 之:자상하게 처리함. 不中:들어맞지 않음. 自害:스스로를 해침. 害 人:다른 사람을 해침.

【뜻 풀이】《영웅전》으로 유명한 플루타르크는 "분노를 억제하지 못하는 것은 수양이 부족하다는 표시다."라고 말했고 또 베르길리우스는 "심

한 분노는 본심을 빼앗아 간다."고 말했다. 인간은 화가 나면 이성을 잃게 된다. 이와 같이 감정이 극단으로 치달리고 있을 때는 사물의 이치를 제대로 분별하지 못하여 뜻하지 않은 실수를 저지르게 된다. 분노는 오직 자기 자신의 몸과 마음을 해칠 뿐이다.

그러므로 화가 날 때에는 참는 것이 제일이다. 화가 나거든 우선 심호흡을 세 번쯤 해 보라. 심호흡을 하면 화는 자연히 가라앉게 된다. 제퍼슨은 "화가 났을 때에는 말하기 전에 열을 세라. 더욱 화가 났을 때에는 백을 세라."고 말했다. 그것도 좋은 방법이다. 이 책의 '계성편(戒性篇)'에서는 "한때의 분함을 참으면 백 날의 근심을 면할 수 있다."고 말하고 있다.

5

事君如事親 事長官如事兄 與同僚如家人 待群吏
사군여사친　사장관여사형　여동료여가인　대군리
如奴僕 愛百姓如妻子 處官事如家事 然後能盡吾
여노복　애백성여처자　처관사여가사　연후능진오
之心 如有毫末不至 皆吾心有所未盡也.
지심　여유호말부지　개오심유소미진야

임금 섬기기를 부모 섬기듯 하며, 상관 섬기기를 형 섬기듯 하며, 동료 대하기를 집안 식구 대하듯 하며, 부하 대접하기를 내 집 노복같이 하며, 백성 사랑하기를 내 처자같이 하며, 관청 일 처리하기를 내 집안일같이 한 뒤에라야 능히 내 마음을 다했다 할 수 있나니, 만일 털끝만치라도 이르지 못한 것이 있으면 이는 다 내 마음에 다하지 못한 바가 있기 때문이다.

【글자 뜻】 事:일 사, 섬길 사.　與:더불 여.　僚:동료 료.　群:무리 군.　奴: 종 노.　僕:종 복.　盡:다할 진.　毫:터럭 호.　末:끝 말.　皆:다 개.

【말의 뜻】 事君:임금을 섬김.　事親:부모를 섬김.　長官:상관.　與同僚:동료들과 어울림.　群吏:여러 하급관리.　能盡:능히 다할 수 있음.　如:만일.　毫末:터럭의 끝.　不至:이르지 못함. 부족함.　未盡:다하지 못함.

【뜻 풀이】 이 글은 관직에 있는 사람이 취해야 할 태도를 설명하고 있다. 관직에 있는 사람은 마음으로부터 임금 섬기기를 내 부모 섬기듯 해야 하고, 상관 섬기기를 내 형 섬기듯 해야 하고, 동료들과는 내 집안 식구들처럼 화목하게 지내야 하고, 부하들을 내 집 종들처럼 사랑해

야 하고, 백성들을 내 처자처럼 사랑해야 하고, 국가의 일을 내 집안 일처럼 성의를 기울여 처리해야 한다.

이렇게 해야만 비로소 내 마음을 다했다 할 수 있다. 그렇더라도 만일 털끝만치라도 부족한 점이 있다면 이것은 다 내가 마음을 다하지 못한 바가 있기 때문이다.

6

或問 簿佐令者也 簿欲所爲 令或不從奈何. 伊川
혹문 부좌영자야 부욕소위 영혹부종내하 이천

先生曰 當以誠意動之. 今令與簿不和 便是爭私意
선생왈 당이성의동지 금영여부불화 변시쟁사의

令是邑之長 若能以事父兄之道 事之過則歸己 善
영시읍지장 약능이사부형지도 사지과즉귀기 선

則唯恐不歸於令 積此誠意 豈有不動得人.
즉유공불귀어영 적차성의 기유부동득인

어떤 사람이 이렇게 물었다.

"부(簿)는 영(令)을 보좌하는 사람이온데, 부(簿)가 하고자 하는 바를 영(令)이 혹시 따르지 않는다면 어떻게 해야 합니까?"

이에 이천 선생(伊川先生)이 이렇게 대답했다.

"마땅히 성의를 가지고 그를 움직여야 한다. 이제 영(令)과 부(簿)가 화목하지 못한 것은 곧 사사로운 생각으로 다투는 것이다. 영(令)은 한 고을의 어른이니 만일 능히 부형(父兄)을 섬기는 도리로써 그를 섬겨, 잘못이 있으면 자기에게로 돌리고 잘한 것이 있으면 오직 영(令)에게로 돌아가지 않을까 봐 두려워하여, 이와 같은 성의를 쌓아 나간다면 어찌 능히 사람을 움직이지 못함이 있으랴."

【글자 뜻】 簿:장부 부, 맡을 부. 佐:도울 좌. 令:하여금 영, 명령 령, 장
관 령. 欲:하고자 할 욕. 奈:어찌 내. 伊:저 이. 誠:정성 성. 便:편
할 편, 곧 변. 爭:다툴 쟁. 邑:고을 읍. 過:지날 과, 허물 과. 歸:돌
아갈 귀. 己:몸 기. 恐:두려울 공. 積:쌓을 적. 得:얻을 득, 능할 득.
【말의 뜻】 伊川先生:이름은 정이(程頤). 송(宋)의 유학자로 성리학을 발
전시켰음. 簿:고을의 장(長)을 보좌하는 직위. 令:고을의 장(長). 현
령(縣令). 欲所爲:하려고 하는 일. 不從:따르지 아니함. 奈何:어떻게
해야 하는가? 便是~:곧 이는 ~이다. 爭私意:사사로운 생각으로 다
툼. 邑之長:고을의 어른. 過則歸己:잘못한 것은 자기에게로 돌림.
唯恐~:오직 ~할 것을 두려워함. 不歸於:令에게로 돌아가지 않음.
積此誠意:이와 같은 성의를 쌓아 나감. 豈有~:어찌 ~함이 있으랴.
不動得人:능히 사람을 움직이지 못함.

【뜻 풀이】 영(令)은 한 고을의 장(長)이고, 부(簿)는 영을 보좌하는 관원이
다. 어떤 사람이 이천 선생(伊川先生)에게,
　　"簿는 令을 보좌하는 사람이온데, 만일 簿가 하려고 하는 일을 令이
따르지 않는다면 簿는 어떻게 해야 합니까?"
　　하고 물었다. 이에 대하여 이천 선생은 이렇게 대답했다.
　　"마땅히 성의를 다하여 令을 움직여야 한다. 令과 簿가 서로 화합하
지 않은 것은 곧 피차간의 의견의 대립에 불과하다. 令은 한 고을의
長이니 簿는 마땅히 父兄을 섬기는 도리로써 令을 섬겨 잘못된 일은
자기의 잘못으로 돌리고 잘한 일은 令의 공로로 돌려, 이와 같이 성의
를 기울여 나간다면 어찌 令의 마음을 움직이지 못하겠는가?"

7

劉安禮問臨民 明道先生曰 使民各得輸其情. 問御吏
유안례문림민 명도선생왈 사민각득수기정 문어리
曰 正己而格物.
왈 정기이격물

　유안례(劉安禮)가 백성을 다스리는 길을 묻자 명도 선생(明道先生)이
이렇게 말했다.

　"백성들로 하여금 각각 그들의 뜻을 펼 수 있게 해야 한다."

　또 관리들을 거느리는 길을 묻자 이렇게 말했다.

　"내 몸을 바르게 하고 남을 바르게 해야 한다."

【글자 뜻】 劉:성 유. 禮:예도 례, 절 례. 臨:임할 림. 使:하여금 사. 輸:
　보낼 수, 알릴 수. 情:뜻 정. 吏:아전 리. 格:이를 격, 바로잡을 격.

【말의 뜻】 劉安禮:송(宋)나라 사람으로 자는 원소(元素). 明道先生:이름
　은 정호(程顥). 이천 선생(伊川先生) 정이(程頤)의 형. 臨民:백성들에
　게 임함. 백성을 다스림. 輸其情:그 뜻(실정)을 관청에 알림. 御吏:관
　리들을 거느림. 正己:자기를 바르게 함. 格物:사물을 궁리함. 남을
　바로잡음.

【뜻 풀이】 정치나 행정은 백성들을 잘살게 하기 위하여 존재하는 것이다.
　그러므로 백성을 다스림에 있어서는 모든 백성들로 하여금 마음 놓고
　각자 자기의 어려운 실정을 관청에 알릴 수 있어야 한다. 이리하여 관
　청에서는 가능한 한 백성들에게 편하게 살 수 있도록 그 어려움을 덜

어 주는 행정을 펴야 한다.

　또 부하 관리들을 잘 거느리려면 우선 자기 자신부터 마음과 행실을 올바로 지녀야 한다. 장관이 청렴결백하고 공평무사하게 처신한다면 밑에 있는 관리들은 자연히 올바른 길을 걸어가기 마련이다. 뇌물이나 좋아하는 탐관오리라면 밑에 있는 부하들도 자연히 이에 물들게되어 기강이 무너지고 만다.

8

抱朴子曰 迎斧鉞而正諫 據鼎鑊而盡言 此謂忠臣也.
포 박 자 왈 영 부 월 이 정 간 거 정 확 이 진 언 차 위 충 신 야

《포박자(抱朴子)》에 이렇게 씌어 있다.

"도끼를 맞더라도 올바로 간하며 가마솥에 들어가더라도 올바른 말을 다한다면, 이를 충신이라 한다."

【글자 뜻】抱:안을 포. 迎:맞을 영. 斧:도끼 부. 鉞:도끼 월. 諫:간할
간. 據:의거할 거, 누를 거. 鼎:솥 정. 鑊:가마 확. 謂:이를 위.
【말의 뜻】抱朴子:진(晋)나라 때 갈홍(葛洪)의 호이며, 그의 저서. 迎斧
鉞:도끼에 맞아 죽음. 正諫:올바른 도리로 간함. 據鼎鑊:끓는 가마
솥에 넣어 죽임을 당함. 盡言:할 말을 다함.

【뜻 풀이】임금의 행실이 올바르지 못할 때에 신하된 사람은 올바른 도리
를 간하여 임금의 악행을 바로잡아야 한다. 설사 도끼에 맞아 죽고 끓
는 가마솥에 삶아져 죽는 한이 있더라도 올바른 도리로 간하는 것이
충신의 도리이다.

제15장
치가편
(治家篇)

집안을 잘 다스려 나가는 길.

무릇 모든 손아랫사람들은 일의 크고 작음에 관계 없이 자기 마음대로
해서는 안 되고, 반드시 집안 어른께 여쭈어보고 해야 한다.

손님의 대접은 불가불 풍성해야 하고, 집안의 살림은 불가불 검소하게
해야 한다.

어리석은 사람은 아내를 두려워하고, 현명한 여인은 남편을 공경한다.

아들이 효성스러우면 부모가 즐겁고, 집안이 화목하면 모든 일이 이루
어진다.

때때로 불이 나는 것을 막고, 밤마다 도둑이 드는 것을 방비해야 한다.

조석이 이르고 늦음을 보고서 가히 그 사람의 집이 흥하고 쇠함을 점칠
수 있다.

혼인하는데 재물을 논하는 것은 오랑캐의 법도이다.

1

司馬溫公曰 凡諸卑幼 事無大小 毋得專行 必咨稟
사 마 온 공 왈 범 제 비 유 사 무 대 소 무 득 전 행 필 자 품
於家長.
어 가 장

사마온공(司馬溫公)이 이렇게 말했다.

"무릇 모든 손아랫사람들은 일의 크고 작음에 관계 없이 자기 마음대로 해서는 안 되고, 반드시 집안 어른께 여쭈어보고 해야 한다."

【글자 뜻】凡:무릇 범. 諸:모두 제. 卑:낮을 비. 幼:어릴 유. 毋:말 무.
專:오로지 전. 咨:물을 자. 稟:아뢸 품. 長:긴 장, 어른 장.

【말의 뜻】卑幼:지위가 낮고 어린 사람. 손아랫사람. 事無大小:큰 일이거나 작은 일이거나. 專行:자기 마음대로 행함. 咨稟:어른에게 여쭈어 봄. 家長:집안 어른.

【뜻 풀이】과거 봉건사회의 가부장(家父長) 제도에 있어서는 집안의 모든 일을 가장(家長)이 지휘 통솔했다. 이는 집안의 질서를 유지해 가기 위한 수단이었다. 만일 식구들이 각자 제멋대로 일을 처리하고 행동한다면 집안의 질서가 혼란해지기 때문에 모든 일은 가장(家長)의 허락을 받은 다음에야 행할 수 있었다.

그런데 부부 중심의 핵가족 시대인 현대 사회에 있어서도 가족들이 각자 자기 멋대로 일을 처리한다면, 집안의 질서가 문란해질 뿐 아니라 자연히 마음이 하나로 통일되지 못하고 낭비가 심해져 가정의 행복과 번영을 기대할 수 없다.

그래서 한 가지 제안을 하거니와, 한 달에 한 번이나 일주일에 한 번씩 가족회의를 열어 집안의 모든 일을 그 자리에서 결정하도록 하는 것이 좋을 것이다. 물론 그 자리에서는 어린 자녀들의 제안이나 의견도 충분히 받아들여지도록 해야 한다. 이와 같은 가족회의는 가족 상호간의 애정을 깊게 해 주고 모든 가족이 한 마음 한 뜻이 되어 서로를 충고하고 격려해 주며, 낭비를 몰아내어 부(富)와 행복을 함께 얻을 수 있는 방법이라 하겠다.

2

待客不得不豊 治家不得不儉.
대 객 부 득 불 풍   치 가 부 득 불 검

   손님의 대접은 불가불 풍성해야 하고, 집안의 살림은 불가불 검소하게
해야 한다.

【글자 뜻】 待:기다릴 대, 대접할 대. 客:손 객. 豊:풍년 풍. 儉:검소할
   검.
【말의 뜻】 待客:손님을 대접함. 不得不~:~하지 않을 수 없음. 불가불.
   治家:집안을 다스림.

【뜻 풀이】 사람의 집에 손님이 많이 찾아온다는 것은 그 집의 인심이 그
   만큼 후하기 때문이다. 또 이런 가정은 대개 행복하고 부유하게 산다.
   내 집을 찾아온 손님에게 대접을 잘하는 것은 예의이기도 하다. 그러
   나 가족들의 생활은 검소하게 해야 한다. 부지런히 일하고 검소한 생
   활과 절약하는 데서 부유한 생활은 이루어지기 때문이다.
     영국의 존 레이는 "근면은 부유의 오른손이요, 절약은 부유의 왼손
   이다."라고 말했다.

3

太公曰 痴人畏婦 賢女敬夫.
태공왈 치인외부 현녀경부

태공이 이렇게 말했다.

"어리석은 사람은 아내를 두려워하고, 현명한 여인은 남편을 공경한다."

【글자 뜻】痴:어리석을 치. 畏:두려워할 외. 賢:어질 현. 敬:공경할 경.

【말의 뜻】痴人:어리석은 사람. 畏婦:아내를 두려워함. 賢女:현명한 여인. 敬夫:남편을 공경함.

【뜻 풀이】로버트 버튼은 "훌륭한 남편은 훌륭한 아내를 만든다."고 말했다. 부부는 일생의 반려자이다. 비록 가장 가까운 사이이지만 서로 인격을 존중하고 잘못이 있으면 부드럽게 충고하여 잘못을 고치도록 노력을 기울여야 한다.

그런데 남편이 어리석고 아내가 현명하면 대개는 아내를 두려워하게 되어 아내의 의견을 무조건 받아들여 집안에 불화가 싹트게 된다. 그러나 진정으로 현명한 아내는 남편이 아무리 바보스러울지라도 자기의 할 도리를 알고 있기 때문에 남편을 마음으로부터 공경하여 그의 체면을 손상시키는 일을 하지 않는다.

4

凡使奴僕 先念飢寒.
범 사 노 복 선 념 기 한

무릇 종을 부림에 있어서는 먼저 배고픔과 추위를 생각해야 한다.

【글자 뜻】 使:하여금 사, 부릴 사. 念:생각 념. 飢:주릴 기.
【말의 뜻】 使奴僕:종을 부림. 先念:먼저 생각함. 飢寒:굶주림과 추위.

【뜻 풀이】 세상에서 가장 견디기 어려운 괴로움은 춥고 배고픈 설움이다.
이것은 비단 옛날의 종이나 하인들뿐만이 아니라 모든 사람들의 가장
기본적인 욕구이기도 하다. 오늘날의 기업가들이 종업원을 고용함에
있어서도 이 기본적인 욕구만은 우선적으로 해결해 주어야 한다. 가
정생활이 안정되지 않는다면 어떤 일을 해도 능률이 오르지 않게 된
다.

5

子孝雙親樂 家和萬事成.
자 효 쌍 친 락 가 화 만 사 성

아들이 효성스러우면 부모가 즐겁고, 집안이 화목하면 모든 일이 이루
어진다.

【글자 뜻】雙:쌍 쌍. 親:어버이 친, 친할 친. 和:화할 화.
【말의 뜻】子孝:아들이 효성스러움. 雙親:두 어버이. 부모. 家和:집안이
화목함.

【뜻 풀이】한 집안의 행복은 부모가 자녀를 사랑하고 자녀가 부모에게 효
도하는 일로부터 시작된다. 그래서 효도는 백 가지 행실의 근본이라
고 일컫는 것이다. 내 부모에게 효도를 하지 못하는 사람이 어찌 남의
부모나 다른 사람들에게 잘할 수 있으랴. 자녀가 부모에게 효도하면
부모의 마음은 즐겁기만 하고, 집안이 모두 서로 사랑하고 존경하여
화목해야만 모든 일이 이루어지기 마련이다.

6

時時防火發 夜夜備賊來.
시 시 방 화 발　야 야 비 적 래

때때로 불이 나는 것을 막고, 밤마다 도둑이 드는 것을 방비해야 한다.

【글자 뜻】防:막을 방.　發:필 발.　備:갖출 비.　賊:도둑 적.

【말의 뜻】時時:때때로.　防火發:불이 나는 것을 막음.　備賊來:도둑이 드
는 것을 방비함.

【뜻 풀이】 인간은 불이 없이는 단 하루도 생활하지 못한다. 그러므로 항
상 불조심을 해야 한다. 잘못하여 불이 나면 막대한 재산 피해와 인명
피해까지 당하는 수가 있다. 또 밤마다 문단속을 철저히 하여 도둑이
들어오지 못하도록 방비해야 한다.

7

景行錄云 觀朝夕之早晏 可以卜人家之興替.
경 행 록 운 관 조 석 지 조 안 가 이 복 인 가 지 흥 체

《경행록》에 다음과 같이 씌어 있다.

"조석이 이르고 늦음을 보고서 가히 그 사람의 집이 흥하고 쇠함을 점
칠 수 있다."

【글자 뜻】 觀:볼 관. 早:일찍 조. 晏:늦을 안. 卜:점칠 복. 興:일 흥.
　　替:바꿀 체. 폐할 체.

【말의 뜻】 朝夕:조석. 아침밥과 저녁밥. 早晏:이르고 늦음. 可以~:가히
　　써 ~할 수 있다. 興替:흥하고 쇠함.

【뜻 풀이】 부지런한 사람들은 조반은 일찍 먹고 저녁은 늦게 먹는다. 그
러나 게으른 사람들은 조반은 늦게 먹고 저녁은 일찍 먹는다. 그러므
로 그 집안의 조석이 이르고 늦음만 보고서도 그 집안사람들의 부지
런하고 게으름을 알 수 있으며, 따라서 그 집안이 장차 흥할지 쇠퇴할
지도 미리 짐작할 수 있는 것이다.

8

文仲子曰 婚娶而論財 夷虜之道也.
문 중 자 왈 혼 취 이 논 재 이 로 지 도 야

문중자(文仲子)가 이렇게 말했다.

"혼인하는 데 재물을 논하는 것은 오랑캐의 법도이다."

【글자 뜻】仲:버금 중. 婚:혼인할 혼. 娶:장가들 취. 財:재물 재. 夷:오
랑캐 이. 虜:오랑캐 로, 사로잡을 로.

【말의 뜻】文仲子:수(隨)나라의 학자로 이름은 왕통(王通). 婚娶:결혼.
論財:재물을 따짐. 夷虜:오랑캐.

【뜻 풀이】결혼은 인륜에서 가장 큰 대사이다. 피차간의 인간성과 교양이
가장 중요한 문제가 된다. 신성한 결혼 문제에 있어서 재산이 많고 적
음을 따진다는 것은 결혼을 모독하는 행위가 된다. 그러나 현대는 물
질이 정신을 압도하는 시대이다. 누구나 부(富)를 부러워하고 인격은
뒤로 미루고 있다. 그렇지만 일생의 동반자인 부부를 선택함에 있어
서만은 재산의 유무보다는 선량한 인간성과 고매한 인격의 소유자를
택해야 할 것이다.

제16장
안의편
(安義篇)

부부와 부자와 형제, 이 세 가지가 인륜에 있어서
가장 중요하니 돈독하게 하지 않을 수 없다.

대저 백성들이 있은 뒤에 부부가 생겼고, 부부가 있은 뒤에 부자가 생겼
고, 부자가 있은 뒤에 형제가 생겼으니, 한 집에서 가장 친함은 이 세 가
지뿐이다.

형제는 손발과 같고 부부는 의복과 같으니, 의복이 떨어졌을 때는 다시
새 옷을 얻으면 되지만 손발이 끊어진 곳에는 다시 잇기 어렵다.

부자라고 가까이하지 않고 가난하다고 멀리하지 않는 것, 이것이 바로
인간의 대장부요, 부자면 나아가고 가난하면 물러나는 것, 이것이 바로
인간의 진정한 소인배다.

1

顔氏家訓曰 夫有人民而後有夫婦 有夫婦而後有
안씨가훈왈 부유인민이후유부부 유부부이후유

父子 有父子而後有兄弟 一家之親此三者而已矣.
부자 유부자이후유형제 일가지친차삼자이이의

自慈以往至于九族 皆本於三親焉 故於人倫爲重
자자이왕지우구족 개본어삼친언 고어인륜위중

也 不可不篤.
야 불가부독

《안씨가훈(顔氏家訓)》에 이렇게 씌어 있다.

"대저 백성들이 있은 뒤에 부부가 생겼고, 부부가 있은 뒤에 부자(父子)가 생겼고, 부자가 있은 뒤에 형제가 생겼으니, 한 집에서 가장 친함은 이 세 가지뿐이다. 이로부터 나아가 구족(九族)에 이르기까지는 다 이 삼친(三親)에 근본한다. 그러므로 인륜에 있어서 가장 중요하니 돈독하게 하지 않을 수 없다."

【글자 뜻】顔:얼굴 안, 성 안. 夫:지아비 부, 대저 부. 有:있을 유, 생길 유. 已:이미 이, 뿐 이. 慈:이 자. 往:갈 왕. 至:이를 지. 于:어조사 우. 焉:어조사 언. 篤:도타울 독.

【말의 뜻】顔氏家訓:제(齊)나라 안지추(顔之推)가 지은 책. 2권으로 되어 있음. 有夫婦:부부가 생겨남. 一家之親:한 집안에서 가장 가까운 것. 此三者而已:이 세 가지뿐임. 自慈以往:여기서부터 나아감. 至于九族:九族에 이르기까지. 九族은 자기 집안과 외가와 처가의 모든 친족 관계를 일컫는 말. 三親:부부와 부자와 형제. 爲重:가장 중요함. 不

可不:아니할 수 없음.

【뜻 풀이】인륜 가운데서 가장 가까운 것은 부부와 부자와 형제다. 부부가 있은 다음에 부자가 생기고 부자가 있은 다음에 형제도 생겨났다. 한 집안에서는 이 세 관계가 가장 가깝기 때문에 굳이 촌수를 따지지 않는다.

그러나 엄밀히 촌수를 따진다면 부부 사이는 촌수가 없고 부자 사이가 1촌, 형제 사이가 2촌이 된다. 그리고 아버지의 형제는 3촌, 그의 아들과는 4촌, 아버지의 4촌은 5촌, 그의 아들과는 6촌, 아버지의 6촌은 7촌, 그의 아들과는 8촌이 된다. 그런데 따지고 보면 이와 같은 친척들은 모두가 부부와 부자와 형제의 관계에서 발전해 나간 것이다. 그러므로 부부와 부자와 형제는 항상 사랑과 존경과 우애를 두텁게 하도록 힘써야만 하는 것이다.

2

莊子曰 兄弟爲手足 夫婦爲衣服 衣服破時更得新 手
장 자 왈 형 제 위 수 족 부 부 위 의 복 의 복 파 시 갱 득 신 수
足斷處難可續.
족 단 처 난 가 속

장자(莊子)가 이렇게 말했다.

"형제는 손발과 같고 부부는 의복과 같으니, 의복이 떨어졌을 때는 다시 새 옷을 얻으면 되지만 손발이 끊어진 곳에는 다시 잇기 어렵다."

【글자 뜻】服:옷 복. 破:파할 파. 更:다시 갱, 고칠 경. 斷:끊을 단. 續: 이을 속.

【말의 뜻】爲手足:손발이 됨. 손발과 같음. 衣服破時:의복이 떨어졌을 때. 更得新:다시 새것을 얻음. 새 옷으로 갈아입음. 斷處:끊어진 곳. 難可續:잇기 어려움. 이을 수가 없음.

【뜻 풀이】앞에서 말한 바와 같이 부부 사이는 무촌이고 형제간은 2촌이다. 그런데 무촌이란 밀착될 정도로 가까운 사이를 말하는 한편 남남과 같은 먼 관계를 말하기도 한다. 여기에서는 부부는 의복에 비유하고 형제는 손발에 비유했다. 의복은 떨어지면 새 옷으로 갈아입으면 된다. 하지만 손발은 끊어지면 이을 길이 없다.

'동기연지(同氣連枝)'란 말이 있다. 동기간은 같은 줄기에서 자라난 가지들이라는 말이다. 부부간에는 한 사람이 죽으면 재혼할 수도 있지만 동기간에는 한번 의가 끊어지면 다시 잇기가 어렵다. 요컨대 한 집안의 화목은 형제간의 두터운 우애로부터 시작되는 것이다.

형제가 각기 결혼을 하면 부부들이 생겨난다. 이때가 중요하다. 아
내들끼리 사이가 좋으면 자연히 형제간의 우애는 두터워진다.

3

蘇東坡云 富不親兮貧不疎 此是人間大丈夫 富則進
소 동 파 운 부 불 친 혜 빈 불 소 차 시 인 간 대 장 부 부 즉 진
兮貧則退 此是人間眞小輩.
혜 빈 즉 퇴 차 시 인 간 진 소 배

소동파(蘇東坡)가 이렇게 말했다.

"부자라고 가까이하지 않고 가난하다고 멀리하지 않는 것, 이것이 바
로 인간의 대장부요, 부자면 나아가고 가난하면 물러가는 것, 이것이 바
로 인간의 진정한 소인배다."

【글자 뜻】 兮:어조사 혜. 疎:성길 소. 丈:어른 장. 退:물러갈 퇴. 輩:무
리 배.

【말의 뜻】 富不親:부자라고 가까이하지 않음. 貧不疎:가난하다고 멀리하
지 않음. 此是~:이것이 곧 ~이다. 小輩:소인의 무리. 소인배.

【뜻 풀이】 세상 사람들은 대개 부유하고 권력이 있는 사람들과는 가까이
사귀려 하고, 가난하고 천한 사람은 멀리하려 한다. 하지만 우리가 사
람을 사귈 때는 그 사람의 인간성과 인격을 보고 사귀어야 한다.

"군자의 사귐은 맑기가 물과 같다.(君子之交淡如水)"는 말이 있다.
부귀와 빈천은 돌고 도는 것이다. 인간성이 선량하고 인격이 고매하

다면 그가 부자이건 가난하건 따지지 말고 사귀어야 한다. 이런 사람
은 상대방이 부자라고 사귀고 가난하다고 멀리하는 짓은 하지 않는
다. 이런 사람이야말로 대장부이다. 상대방이 부자일 때에는 가까이
사귀려고 애쓰다가 그가 가난해지면 멀리하는 처사는 소인배들이나
하는 짓이다.

제17장
준례편
(遵禮篇)

예절을 준수하는 사람이 되라.

군자가 용맹만 있고서 예절이 없으면 반란을 일으키고, 소인이 용맹만 있고서 예절이 없으면 도둑이 된다.

조정에서는 벼슬의 지위만한 것이 없고, 마을에서는 나이만한 것이 없고, 세상을 돕고 백성을 잘살 수 있게 함에는 덕만한 것이 없다.

문밖에 나갈 때에는 큰 손님을 대하는 것같이 하고, 밤에 들 때에는 사람이 있는 것같이 해야 한다.

만일 남이 나를 중히 여기기를 바란다면, 내가 먼저 남을 중히 여김보다 좋은 방법은 없다.

아버지는 아들의 덕을 말하지 말아야 하며, 아들은 아버지의 잘못을 말하지 말아야 한다.

子曰 居家有禮故長幼辨 閨門有禮故三族和 朝
자왈 거가유례고장유변 규문유례고삼족화 조

廷有禮故官爵序 田獵有禮故戎事閑 軍旅有禮故
정유례고관작서 전렵유례고융사한 군려유례고

武功成.
무공성

공자께서 이렇게 말씀하셨다.

"집안에 예법이 있기 때문에 어른과 어린이의 분별이 있고, 부녀자들
에게 예법이 있기 때문에 삼족(三族)이 화목하고, 조정에 예법이 있기 때
문에 벼슬의 차례가 있고, 사냥에 예법이 있기 때문에 군대의 일이 숙달
되고, 군대에 예법이 있기 때문에 무공(武功)이 이루어진다."

【글자 뜻】居:살 거. 幼:어릴 유. 辨:분별할 변. 閨:안방 규. 廷:조정
　　정. 爵:벼슬 작. 田:밭 전, 사냥 전. 獵:사냥 렵. 戎:오랑캐 융, 군사
　　융. 閑:한가할 한, 익을 한. 旅:나그네 려, 군사 려. 武:호반 무. 功:
　　공 공.

【말의 뜻】居家:사는 집. 집안. 가정. 長幼辨:어른과 어린이의 분별이 있
　　음. 閨門:안방. 부녀자. 三族:자기 집안과 외가와 처가. 官爵序:높
　　은 벼슬의 차례가 있음. 田獵:사냥. 옛날에는 사냥을 통하여 군사훈
　　련을 시켰음. 戎事閑:군대의 일이 숙달됨. 軍旅:군대. 武功成:무공
　　을 세움.

【뜻 풀이】이 글에서는 예법의 중요함을 강조하고 있다. 우리 나라는 예

로부터 동방예의지국(東方禮儀之國)이라고 일컬어지고 있거니와, 예의야말로 가정과 사회와 국가의 질서를 유지해 나가는 원동력이라 하겠다.

우리는 흔히 '법이 없어도 살 사람'이라는 말을 듣거니와 법률이란 범법 행위를 한 사람들을 다스리기 위하여 생겨난 것이며, 모든 사람들이 마음으로부터 예절을 지킨다면 사회의 질서는 자연히 유지되기 마련이다.

그렇지만 만일 사람들이 예절을 지키지 않는다면 집안에는 어른과 재하자의 구분이 없어지고, 친척 사이가 항상 불쾌하고, 정부나 행정 관서에 상사와 부하의 질서가 문란해지고, 심지어는 계급사회라고 할 수 있는 군대에서조차 군사 훈련이 이루어지지 않아 외적이 침입해도 이를 방어할 수 없을 것이다.

다행히 우리 민족은 예로부터 예절을 숭상해 오고 있기 때문에 한 집안의 질서가 유지되어 행복하게 살 수 있을 뿐 아니라 모든 친인척과 이웃과도 화목하게 지내고, 정부나 행정 관서나 일반 기업체에 있어서도 질서가 유지되고, 군대에서도 군사 훈련이 숙달되어 외적이 침입하면 이를 능히 격퇴시켜 무공을 세울 수 있는 것이다.

우리는 물질에만 현혹되지 말고 더욱 예절을 지키는 사람이 되도록 각자 노력해야겠다.

子曰 君子有勇而無禮爲亂 小人有勇而無禮爲盜.
자왈 군자유용이무례위란 소인유용이무례위도

공자께서 이렇게 말씀하셨다.

"군자(君子)가 용맹만 있고 예절이 없으면 반란을 일으키고, 소인(小人)이 용맹만 있고 예절이 없으면 도둑이 된다."

【글자 뜻】勇:날랠 용. 亂:어지러울 란. 盜:도둑 도.

【말의 뜻】君子:여기에서는 지배계급에 있는 사람을 가리킴. 有勇而無禮:용맹만 있고 예절이 없음. 爲亂:반란을 일으킴. 小人:일반 백성을 가리킴.

【뜻 풀이】사람으로서 용기가 있다는 것은 좋은 일이다. 하지만 이에 앞서 예절을 숭상할 줄 아는 인간성이 되어 있어야 한다. 만일 높은 관직에 있는 사람이 예절을 모르고 용맹만 있으면 반란을 일으키고, 백성이 예절을 모르고 용맹만 있으면 도둑이 되기 쉽다.

그러므로 우리는 우선 사람의 도리를 다하는 예절부터 몸에 익혀야 한다. 만일 예절을 존중하고 용기가 있는 사람이라면 어떤 일에 종사하거나 크게 성공할 것이다.

3

曾子曰 朝廷莫如爵 鄉黨莫如齒 輔世長民莫如德.
증자왈 조정막여작 향당막여치 보세장민막여덕

증자(曾子)가 이렇게 말했다.

"조정에서는 벼슬의 지위만한 것이 없고, 마을에서는 나이만한 것이 없고, 세상을 돕고 백성을 잘살 수 있게 함에는 덕만한 것이 없다."

【글자 뜻】 爵:벼슬 작. 鄉:마을 향, 시골 향. 黨:무리 당, 마을 당. 齒:이치, 나이 치. 輔:도울 보.

【말의 뜻】 曾子:공자의 제자로 이름은 삼(參). 효성이 지극했음. 莫如~~:만한 것이 없음. 鄉黨:마을. 齒:연치. 나이. 輔世:세상을 도움. 長民:백성을 잘살게 함.

【뜻 풀이】 조정에서는 벼슬의 지위를 따져 지위가 낮은 사람이 높은 사람의 지휘 감독을 받았으므로 지위가 높은 것이 제일이었다. 그리고 고향 마을에서는 나이를 따져 나이가 자기보다 두 배이면 아버지처럼 섬기고 열 살이 위이면 형처럼 섬겼다. 그런데 세상을 태평하게 하고 백성을 잘살게 하는 데는 덕으로 다스리는 것이 제일이다.

공자는 《논어》에서 "법령으로 이끌고 형벌로 다스리면 백성들이 이를 빠져나가되 부끄러움을 모른다. 그러나 덕으로 이끌고 예로 다스리면 수치를 알아 올바르게 된다.(道之以政 齊之以刑 民免而無恥 道之以德 齊之以禮 有恥且格)"고 말씀하셨다.

4

> ## 老少長幼天分秩序 不可悖理而傷道也.
> 노 소 장 유 천 분 질 서 불 가 패 리 이 상 도 야

   늙은이와 젊은이, 어른과 어린이는 하늘이 정해 놓은 질서이니, 이 이치에 어긋나서 도리를 상하게 해서는 안 된다.

【글자 뜻】 秩:차례 질. 序:차례 서. 悖:어긋날 패. 傷:상할 상.

【말의 뜻】 老少:늙은이와 젊은이. 長幼:어른과 어린이. 天分秩序:하늘이 정해 놓은 차례. 不可~:~해서는 안 된다. 悖理:이치에 어긋남. 傷道:도리를 상함.

【뜻 풀이】 장유유서(長幼有序, 어른과 어린이에게는 차례가 있음)는 五倫의 하나이다. 젊은이와 어린이는 마땅히 어른을 공경할 줄 알아야 한다.

   맹자는 "내 집 노인을 노인으로 공경하여 그 마음이 남의 노인에게까지 미치게 하고, 내 집 어린이를 어린이로 사랑하여 그 마음이 남의 어린이에게까지 미치게 하면 천하를 손바닥 위에서 움직일 수 있다.(老吾老以及人之老 幼吾幼以及人之幼 天下可運於掌)"고 말했다. 이것이 바로 인정이요 선량한 마음이다.

   노인과 젊은이, 어른과 어린이의 차례는 하늘이 정해 놓은 五倫이다. 그러므로 젊은이와 어린이는 마땅히 노인과 어른을 존경해야 한다. 행여 이 하늘이 정해 놓은 이치에 어긋나는 행동을 함으로써 예절을 손상시키는 일이 있어서는 안 된다.

전철이나 시내버스 좌석에 '노약자 지정석'이 있다. 여기에 젊은이가 앉는다면 노약자들의 자리를 잠시 빌려서 앉는 것이다. 그런데도 어떤 젊은이들은 노인이나 아기를 업은 아낙이 가까이 있어도 일어날 생각을 하지 않고 있다. 내 몸이 다소 피곤하더라도, 그리고 지정석이 아니더라도 노인이나 사정이 딱한 사람이 있으면 선뜻 자리를 양보하는 미풍양속을 길러야 할 것이다.

물론 젊은이들 중에는 노약자에게 자리를 양보하는 사람들도 많다. 그리고 어떤 기사는 노약자가 버스에 오르면 젊은이에게 양해를 구하여 노약자를 앉게 하는 친절한 사람들도 있다.

5

出門如見大賓 入室如有人.
출 문 여 견 대 빈 입 실 여 유 인

문밖에 나갈 때에는 큰 손님을 대하는 것같이 하고, 방에 들 때에는 사람이 있는 것같이 해야 한다.

【글자 뜻】見:볼 견. 만날 견. 賓:손 빈. 室:집 실, 방 실.
【말의 뜻】出門:문밖에 나감. 大賓:큰 손님. 귀한 손님. 入室:방 안에 들어감. 如有人:사람이 있는 것같이 함.

【뜻 풀이】사람은 그의 행동과 태도를 보고 평가한다. 비록 보는 사람이 없을 때라도 항상 마음과 행동을 올바르게 지키도록 노력해야 한다.

귀한 손님이 찾아오면 예의를 갖추어 정중하게 대접한다. 대문 밖에 나갈 때에는 항상 귀한 손님을 맞이할 때처럼 의복을 단정하게 입고 태도를 정중하게 지녀야 한다. 또 빈방에 혼자 있을 때라도 마치 옆에 사람이 있는 것처럼 마음과 태도를 올바르게 지녀야 한다. 교양이 있는 사람은 혼자 있을 때에도 선하고 올바른 일을 생각하지만 소인은 혼자 있으면 간사하고 악한 일을 생각하기 쉽다.

장자(莊子)는 "하루라도 선을 생각하지 않으면 모든 악이 다 저절로 일어난다.(一日不念善 諸惡皆自起)"고 말했다. 또 현제(玄帝)는 "사람의 사사로운 말도 하늘의 들으심은 우레와 같고, 어두운 방에서 마음을 속일지라도 귀신의 눈은 번개와 같다.(人間私語 天聽若雷 暗室欺心 神目如電)"고 말했다.

사람은 남들이 보지 않고 듣지 않는 곳에 홀로 있을 때 더욱 마음을 닦아야만 하는 것이다.

6

若要人重我　無過我重人.
약 요 인 중 아　무 과 아 중 인

만일 남이 나를 중히 여기기를 바란다면, 내가 먼저 남을 중히 여김보다 나은 것은 없다.

【글자 뜻】要:필요 요, 구할 요. 過:지날 과.

【말의 뜻】要:요구함. 바람.　人重我:남들이 나를 중히 여김.　無過~:~보다 지나는 것은 없다. ~보다 나은 것은 없다.　我重人:내가 남들을 중히 여김.

【뜻 풀이】우리 나라 속담에 '가는 말이 고와야 오는 말도 곱다.'는 말이 있고, 증자(曾子)는 "너에게서 나온 것이 너에게로 돌아간다.(出乎爾者 反乎爾者也)"고 말했다.

　깨달음이 모자라는 사람들은 자기가 할 도리는 하지 않고서 다른 사람들이 나를 소중히 생각해 주기를 바란다. 내가 먼저 다른 사람들을 소중히 생각해 주면 다른 사람들도 자연히 나를 소중하게 생각한다.

7

父不言子之德 子不談父之過.
부 불 언 자 지 덕 자 부 담 부 지 과

아버지는 아들의 덕을 말하지 말아야 하며, 아들은 아버지의 잘못을 말하지 말아야 한다.

【글자 뜻】 談:말씀 담.   過:지날 과, 허물 과.
【말의 뜻】 不言:말하지 않음.   不談:말하지 않음.   父之過:아버지의 잘못.

【뜻 풀이】 아들의 덕을 말하는 것은 결국 자기 자신의 칭찬을 하는 것으로, 우리 나라에서는 이런 사람을 불출이로 취급했다. 또 아들은 절대로 아버지의 잘못을 남들에게 말해서는 안 된다. 아버지의 잘못을 말하는 자체가 불효를 저지르는 것이 되기 때문이다. 아버지가 잘못하시는 일이 있을 때에는 아버지가 홀로 계신 틈을 타서 부드러운 말로 간해야 한다.

제18장
언어편
(言語篇)

언어는 마음의 표현이다. 항상 조심해서 하라.

말이 이치에 맞지 아니하면 말하지 않음만도 못하다.

한 마디 말이 맞지 않으면, 천 마디 말이 소용이 없다.

입과 혀는 재앙과 근심의 문이요, 몸을 망치는 도끼이다.

사람을 이롭게 하는 말은 따뜻하기가 솜과 같고 사람을 상처 내는 말은 날카롭기가 가시와 같다.

입은 곧 남을 상처 내는 도끼요, 말은 곧 자기 혀를 베는 칼이다.

호랑이의 세 개 입을 두려워하지 말고, 오직 사람의 두 가지 마음을 두려워해야 한다.

술은 다정한 친구를 만나면 천 잔도 적고, 말은 뜻이 서로 통하지 않으면 한 마디도 많다.

劉會曰 言不中理 不如不言.
유회왈 언부중리 불여불언

유회(劉會)가 이렇게 말했다.
"말이 이치에 맞지 아니하면 말하지 않음만도 못하다."

【글자 뜻】 中:가운데 중, 맞을 중. 理:이치 리, 다스릴 리.

【말의 뜻】 劉會:인물과 시대는 알 수 없음. 中理:이치에 맞음. 不如~:~
함만 같지 못하다. ~함만도 못하다.

【뜻 풀이】 언어는 의사 표시의 수단이다. 그러나 사리에 맞지 않는 말은
차라리 말하지 아니함만도 못하다. 그러므로 말을 할 때에는 신중히
생각하여 사리에 맞는 말을 경우에 맞도록 해야 한다. "능변은 은이요
침묵은 금이다."라는 서양의 속담이 있거니와, 사람들은 필요하지 않
은 말을 많이 함으로써 자기의 위신을 떨어뜨리는 경우가 많다. 특히
어떤 한 가지 말을 들으면 만나는 사람마다 붙잡고 수다를 떠는 습관
은 고쳐야 한다.

2

一言不中 千語無用.
일 언 부 중 천 어 무 용

한 마디 말이 맞지 않으면 천 마디 말이 소용이 없다.

【글자 뜻】語:말씀 어.

【말의 뜻】不中:맞지 않음. 이치에 맞지 않음. 千語:천 마디 말. 無用: 쓸 데가 없음. 소용이 없음.

【뜻 풀이】윌리엄 베넘은 "산 말 한 마디는 죽은 말 백 마디보다 낫다."고 말했다. 죽은 말이란 이치에 맞지 않는 말이다. 한번 이치에 맞지 않는 말을 하면 그 다음부터 사람들은 그의 말을 믿으려 하지 않는다. 한번 한 말은 엎질러진 물과 같아서 다시 주워 담을 수 없다. 깊이 생각하고 조심하여 말하는 습관을 기르는 것이 좋다.

3

君平曰 口舌者禍患之門 滅身之斧也.
군 평 왈 구 설 자 화 환 지 문 멸 신 지 부 야

군평(君平)이 이렇게 말했다.
"입과 혀는 재앙과 근심의 문이요, 몸을 망치는 도끼이다."

【글자 뜻】 舌:혀 설. 患:근심 환. 滅:멸할 멸.

【말의 뜻】 君平:인물과 시대는 알 수 없음. 口舌:입과 혀. 禍患:재앙과
근심. 滅身:몸을 망침.

【뜻 풀이】 말은 입과 혀를 움직여서 한다. 그러므로 말을 잘못하여 근심
이나 재앙이 생기는 것을 '구설수'라고 한다. 말을 참지 않고 함부로
하면 근심과 재앙이 떠날 날이 없고, 드디어는 몸을 망치고 만다. 그
래서 입과 혀는 재앙과 근심이 나오는 문이고 몸을 망치는 도끼라고
말한 것이다. 우리 나라 고대 시조에 다음과 같은 것이 있다. 말을 조
심하는 거울로 삼기 바란다.

　　말하기 좋다 하고 남의 말을 말을 것이
　　남의 말 내 하면 남도 내 말 하는 것이
　　말로써 말이 많으니 말 말을까 하노라.

4

利人之言煖如綿絮 傷人之語利如荊棘 一言利人重
이 인 지 언 난 여 면 서　상 인 지 어 이 여 형 극　일 언 이 인 중

值千金 一語傷人痛如刀割.
치 천 금　일 어 상 인 통 여 도 할

　사람을 이롭게 하는 말은 따뜻하기가 솜과 같고, 사람을 상처 내는 말
은 날카롭기가 가시와 같으니, 사람을 이롭게 하는 한마디 말은 중하기가
천금과 같고, 한마디 말이 사람을 상처 냄에 아프기가 칼로 베이는 것 같
다.

【글자 뜻】利:이로울 리, 날카로울 리.　煖:따뜻할 난.　綿:솜 면.　絮:솜
　서.　傷:상할 상.　荊:가시 형.　棘:가시 극.　重:무거울 중, 중할 중.
　值:값 치.　痛:아플 통.　刀:칼 도.　割:벨 할, 쪼갤 할.
【말의 뜻】利人之言:다른 사람을 이롭게 하는 말.　煖如綿絮:따뜻하기가
　솜과 같음.　傷人:다른 사람을 상처 냄.　利如荊棘:날카롭기가 가시와
　같음.　一言利人:사람을 이롭게 하는 한마디 말.　重值千金:중하기가
　천금이나 되는 가치를 지니고 있음.　痛如刀割:아프기가 칼로 베이는
　것 같음.

【뜻 풀이】말은 그 사람의 생각이 밖으로 나타난 것이며, 아울러 그 사람
　의 마음의 표현이기도 하다. 로버트슨은 "말은 마음의 지표요 거울이
　다."라고 말했다. 또 플로리오는 "좋은 말은 사람을 신성하게 만들고,
　나쁜 말은 사람을 죽인다."고 말했다.
　　어떤 사람의 말은 항상 다른 사람들을 이롭게 해 주는데 어떤 사람

의 말은 항상 다른 사람들을 헐뜯고 중상한다. 왜 그럴까? 이것은 그 사람의 마음과 사고방식에 달려 있다. 왜냐하면 말은 그 사람의 마음과 생각의 발로이기 때문이다.

마음이 선량하고 적극적이고 건설적인 생각을 지니고 있는 사람은 결코 다른 사람을 손상시키는 말은 하지 않는다. 누구에게나 도움이 되는 이로운 말을 해 준다. 그런데 마음이 비뚤어지고 파괴적이고 부정적인 생각을 가지고 있는 사람은 결코 다른 사람에게 도움이 되는 이로운 말은 하지 않는다. 입만 벌리면 항상 불평불만과 다른 사람을 손상시키는 말만 하게 된다.

그러면 이 두 가지 타입 중 어떤 사람이 인생에서 행복과 성공을 거둘 수 있을까? 사람은 결코 자기 혼자의 힘만으로는 단 하루도 살아갈 수 없다. 싫거나 좋거나 다른 사람들의 협조를 얻어야만 성공과 행복을 얻을 수 있는 것이다.

그런데 다른 사람을 헐뜯고 손상시키는 말만 하는 사람에게는 가까운 친구나 협조자가 없다. 자기 자신이 사람들을 멀리 쫓고 고독을 되씹고 있기 때문이다. 그러나 항상 다른 사람들에게 도움이 되는 이로운 말을 해 주는 사람에게는 자연히 진심으로 위하고 협조하려는 사람들이 모여들게 마련이다. 그래서 그는 성공을 거두고 행복을 누릴 수 있는 것이다.

그러므로 당신은 우선 선량한 마음과 건설적인 생각을 지니도록 노력해야 할 것이다. 그러면 자연히 다른 사람들에게 이로운 말을 하게 되고, 그리하여 많은 협조자를 얻어 성공과 행복을 불러들일 수 있을 것이다.

이 글이 비록 짤막하기는 하지만 당신이 평생 좌우명으로 삼을 만한 가치를 충분히 지니고 있다. 다른 사람을 이롭게 해 주는 말은 따

뜻하기가 솜과 같아서 천금과 같은 가치를 지니고 있고, 다른 사람을
해치는 말은 날카롭기가 가시와 같아서 칼로 베는 것과 같은 아픔을
안겨 준다.

5

口是傷人斧 言是割舌刀 閉口深藏舌 安身處處牢.
구 시 상 인 부 언 시 할 설 도 폐 구 심 장 설 안 신 처 처 뢰

　입은 곧 남을 상처 내는 도끼요 말은 곧 자기 혀를 베는 칼이니, 입을
닫고 혀를 깊이 간직하면 몸이 편안하여 어디에 있으나 튼튼하다.

【글자 뜻】閉:닫을 폐. 藏:감출 장. 牢:감옥 뢰, 굳을 뢰.

【말의 뜻】傷人斧:사람을 상처 내는 도끼. 割舌刀:혀를 베는 칼. 閉口:
　　입을 닫음. 藏舌:혀를 감춤. 혀를 간직함. 處處牢:어디에 있으나 튼
　　튼하고 안전함.

【뜻 풀이】말을 많이 하다 보면 자연히 다른 사람을 손상시키는 말을 하
　　게 된다. 그리고 다른 사람을 해치는 말을 하면 결국 자기의 혀를 자
　　르는 것과 같게 된다. 그러므로 말을 조심하여 남을 해치는 말을 하지
　　않는다면 어디에서 살거나 몸과 마음이 편안하고 안전하기 마련이다.

6

> 逢人且說三分話 未可全抛一片心 不怕虎生三個口
> 봉인차설삼분화 미가전포일편심 불파호생삼개구
> 只恐人情兩樣心.
> 지공인정양양심

　사람을 만나거든 우선 하고 싶은 이야기의 십 분의 3만 말하되, 지니고 있는 한 조각 마음은 다 버리지 말아야 하나니, 호랑이의 세 개 입을 두려워하지 말고 오직 사람의 두 가지 마음을 두려워해야 한다.

【글자 뜻】逢:만날 봉. 且:또 차. 說:말씀 설. 話:말씀 화. 抛:던질 포. 片:조각 편. 怕:두려워할 파. 個:낱 개. 恐:두려워할 공. 樣:모양 양.

【말의 뜻】逢人:사람을 만남. 且說:우선 말함. 三分話:할 이야기의 십 분의 3. 未可:옳지 않음. 해서는 안 됨. 全抛:전부 버림. 不怕:두려워하지 않음. 虎生三個口:호랑이에게 세 개의 입이 달렸음. 兩樣心:두 가지 마음.

【뜻 풀이】이 글은 마음속에 있는 말을 만나는 사람마다 붙잡고 다 털어놓아서는 안 된다는 뜻이다. 하고 싶은 말의 십 분의 3쯤만 하고 나머지는 마음속에 간직해 두는 것이 좋다. '말은 갈수록 보태지고 봉송은 갈수록 덜린다.'는 우리의 속담이 있다. 함부로 말을 해버리면 한 입, 두 입 전해질수록 점점 보태져 나중에는 수습할 수 없는 단계에 이르게 된다.

　이 책 '성심편(省心篇)'에 "호랑이를 그리되 겉모습은 그릴 수 있지만 뼈는 그리기 어렵고, 사람을 알되 얼굴은 알지만 마음은 알 수 없다.(畵虎畵皮難畵骨 知人知面不知心)"란 말이 있다. 열 길 물속은 알 수 있어도 한 길 사람의 속은 알기 어려운 법이다. 대화를 할 때에는 맞장구를 치다가도 돌아서면 욕설을 퍼붓는 사람도 얼마든지 있다. 그래서 호랑이의 세 개의 입보다도 사람의 두 가지 마음을 더 두려워 하라고 말한 것이다.

7

酒逢知己千鍾少 話不投機一句多.
주 봉 지 기 천 종 소　화 불 투 기 일 구 다

　술은 다정한 친구를 만나면 천 잔도 적고, 말은 뜻이 서로 통하지 않으면 한 마디도 많다.

【글자 뜻】 逢:만날 봉. 鍾:쇠북 종, 술잔 종. 投:던질 투. 機:틀 기, 기틀 기.

【말의 뜻】 知己:내 마음을 알아주는 친구. 지기지우(知己之友). 千鍾:천 잔. 投機:뜻이 서로 통함.

【뜻 풀이】 유유상종(類類相從)이란 말이 있다. 마음이 착하고 행실이 올바른 사람은 그런 사람들과 사귀고, 악한 사람은 악한 무리와 어울리기 마련이다.
　공자도 《논어》에서 "벗이 있어 멀리에서 찾아오면 또한 기쁘지 아니한가.(有朋自遠方來 不亦樂乎)"라고 말씀하셨다. 내 마음을 알아주는 다정한 친구를 만나 술을 마시면 천 잔이라도 오히려 적은 것 같고, 마음이 서로 통하지 않는 사람과는 한 마디 말을 해도 지루하게 느껴지는 법이다.

제19장
교우편
(交友篇)

친구는 반드시 가려서 사귀어야 한다.

착한 사람과 함께 있으면 마치 지초와 난초가 있는 방에 들어간 것 같아서 오래되면 그 향기를 맡지 못할지라도 곧 그 향기와 더불어 화하게 된다.

서로 얼굴을 아는 사람은 세상에 많겠지만 마음을 아는 사람이 능히 몇 사람이나 될꼬?

술과 음식을 먹을 때의 형제는 천 명이나 있으되, 급하고 어려운 때 도와주는 친구는 한 사람도 없다.

열매를 맺지 않는 꽃은 심을 필요가 없고, 의리가 없는 벗은 사귀어서는 안 된다.

군자의 사귐은 맑기가 물과 같고, 소인의 사귐은 달기가 단술과 같다.

길이 멀어야 말의 힘을 알 수 있고, 날이 오래야 사람의 마음을 알 수 있다.

子曰 與善人居 如入芝蘭之室 久而不聞其香 卽與
자왈 여선인거 여입지란지실 구이불문기향 즉여

之化矣 與不善人居 如入鮑魚之肆 久而不聞其臭
지화의 여불선인거 여입포어지사 구이불문기취

亦與之化矣 丹之所藏者赤 漆之所藏者黑 是以 君
역여지화의 단지소장자적 칠지소장자흑 시이 군

子必愼其所與處者焉.
자필신기소여처자언

공자께서 이렇게 말씀하셨다.

"착한 사람과 함께 있으면 마치 지초와 난초가 있는 방에 들어간 것 같아서 오래되면 그 향기를 맡지 못할지라도 곧 그 향기와 더불어 화하게 되고, 착하지 못한 사람과 함께 있으면 마치 절인 어물을 파는 가게에 들어간 것 같아서 오래되면 그 악취를 맡지 못할지라도 역시 그 악취와 화하게 된다. 주사(朱砂)가 지닌 것은 붉고, 옻이 지닌 것은 검다. 그러므로 군자는 반드시 그 함께 있을 사람을 삼간다."

【글자 뜻】 芝:지초 지. 蘭:난초 란. 鮑:절인 어물 포. 肆:가게 사, 방자할 사. 臭:냄새 취. 丹:붉을 단, 주사 단. 漆:옷 칠.

【말의 뜻】 與善人居:착한 사람과 함께 있음. 芝蘭之室:지초와 난초가 있는 방. 不聞其香:그 향기를 맡지 못함. 鮑魚之肆:절인 어물을 파는 가게. 所藏者:지니고 있는 것. 與處者:함께 있을 사람.

【뜻 풀이】 이 글은 친구를 잘 선택하여 사귀어야 함을 말하고 있다. 착한

사람과 함께 있으면 마치 향기가 그윽한 지초와 난초가 있는 방에 들어간 것 같아서, 그와 함께 오래 지내면 비록 그 향기는 맡을 수 없게 되지만 자연히 그에게 동화되어 착한 사람이 된다. 그러나 악한 사람과 함께 있으면 마치 악취가 풍기는 절인 어물을 파는 가게에 들어간 것 같아서, 그와 함께 오래 지내면 비록 그 악취는 맡지 못하게 될지라도 역시 그에게 동화되어 악한 사람이 된다.

주사는 붉은 색을 지니고 있어 이를 가까이하면 붉은 물이 들게 되고 옻은 검은 색을 지니고 있어 이를 가까이하면 검은 물이 들게 마련이다. 그러므로 군자는 함께 사귈 친구를 선택함에 있어서 신중을 기하는 것이다. 당신도 부디 선량한 친구를 사귐으로써 선량한 사람이 되도록 힘써야 할 것이다.

2

家語云 與好學人同行 如霧中行 雖不濕衣 時時有
가 어 운 여 호 학 인 동 행 여 무 중 행 수 불 습 의 시 시 유
潤與無識人同行 如廁中坐 雖不汚衣 時時聞臭.
윤 여 무 식 인 동 행 여 측 중 좌 수 불 오 의 시 시 문 취

《공자가어(孔子家語)》에 이렇게 씌어 있다.

"학문을 좋아하는 사람과 동행하면 마치 안개 속을 가는 것 같아서 비
록 옷은 적시지 않을지라도 때때로 윤택함이 있고, 무식한 사람과 동행하
면 마치 뒷간 속에 앉아 있는 것 같아서 비록 옷은 더럽히지 않을지라도
때때로 악취를 맡게 된다."

【글자 뜻】霧:안개 무. 濕:젖을 습. 潤:윤택할 윤, 젖을 윤. 識:알 식.
　廁:뒷간 측. 汚:더러울 오. 臭:냄새 취.

【말의 뜻】家語:《공자가어(孔子家語)》. 好學人:학문을 좋아하는 사람.
　霧中行:안개 속을 감. 濕衣:옷이 젖음. 有潤:윤택함이 있음. 녹녹하
　게 있음. 廁中坐:뒷간 속에 있음. 汚衣:옷을 더럽힘. 聞臭:냄새를
　맡음. 악취를 맡음.

【뜻 풀이】공자는《논어》에서 "배우고 때때로 익히면 또한 기쁘지 아니한
　가.(學而時習之 不亦說乎)"라고 말씀하셨다. 여기서 배운다 함은 성현
　들이 베풀어 준 올바른 도리요, 익힌다 함은 그 도리를 실천하여 인격
　을 완성시켜 나가는 일이다.

　　이와 같이 인간의 도리를 배우기를 좋아하는 사람과 함께 있으면
　마치 자욱한 안개 속을 걸어가는 것 같다. 안개 속을 걸어가면 옷이

완전히 젖지는 않지만 습기가 배어들어 옷이 녹녹해진다. 이와 마찬가지로 비록 완전히 그와 똑같을 정도로 훌륭한 사람이 되지는 못할지라도 자연히 그에게 동화되어 착한 마음을 지니고 올바른 행실을 하게 된다.

그러나 인간의 도리를 배우려 하지 않는 무지막지한 사람과 함께 있으면 마치 뒷간에 앉아 있는 것과 같다. 뒷간 속에 앉아 있으면 비록 그 악취가 옷을 다 더럽히지는 않지만 때때로 그 악취를 맡게 된다. 따라서 완전히 그와 똑같은 나쁜 사람이 되지는 않을지라도 자연히 그에게 동화되어 나쁜 생각과 악한 행실을 때때로 저지르게 된다.

좋은 사람을 친구로 사귀고 나쁜 사람을 경계하여 멀리함이 인간 생활에 있어서 얼마나 중요한가를 새삼 느끼게 하는 글이다.

3

子曰 晏平仲善與人交 久而敬之.
자 왈 안 평 중 선 여 인 교 구 이 경 지

공자께서 이렇게 말씀하셨다.

"안평중(晏平仲)은 사람과 사귀기를 잘하는도다. 오래되어도 남을 공경하는도다."

【글자 뜻】 晏:늦을 안. 仲:버금 중. 交:사귈 교.
【말의 뜻】 晏平仲:제(齊)나라의 뛰어난 정치가. 이름은 안영(晏嬰), 자는 중(仲), 시호는 평(平). 與人交:다른 사람과 사귐. 久而敬之:오래되어

도 그를 공경함.

【뜻 풀이】 공자는 젊었을 때 제(齊)나라 벼슬길에 나가려 한 적이 있었다. 그런데 바로 이 안평중(晏平仲)이 반대하여 뜻을 이루지 못했다. 보통 사람들 같으면 이때의 원한으로 안평중을 미워했을 것이다. 그런데도 공자는 안평중의 인격을 높이 평가하여 말씀하고 있다. 이런 점이 바로 성현과 소인(小人)의 다른 점이라 하겠다.

사람은 누구나 친구를 오래 사귀어 친분이 두터워지면 농담을 심하게 하고 예의를 소홀히 하기 쉽다. 그런데 안평중(晏平仲)은 오래 사귀면서도 상대방의 인격을 존중하여 그를 공경하였다고 한다. 아무리 가까운 친구일지라도 예의는 지켜야 한다. 그리고 오래 사귀면서도 상대방을 인격적으로 공경하는 마음이 변함이 없다면 그들의 사귐도 언제까지나 변함이 없을 것이다.

이 글은 《논어》 '공야장편(公冶長篇)'에서 인용한 것이다.

4

相識滿天下 知心能幾人.
상 식 만 천 하   지 심 능 기 인

서로 얼굴을 아는 사람은 세상에 많겠지만, 마음을 아는 사람이 능히 몇 사람이나 될까?

【글자 뜻】 識:알 식. 滿:가득할 만. 幾:몇 기.

【말의 뜻】相識:얼굴을 서로 앎.　滿天下:세상에 가득함. 세상에 많이 있음.　知心:마음까지 알아주는 사람.　能幾人:능히 몇 사람이나 될까.

【뜻 풀이】 당신에게도 당신의 얼굴을 아는 친구들은 많을 것이다. 그러나 당신의 마음까지 알아주는 친구가 몇 명이나 있는가? 얼굴이나 이름을 서로 알고 있고 인사를 하며 사귄다고 해서 다 친구는 아니다. 진정한 친구라면 서로 마음까지 알아주는 것이 당연하다. 이런 친구를 지기지우(知己之友)라고 말하며, 이런 친구야말로 당신이 어려움을 당하여 다른 친구들은 다 멀어져 갈지라도 당신을 진심으로 도와줄 것이다. 당신도 이런 지기지우(知己之友)를 많이 사귀도록 힘을 기울여라. 그러면 틀림없이 행복과 성공을 거두게 될 것이다.

5

酒食兄弟千個有 急難之朋一個無.
주 식 형 제 천 개 유 　 급 난 지 붕 일 개 무

　술과 음식을 먹을 때의 형제는 천 명이나 있으되, 급하고 어려운 때 도와주는 친구는 한 사람도 없다.

【글자 뜻】個:낱 개.　急:급할 급.　難:어려울 난.
【말의 뜻】酒食:술과 음식.　千個有:천 사람이나 있음.　急難之朋:위급하고 어려운 일을 당했을 때 도와주는 친구.

【뜻 풀이】당신이 부유하여 친구들에게 술자리라도 자주 베풀면 된 사람,
안 된 사람 모두 찾아와 당신에게 형이니 동생이니 하며 친근하게 군
다. 그러다가 당신이 가난하게 되거나 어려운 처지를 당하게 되면 진
심으로 당신을 도와줄 친구가 몇이나 되겠는가? 이것이 오늘날의 현
실인 것이다. 그러므로 평소에 좋은 친구를 가려서 사귀어야 하는 것
이다.

하우엘은 "번영할 때에는 친구가 많지만, 역경에 처하면 스물 중에
하나도 남지 않는다."고 말했고 시루스는 "번영은 친구를 만들고 역
경은 친구를 시험한다."고 말했다.

6

不結子花休要種 無義之朋不可交.
불 결 자 화 휴 요 종 　 무 의 지 붕 불 가 교

열매를 맺지 않는 꽃은 심을 필요가 없고, 의리가 없는 벗은 사귀어서
는 안 된다.

【글자 뜻】結:맺을 결. 子:아들 자, 열매 자. 休:쉴 휴, 말 휴. 種:씨 종,
심을 종.
【말의 뜻】結子花:열매를 맺는 꽃. 休要種:심을 필요가 없음. 심지 말아
야 함. 無義之朋:의리가 없는 벗. 不可交:사귀어서는 안 됨.

【뜻 풀이】꽃이 아무리 아름다울지라도 열매나 씨앗을 맺지 못하는 꽃은

쓸모가 적다. 이와 마찬가지로 의리가 없는 사람은 친구로 사귀어서
는 안 된다. 의리가 없는 사람은 달면 삼키고 쓰면 뱉는다. 자기에게
유익할 때에는 살이라도 베어 줄듯이 가까이 사귀지만 이득이 없을
때에는 원수처럼 돌아서 버린다.

7

君子之交淡如水 小人之交甘若醴.
군 자 지 교 담 여 수 소 인 지 교 감 약 례

군자의 사귐은 맑기가 물과 같고 소인의 사귐은 달기가 단술과 같다.

【글자 뜻】淡:맑을 담. 甘:달 감. 醴:단술 례.
【말의 뜻】淡如水:맑기가 물과 같음. 甘若醴:달기가 단술과 같음.

【뜻 풀이】교양이 있는 사람은 친구를 사귈 때 상대방의 인간성이나 인격
을 보기 때문에 항상 맑은 물과 같아서 변함이 없다. 그러나 소인은
친구를 사귈 때 돈이나 이익을 앞세우기 때문에 이득이 있을 때에는
감주처럼 달게 굴지만, 이득이 없고 귀찮아지면 서슴지 않고 돌아서
버린다.
　　명(明)나라 때 방정학(方正學)이란 사람은 "군자의 사귐은 맑은 물
과 같아서 세월이 오래일수록 우정이 더욱 진실해지고, 소인의 사귐
은 달기가 꿀과 같지만 눈만 돌리면 원수가 되어 버린다.(君子淡如水
歲久情愈眞 小人甘如蜜 轉眼如仇人)"는 시를 읊었다.

8

路遙知馬力 日久見人心.
노 요 지 마 력　일 구 견 인 심

　길이 멀어야 말(馬)의 힘을 알 수 있고, 날이 오래야 사람의 마음을 알
수 있다.

【글자 뜻】路:길 로.　遙:멀 요.　久:오랠 구.

【말의 뜻】路遙:길이 멀음.　日久:날이 오래임.　見人心:사람의 마음을 알
　게 됨.

【뜻 풀이】 '물은 건너 봐야 알고 사람의 마음은 지내 봐야 안다.'는 속담
　이 있다. 길이 가까우면 진정한 말의 힘을 알 수가 없고, 짧은 시일 사
　귀어서 그 사람의 마음을 알 길이 없다. 오래 사귈수록 우정이 점점
　두터워지는 사람, 이런 사람을 친구로 사귀어야 한다.

제20장
부행편
(婦行篇)

어진 아내가 되는 길.

여자에게는 네 가지 덕의 아름다움이 있으니, 첫째는 부덕(婦德)이요,

둘째는 부용(婦容)이요, 셋째는 부언(婦言)이요, 넷째는 부공(婦工)이다.

이 네 가지 덕은 부인으로서 하나도 빠뜨려서는 안 된다.

아내의 예절은 말이 반드시 가늘어야 한다.

어진 아내는 남편으로 하여금 귀하게 되게 하고, 악한 아내는 남편으로

하여금 천하게 되게 한다.

집에 어진 아내가 있으면 남편은 뜻밖의 재앙을 만나지 않는다.

어진 아내는 육친(六親)을 화목하게 하고, 간악한 아내는 육친의 화목을

깨뜨린다.

1

益智書云 女有四德之譽 一日婦德 二日婦容 三日
익지서운 여유사덕지예 일왈부덕 이왈부용 삼왈
婦言 四日婦工也.
부언 사왈부공야

《익지서(益智書)》에 이렇게 씌어 있다.

"여자에게는 네 가지 덕의 아름다움이 있으니, 첫째는 부덕(婦德)이요,
둘째는 부용(婦容)이요, 셋째는 부언(婦言)이요, 넷째는 부공(婦工)이다."

【글자 뜻】 譽:기릴 예. 容:얼굴 용, 모습 용. 工:장인 공, 일 공.

【말의 뜻】 益智書:송(宋)나라 때 책 이름. 四德之譽:네 가지 덕의 아름다
움. 婦德:아내로서의 덕행. 婦容:아내로서의 용모. 婦言:아내로서의
말씨. 婦工:아내로서 하는 일.

【뜻 풀이】 이 글은 아내가 갖추어야 할 네 가지 덕행에 대하여 말한 것이다.
아내가 덕행을 지니고 있으면 남편의 출세나 성공에 크게 이바지하고, 자
녀의 교육을 올바로 하여 인간의 바탕을 만들어 주고, 집안의 화목을 도모
하여 우애와 친목을 돈독히 한다. 그러나 만일 아내가 덕행을 지니고 있지
못하면 남편에게 내조자 노릇을 못하고, 자녀의 가정교육이 비뚤어져 악
에 물들기 쉽고, 집안의 화목을 깨뜨려 우애와 화목이 없어지고 만다.

그러면 아내로서 갖추어야 할 네 가지 덕행이란 무엇인가? 첫째는 부덕
(婦德)이요, 둘째는 부용(婦容)이요, 셋째는 부언(婦言)이요, 넷째는 부공
(婦工)이다. 그러면 이 네 가지 덕행에 대하여 다음에서 알아보기로 하자.

2

婦德者不必才名絕異 婦容者不必顏色美麗 婦言者
부덕자불필재명절이 부용자불필안색미려 부언자

不必辯口利詞 婦工者不必技巧過人也.
불필변구이사 부공자불필기교과인야

부덕(婦德)이란 것은 반드시 재주와 이름이 특별히 뛰어난 것이 아니
요, 부용(婦容)이란 것은 반드시 아름답고 고운 것이 아니요, 부언(婦言)
이란 것은 반드시 입담이 좋고 말을 잘하는 것이 아니요, 부공(婦工)이란
것은 반드시 솜씨가 다른 사람보다 뛰어난 것이 아니다.

【글자 뜻】才:재주 재. 絕:끊어질 절, 뛰어날 절. 異:다를 이. 顏:얼굴
안. 麗:고울 려. 辯:말 잘할 변. 利:이할 리, 날카로울 리. 詞:말씀
사. 技:재주 기. 巧:공교 교.

【말의 뜻】不必~:반드시 ~한 것이 아님. 才名:재주와 이름. 絕異:특별
히 뛰어남. 顏色:얼굴의 생김. 낯빛. 美麗:아름답고 고움. 辯口:입
담이 좋음. 利詞:말을 이치에 맞게 잘함. 技巧:솜씨. 재주. 過人:다
른 사람보다 뛰어남.

【뜻 풀이】'부덕'이란 재주나 이름이 뛰어나야 하는 것이 아니라 마음이
착하고 행실이 올바라야 하며, '부용'이란 얼굴이 아름다워야 하는
것이 아니라 마음이 아름다워야 하며, '부언'이란 말을 잘해야 하는
것이 아니라 예도에 맞는 옳은 말을 하는 것이며, '부공'이란 솜씨가
뛰어나야 하는 것이 아니라 음식을 입맛에 맞게 만들고 집안일을 깨
끗이 할 줄 알아야 하는 것이다.

3

其婦德者 清貞廉節 守分整齊 行止有恥 動靜有法
기 부 덕 자 청 정 렴 절 수 분 정 제 행 지 유 치 동 정 유 법

此爲婦德也 婦容者 洗浣塵垢 衣服鮮潔 沐浴及時
차 위 부 덕 야 부 용 자 세 완 진 구 의 복 선 결 목 욕 급 시

一身無穢 此爲婦容也 婦言者 擇師而說 不談非禮
일 신 무 예 차 위 부 용 야 부 언 자 택 사 이 설 부 담 비 례

時然後言 人不厭其言 此爲婦言也 婦工者 專勤紡
시 연 후 언 인 불 염 기 언 차 위 부 언 야 부 공 자 전 근 방

績 勿好暈酒 供具甘旨 以奉賓客 此爲婦工也.
적 물 호 운 주 공 구 감 지 이 봉 빈 객 차 위 부 공 야

'부덕'이란 것은 마음이 맑고 곧고 청렴하고 절개가 있으며, 분수를 지키어 몸가짐을 한결같이 하고, 행하고 멈춤에 부끄러움이 있으며, 움직이고 고요함에 법도가 있어야 하는 것이니, 이것이 부덕이 되는 것이요, '부용'이란 것은 먼지와 때를 빨아 의복을 신선하고 깨끗하게 하며, 때때로 목욕하여 몸에 더러움이 없게 하는 것이니, 이것이 부용이 되는 것이요, '부언'이란 것은 모범이 될 말을 가려 예가 아니면 말하지 않고, 말해야 할 때 말하여 사람들이 그 말을 싫어하지 않게 하는 것이니, 이것이 부언이 되는 것이요, '부공'이란 것은 길쌈을 오로지 부지런히 하고 술 빚기를 좋아하지 말며, 맛있는 음식을 갖추어 손님을 받드는 것이니, 이것이 부공이 되는 것이다.

【글자 뜻】貞:곧을 정. 廉:청렴 렴. 節:마디 절, 절개 절. 分:나눌 분, 분수 분. 整:정제할 정. 齊:가지런할 제. 止:그칠 지. 恥:부끄러울 치. 動:움직일 동. 靜:고요 정. 爲:할 위, 될 위. 洗:씻을 세. 浣:빨 완.

塵:티끌 진. 垢:때 구. 鮮:고울 선, 신선할 선. 潔:깨끗할 결. 沐:목
욕 목. 浴:목욕 욕. 穢:더러울 예. 擇:가릴 택. 師:스승 사. 說:말씀
설. 談:말씀 담. 厭:싫어할 염. 專:오로지 전. 勤:부지런할 근. 紡:
길쌈 방. 績:길쌈 적. 暈:달무리 운, 빛을 운. 供:이바지할 공. 具:
갖출 구. 旨:맛 지, 뜻 지. 奉:받들 봉. 賓:손 빈.

【말의 뜻】清貞廉節:마음이 깨끗하고 곧고 청렴하고 절개가 있음. 守分
整齊:분수를 한결같이 지킴. 行止有恥:행동과 태도에 부끄러움이 있
음. 動靜有法:행실에 법도가 있음. 洗浣塵垢:먼지와 때를 씻고 빨아
냄. 衣服鮮潔:의복이 신선하고 깨끗함. 沐浴及時:목욕을 제때에 함.
一身無穢:한 몸에 더러움이 없음. 擇師而說:모범이 될 말을 가려서
함. 不談非禮:예도에 맞지 않는 것은 말하지 않음. 時然後言:때가 된
뒤에 말함. 人不厭其言:사람들이 그 말을 싫어하지 않음. 專勤紡績:
길쌈에 오로지 힘씀. 勿好暈酒:술 빚기를 좋아하지 않음. 供具甘旨:
맛있는 음식을 고루 갖춤. 以奉賓客:손님을 대접함.

【뜻 풀이】 이 글은 부녀자가 지녀야 할 네 가지 덕행을 설명한 것이다.
　　첫째, '부덕'이란 마음이 청렴결백하고 절개가 굳어 항상 한결같이
분수를 지키고, 행동과 태도에 부끄러움이 있어 법도에 맞을 일이다.
　　둘째, '부용'이란 항상 집안의 청소를 깨끗이 하고 빨래를 자주 하
여 가족들의 의복을 깨끗이 하고, 목욕을 자주 하여 몸을 깨끗이 하는
일이다.
　　셋째, '부언'이란 법도에 맞는 말을 골라서 하되 예도에 어긋나는
말은 하지 말고, 때와 경우에 맞는 말을 하여 누구나 그 말을 듣기 싫
어하지 않도록 하는 일이다.
　　그리고 넷째, '부공'이란 길쌈과 바느질을 잘하고, 맛있는 음식을 갖

추어 가족의 건강뿐만 아니라 찾아온 손님에게 잘 대접하는 일이다.

4

此四德者 是婦人之所不可缺者 爲之甚易 務之在正
차 사 덕 자 시 부 인 지 소 불 가 결 자 위 지 심 이 무 지 재 정
依此而行 是爲婦節.
의 차 이 행 시 위 부 절

　이 네 가지 덕은 부인으로서는 하나도 빠뜨려서는 안 되는 것이니, 이
를 행하기가 매우 쉽고 힘씀이 올바름에 있으니 이에 의하여 행한다면 이
것이 곧 아내의 범절이 되는 것이다.

【글자 뜻】 缺:이지러질 결, 빠질 결.　甚:심할 심.　易:쉬울 이.　務:힘쓸
　　무.　依:의지할 의.
【말의 뜻】 不可缺:없어서는 안 됨.　爲之甚易:실천하기가 매우 쉬움.　務
　　之在正:힘쓰는 것이 올바름에 있음.　依此而行:이에 의하여 행함.　是
　　爲~:곧 ~이 됨.　婦節:아내가 갖추어 지녀야 할 범절.

【뜻 풀이】 이상의 네 가지 덕행은 아내가 반드시 갖추어야 할 것들이다.
　　이 네 가지 덕행은 실천하기가 매우 쉬워 누구나 할 수 있고, 또 이 네
　　가지 덕행에 힘쓰는 것이 올바른 도리이다. 이에 따라 실천하기만 하
　　면 이것이 곧 아내가 지녀야 할 범절이 되는 것이니 아내 되는 사람은
　　누구나 마땅히 이를 실천하기에 힘써야 한다.

5

太公曰 婦人之禮 語必細.
태 공 왈 부 인 지 례 어 필 세

태공(太公)이 이렇게 말했다.

"아내의 예절은 말이 반드시 가늘어야 한다."

【글자 뜻】 細:가늘 세.

【말의 뜻】 婦人之禮:아내의 예절. 語必細:말이 반드시 가늘어야 함.

【뜻 풀이】 부녀자의 말이 담 밖에까지 들릴 정도로 크고 거칠어서는 안
   된다. 부녀자의 말은 언제나 나직하고 조용하며 수줍음이 깃들어 있
   어야 한다.
   시루스는 "덕망 있는 아내는 남편에게 복종함으로써 남편을 지배한
   다."고 말하고 있다.

6

賢婦令夫貴 惡婦令夫賤.
현 부 령 부 귀 악 부 영 부 천

어진 아내는 남편으로 하여금 귀하게 되게 하고, 악한 아내는 남편으로
하여금 천하게 되게 한다.

【글자 뜻】賢:어질 현. 令:하여금 령. 賤:천할 천.
【말의 뜻】賢婦:어진 아내. 현명한 아내. 令夫貴:남편으로 하여금 귀하
게 되게 함. 남편을 귀하게 만듦.

【뜻 풀이】아내가 현숙하면 가정생활이 행복하고, 가정생활이 행복해야
남편은 밖에 나가 종사하는 일에 열의와 성의를 다할 수 있다. 가정은
가족들의 마음의 안식처이다. 밖에서 일이 뜻대로 되지 않아 화가 나
고 일에 시달려 고달프더라도 일단 집에 돌아오면 모든 것을 잊고 행
복을 느낄 수 있어야 한다. 이 일은 모두 아내의 손에 달려 있는 것이
다.
　　만일 아내의 기분이 나빠 남편을 보자마자 바가지부터 긁는다면 남
편으로서는 마음의 안식처인 가정이 지옥으로 느껴질 것이다. 이런
남편은 밖에 나가서도 마음이 안정되지 않아 일을 제대로 하지 못하
게 된다. 밖에서 일에 시달려 고달픈 몸을 끌고 집에 돌아오면 거기에
는 또 아내의 바가지가 기다리고 있다. 이와 같은 악순환이 계속되면
남편은 결국 무능하고 보잘 것 없는 사나이가 되어 버리고 만다.
　　직장에 나가거나 자영업을 하거나 남편에게는 아내의 내조가 필요

한 이유가 여기에 있는 것이다. 그래서 우리 나라에서는 예로부터 '부부가 잘 만남은 백 가지 복의 근원이다.' 라고 일러오고 있다. 에우리피데스는 "남자의 가장 좋은 재산은 동정심 많은 아내이다."라고 말하고 있다.

그런데 가정의 행복이 아내의 손에만 달려 있는 것이 아니다. 우선 남편이 아내에게 잘해야 한다. 남편이 아내를 진심으로 사랑하고 아내가 마음으로부터 남편을 존경하는 가정, 행복은 이런 가정에만 찾아온다. 결국 가정의 행복이란 서로 이해하고 협조함으로써 획득할 수 있는 것이다.

7

家有賢妻 夫不遭橫禍.
가 유 현 처 부 부 조 횡 화

집에 어진 아내가 있으면 남편은 뜻밖의 재앙을 만나지 않는다.

【글자 뜻】妻:아내 처. 遭:만날 조. 橫:비낄 횡.

【말의 뜻】賢妻:현명한 아내. 不遭:만나지 않음. 당하지 않음. 橫禍:뜻
밖의 재앙.

【뜻 풀이】가정에 착하고 현명한 아내가 있어 남편을 공경하고 가정의 행
복을 이끌어 나간다면, 남편은 즐거운 마음으로 자기가 하는 일에 열
중할 수 있어 그만큼 성공의 길이 빨리 열리게 마련이다. 뜻밖의 재앙
이 비집고 들어올 여지가 없는 것이다.
　뜻밖의 재앙은 대개 가정생활이 원만하지 못한 데서 오는 수가 많
다. 아내가 계속 바가지를 긁으면 남편은 부정을 저지르기 쉽다. 그래
서 플로리오는 "암탉이 울고 수탉이 침묵을 지키는 가정은 불행한 집
안이다."라고 말하고 있다.

賢婦和六親 佞婦破六親.
현 부 화 육 친　영 부 파 육 친

　어진 아내는 육친(六親)을 화목하게 하고, 간악한 아내는 육친의 화목
을 깨뜨린다.

【글자 뜻】 和:화할 화.　佞:아첨할 영, 간사할 영.　破:파할 파.
【말의 뜻】 六親:부모형제 · 처자(父母兄弟妻子)를 말함. 가까운 친척.
　佞婦:간악한 아내.

【뜻 풀이】 가까운 집안이나 친척 사이의 화목은 대개 부녀자들이 하기에 달
　려 있다. 어진 아내는 시부모에게 효도하고 동기간의 우애를 도모하고
　친척들과도 화목하게 지낸다. 그러나 간악한 아내는 시부모를 모시지 않
　으려 하고 동기간의 우애를 끊어 놓고 친척들과도 등을 돌리고 지낸다.
　　우리 나라는 예로부터 '동방예의지국' 이라고 불려 왔다. 그런데 물질
　문명이 밀어닥친 이후로 소위 핵가족이라고 하여 부부간의 생활에만
　힘쓰고 동기간이나 친척들과는 불화하게 지내는 풍조가 널리 만연되고
　있다. 사람들의 마음이 물질에만 얽매여 미풍양속을 헌신짝처럼 내버
　리고 있는 것이다. 실로 한심하기 짝이 없는 일이다.
　　명(明)나라 때의 방정학(方正學)이란 사람은 "터럭 끝 같은 이익 때문
　에 골육의 정을 손상시키지 말라.(勿以懺毫利 傷此骨肉情)"고 말하고
　있다.
　　아내 된 사람들은 시부모를 극진히 모시고 동기간의 우애와 친족 간
　의 화목을 도모함으로써 잊혀지는 미풍양속을 되찾아야 하겠다.

제21장

증보편
(增補篇)

착한 마음을 가꾸어 나가라.

착함을 쌓지 않으면 족히 이름을 이루지 못하고, 악함을 쌓지 않으면 족히 몸을 망치지 않는다.

소인들은 작은 착함으로써는 이익됨이 없다고 하지 않고, 작은 악함으로써는 손상됨이 없다고 버리지 않는다. 그리하여 악함이 쌓여 가릴 수 없고 죄가 커져 풀 수 없게 된다.

서리를 밟으면 굳은 얼음이 된다 하니, 신하가 그 임금을 죽이고 아들이 그 아버지를 죽이는 것이 하루아침이나 하루저녁의 일이 아니라 그 유래가 오래인 것이다.

周易曰　善不積不足以成名　惡不積不足以滅身　小
주역왈　선부적부족이성명　악부적부족이멸신　소

人以小善爲無益而弗爲也　以小惡爲無傷而弗去
인이소선위무익이불위야　이소악위무상이불거

也.　故惡積而不可掩　罪大而不可解.
야　고악적이불가엄　죄대이불가해

《주역(周易)》에서 이렇게 말하고 있다.

"착함을 쌓지 않으면 족히 이름을 이루지 못하고 악함을 쌓지 않으면 족히 몸을 망치지 못하거늘, 소인들은 작은 착함으로써는 이익 됨이 없다고 하지 않고 작은 악함으로써는 손상됨이 없다고 버리지 않는다. 그리하여 악함이 쌓여 가릴 수 없고 죄가 커져 풀 수 없게 된다."

【글자 뜻】周:두루 주. 易:바꿀 역, 쉬울 이. 積:쌓을 적. 滅:멸할 멸. 益:더할 익. 弗:말 불. 傷:상할 상. 去:버릴 거, 갈 거. 掩:가릴 엄. 解:풀 해.

【말의 뜻】周易:《역경(易經)》. 중국 고대의 음양서. 태양(太陽)·태음(太陰)·소양(少陽)·소음(少陰)을 사상(四象)이라 하고 건(乾)·태(兌)·이(離)·진(震)·손(巽)·감(坎)·간(艮)·곤(坤)을 팔괘(八卦)라 하여 복희씨(伏羲氏)가 지었다고 함. 뒤에 주문왕(周文王)이 육십사 괘를 더하여 각 괘에 괘사(卦辭)를 붙여 주역(周易)이라 함.

善不積:착함을 쌓지 않음. 不足以成名:족히 이름을 이루지 못함. 滅身:몸을 망침. 爲無益:이익됨이 없다고 함. 弗爲:하지 않음. 無傷:손상됨이 없다고 함. 弗去:버리지 않음. 惡積而不可掩:악함이 쌓여 가릴 수 없음. 罪大而不可解:죄가 커져 풀 수 없음.

【뜻 풀이】 선행을 쌓아야 이름을 이룰 수 있고 악행을 쌓으면 몸을 망치
게 된다. 그런데 덕이 없는 소인(小人)들은 작은 선행은 쌓아야 소용
이 없다고 하여 행하지 않고 작은 악행은 해도 해로움이 없다고 하여
버리지 못하고 저지른다. 그리하여 드디어는 작은 악들이 쌓여 가릴
수 없게 되고 그 죄가 점점 커져 풀 수 없게 된다.

　그러므로 사람은 비록 작은 선행이라도 꾸준히 쌓아 나가면 이름을
이루고 행복하게 살게 되지만, 사소한 악이라도 계속 쌓아 나가면 드
디어는 그 악을 감출 수 없고 죄가 커져서 재앙을 받게 되는 것이다.

2

履霜堅氷至 臣弑其君 子弑其父 非一旦一夕之事
이 상 견 빙 지 신 시 기 군　자 시 기 부　비 일 단 일 석 지 사
其由來者漸矣.
기 유 래 자 점 의

　서리를 밟으면 굳은 얼음이 된다 하니, 신하가 그 임금을 죽이고 아들
이 그 아버지를 죽이는 것이 하루아침이나 하루저녁의 일이 아니라 그 유
래가 오래인 것이다.

【글자 뜻】 履:밟을 리. 霜:서리 상. 堅:굳을 견. 氷:얼음 빙. 弑:죽일
　시. 旦:아침 단. 由:말미암을 유. 漸:점점 점, 자랄 점.
【말의 뜻】 履霜:서리를 밟음. 堅氷:굳은 얼음. 臣弑其君:신하가 자기 임

금을 죽임. 弑는 신하나 아들이 자기 임금이나 아버지를 죽이는 것을
말함. 一旦一夕:하루아침이나 하루저녁. 由來者:말미암은 것. 유래
된 것. 漸矣:오랜 세월을 두고 점점 이루어진 것.

【뜻 풀이】 서리가 내리면 이윽고 얇은 얼음이 얼고 차차로 두꺼운 얼음이
얼게 된다. 인간의 선행이나 악행도 이와 마찬가지다. 날마다 작은 선
이라도 꾸준히 쌓아올리면 이윽고 마음과 행실이 완전히 선한 쪽으로
굳어 한평생 부귀와 행복을 누리고 자손 대대로 그 복을 받게 된다.
　그러나 아무리 사소한 악행이라도 계속 쌓아 나가면 이윽고 마음과
행실이 완전히 악한 쪽으로 굳어 바늘 도둑이 소도둑 되는 격으로 온
갖 악행을 저질러 패가망신을 당하게 된다.
　임금을 죽이고 부모를 배반할 만큼 악에 물들어 있다면 이는 하루
이틀 사이에 이루어진 것이 아니라 오랜 세월 동안 악행을 저질러 굳
은 얼음처럼 악행이 굳어진 때문이다. 그러므로 우리는 날마다 마음
과 행실을 닦아 악을 멀리하고, 아무리 작은 선행이라도 꾸준히 쌓아
올려야 할 것이다.

제22장
팔반가
(八反歌)

부모를 효도로 섬기는 길.

어린 자식이 혹시 나를 꾸짖으면 내 마음에 기쁨을 느끼고, 부모가 나에게 화를 내시면 내 마음에 도리어 달갑게 여겨지지 않는다.

어린 자식의 오줌똥의 더러운 것은 그대 마음에 싫어함이 없으면서도, 늙은 부모의 눈물과 침 떨어지면 도리어 미워하고 싫어한다.

늙어가는 부모를 공경하여 받들라. 젊으셨을 때 그대를 위하여 힘줄과 뼈가 부서지도록 애쓰셨다.

부모를 봉양함에는 단지 두 분이 계실 뿐인데도 형제간에 서로 다투고, 자식을 기름에는 비록 열 명이라도 그대가 다 혼자 맡아 기른다.

함부로 아이들의 효도를 믿지 말라. 아이들의 아버지요 부모의 자식이 바로 그대 몸이다.

幼兒或詈我 我心覺懽喜 父母嗔怒我 我心反不甘
유 아 혹 리 아　아 심 각 환 희　부 모 진 노 아　아 심 반 불 감

一喜懽一不甘 待兒待父心何懸. 勸君今日逢親怒
일 희 환 일 불 감　대 아 대 부 심 하 현　권 군 금 일 봉 친 노

也應將親作兒看.
야 응 장 친 작 아 간

　어린 아이가 혹시 나를 꾸짖으면 내 마음에 기쁨을 느끼고, 부모가 나에게 화를 내시면 내 마음에 도리어 달갑게 여겨지지 않는다. 하나는 기뻐하고 하나는 달갑지 아니하니, 아이를 대함과 부모를 대함에 마음이 어찌 그리 다른가?

　그대에게 권하노니 오늘 부모의 노여움을 당하거든 또한 응당 부모를 받들어 아이 보듯이 하라.

【글자 뜻】 幼:어릴 유. 詈:꾸짖을 리. 懽:기쁠 환. 嗔:성낼 진. 怒:성낼 노. 反:돌이킬 반. 甘:달 감. 待:기다릴 대. 懸:달 현, 현격할 현. 勸:권할 권. 逢:만날 봉. 也:또 야, 어조사 야. 應:응할 응, 응당 응. 將:장수 장, 장차 장, 받들 장. 看:볼 간.

【말의 뜻】 幼兒:어린 아이. 詈我:나를 꾸짖음. 懽喜:기쁨. 嗔怒:화냄. 不甘:달갑지 않음. 心何懸:마음이 어찌 현격하게 다른가. 勸君:그대에게 권함. 逢親怒:부모의 성냄을 당함. 也應:또한 응당. 將親:부모를 받듦. 作兒看:아이 보듯이 하라.

【뜻 풀이】 나를 낳아 주시고 길러 주시고 가르쳐 주신 부모의 은혜는 태산보다도 높고 하해(河海)보다도 깊다. 그런데도 부모에게는 효성이

부족하면서도 자식들은 끔찍이 사랑하는 것이 현 세태이다.

어린 자식이 자신을 꾸짖으면 귀여운 생각이 앞서 기쁨마저 느낀다. 그러나 부모가 자신을 나무라면 달갑게 여기지 않고 싫어한다. 자식의 꾸중은 이를 기뻐하고 부모의 꾸중은 이를 달갑게 여기지 아니하니 자식을 대하는 마음과 부모를 대하는 마음이 어찌 그리 현격하게 다르단 말인가! 그래서 그대에게 권하거니와 오늘 다시 부모의 꾸중을 듣게 되거든 마땅히 자식을 대할 때처럼 기뻐하라.

다음에 송강 정철의 시조 한 수를 실어 두겠다.

어버이 살아실 제 섬길 일란 다하여라.
지나간 후면 애닯다 어찌하리.
평생에 고쳐 못할 일 이뿐인가 하노라.

2

兒曹出千言 君聽常不厭 父母一開口 便道多閑管.
아 조 출 천 언 　 군 청 상 불 염 　 부 모 일 개 구 　 변 도 다 한 관

非閑管親掛牽 皓首白頭多諳諫. 勸君敬奉老人言
비 한 관 친 괘 견 　 호 수 백 두 다 암 간 　 　 권 군 경 봉 노 인 언

莫教乳口爭長短.
막 교 유 구 쟁 장 단

　　아이들이 천 마디 말을 하되 그대 듣기를 항상 싫어하지 아니하고, 부
모가 한 번 입을 열면 곧 잔소리가 많다고 말한다. 잔소리가 아니라 부모
는 걱정이 되어 그러는 것이니, 흰머리가 되는 동안에 아는 것이 많기 때
문이다.
　　그대에게 권하노니, 노인의 말을 공경하여 받들고 젖내나는 입으로 길
고 짧은 소리 다투어 내는 것을 가르치지 말라.

【글자 뜻】曹:무리 조. 厭:싫을 염. 便:곧 변, 편할 편, 오줌 변. 道:길 도,
　　이를 도. 閑:한가 한. 管:대롱 관, 맡을 관. 掛:걸 괘. 牽:끌 견. 皓:흴
　　호. 首:머리 수. 頭:머리 두. 諳:알 암. 諫:간할 간. 敬:공경 경. 奉:받
　　들 봉. 教:가르칠 교. 乳:젖 유. 爭:다툴 쟁. 短:짧을 단.
【말의 뜻】兒曹:아이들. 자식들. 出千言:천 마디 말을 냄. 不厭:싫어하지
　　않음. 一開口:한 번 입을 열음. 便道~:곧 ~이라고 말함. 閑管:쓸데없
　　이 간섭하는 말. 잔소리. 掛牽:걱정함. 皓首白頭:머리털이 희게 셈.
　　諳諫:잘 아는 것. 敬奉:공경하여 받듦. 莫教:가르치지 말라. 乳口:젖
　　내 나는 입. 어린이의 입. 爭長短:길고 짧은 소리를 다투어 냄.

【뜻 풀이】나무에 비유한다면 조상은 뿌리요 부모는 줄기이고 형제간은

가지이고 자식들은 열매다. 뿌리와 줄기가 없다면 이 몸이 태어나지도 못했을 것이며 열매가 달리지도 못했을 것이다.

예로부터 효도를 백 가지 행실의 근본이라 일컬어 왔다. 그래서 공자께서는 "다섯 가지 형벌의 종류가 삼천 가지나 되지만 불효보다 더 큰 죄는 없다.(五刑之屬三千 而罪莫大於不孝)"고 말씀하신 것이다.

그런데 실제 생활에 있어서는 어떠한가? 자식들이 된 소리, 안 된 소리 지껄여대는 것은 재롱으로 받아들여 귀여워하고, 부모가 모처럼 한마디 하시면 잔소리라고 싫어한다. 그러나 그것은 잔소리가 아니라 걱정이 되어서 하시는 말씀이다. 부모는 머리털이 희어지도록 세상살이를 많이 하셨고 견문도 많아 인생에 대하여 그만큼 깊이 아시는 것이 많기 때문이다.

그대들이여, 마땅히 공경하는 마음으로 부모의 말씀을 받들고, 자식들의 젖내 나는 입으로 마구 지껄여대는 것을 바로잡아 주어야 하지 않겠는가?

여기에 다시 고시조 한 수를 들어 두겠다.

어버이 날 낳으셔 어질과저 길러내니
이 두 분 아니시면 내 몸 나서 어질소냐
아마도 지극한 은덕을 못내 갚아 하노라.

幼兒尿糞穢 君心無厭忌 老親涕唾零 反有憎嫌意.
유 아 뇨 분 예 군 심 무 염 기 노 친 체 타 령 반 유 증 혐 의

六尺軀來何處 父精母血成汝體. 勸君敬待老來人
육 척 구 래 하 처 부 정 모 혈 성 여 체 권 군 경 대 노 래 인

壯時爲爾筋骨敝.
장 시 위 이 근 골 폐

어린 아이의 오줌똥의 더러운 것은 그대 마음에 싫어함이 없으면서도,
늙은 부모의 눈물과 침 떨어지면 도리어 미워하고 싫어한다. 여섯 자의
그대 몸이 어디로부터 왔는고? 아버지의 정기와 어머니의 피로 그대 몸
이 이루어진 것이다.

그대에게 권하노니, 늙어가는 부모를 공경하여 받들라. 젊었을 때 그대
를 위하여 힘줄과 뼈가 부서지도록 애쓰셨다.

【글자 뜻】尿:오줌 뇨. 糞:똥 분. 穢:더러울 예. 厭:싫을 염. 忌:꺼릴
기. 涕:눈물 체. 唾:침 타. 零:비울 령, 떨어질 령. 憎:미워할 증.
嫌:싫어할 혐. 軀:몸 구. 精:깨끗할 정, 정기 정. 汝:너 여. 壯:장할
장. 爾:너 이. 筋:힘줄 근. 骨:뼈 골. 敝:해칠 폐, 부서질 폐.

【말의 뜻】尿糞穢:오줌과 똥의 더러움. 厭忌:싫어함. 涕唾零:눈물과 침
이 떨어짐. 憎嫌意:미워하고 싫어하는 마음. 六尺軀:여섯 자의 몸뚱
이. 父精:아버지의 정기. 汝體:너의 몸. 敬待:공경하여 대접함. 老
來人:늙어가는 사람. 壯時:젊었을 때. 爲爾:너를 위함. 筋骨敝:힘줄
과 뼈가 부서짐.

【뜻 풀이】자기의 자식이 싼 오줌이나 똥은 더럽게 생각하지 않고 치운

다. 그러면서도 부모가 늙어 눈물이나 침을 흘리면 도리어 이를 더럽게 생각하여 싫어한다. 그러나 그대의 몸이 어떻게 해서 생겨났는지를 생각해 보라. 아버지의 정기와 어머니의 피를 받아 그대가 태어난 것이다. 더구나 부모는 그대를 위하여 살이 빠져 잔주름이 지고 뼈가 부서지도록 길러 주시고 가르쳐 주신 것이다. 마땅히 늙으신 부모를 공경하는 마음으로 받들어야 하지 않겠는가!

4

看君晨入市 買餅又買餻 少聞供父母 多說供兒曹.
간 군 신 입 시 매 병 우 매 고 소 문 공 부 모 다 설 공 아 조

親未啖兒先飽 子心不比親心好. 勸君多出買餅錢
친 미 담 아 선 포 자 심 불 비 친 심 호   권 군 다 출 매 병 전

供養白頭光陰少.
공 양 백 두 광 음 소

그대가 새벽에 저자로 들어가 떡 사는 것을 보거니와, 부모에게 드린다는 말은 적게 듣고 아이들에게 준다고 많이 말한다. 부모는 아직 삼키지도 않았는데 아이가 먼저 배부르니, 자식의 마음은 부모가 마음으로 좋아함에 비할 수가 없다.

그대에게 권하노니, 떡 살 돈을 많이 내어 머리가 희어 앞날이 얼마 남지 않으신 부모에게 봉양하라.

【글자 뜻】 看:볼 간. 晨:새벽 신. 餅:떡 병. 餻:떡 고. 供:바칠 공. 說:말씀 설. 啖:먹을 담, 삼킬 담. 飽:배부를 포. 比:견줄 비. 錢:돈 전.

陰:그늘 음.

【말의 뜻】 看君~:그대가 ~하는 것을 봄.   晨入市:새벽에 시장으로 들어
갑.   買餅:떡을 삼.   買餻:떡을 삼.   少聞:적게 들음.   供父母:부모에게
드림.   多說:많이 말함.   親未啖:부모는 아직 삼키지도 않음.   兒先飽:
아이가 먼저 배부름.   不比:견줄 수 없음.   親心好:부모가 마음으로 좋
아함.   買餅錢:떡을 살 돈.   供養:갖다 드려 봉양함.   光陰:세월. 앞날.

【뜻 풀이】 특히 요즈음 사람들은 늙은 부모를 위해서는 잡수실 것을 별로
해 드리지 않으면서도 자식들을 위해서는 여러 가지 먹을 것을 늘 준
비해 두는 것이 사실이다. 어쩌다 부모를 위하여 떡이나 고기를 사오
면 부모는 치아가 시원치 않아 별로 잡수시지도 않았는데 자식들이
다 먹어 먼저 배부르게 된다. 그러므로 부모를 생각하는 마음과 자식
을 사랑하는 마음은 비교가 안 될 만큼 거리가 멀다 하겠다.

　사람이 늙으면 고기가 아니면 배부르지 않고 비단옷이 아니면 따뜻
하지 않은 법이다. 앞으로 살아가실 날이 많지 않으신 부모에게 좀더
잘해 드려야겠다.

5

市間賣藥肆 惟有肥兒丸 未有壯親者 何故兩般看.
시 간 매 약 사 유 유 비 아 환 미 유 장 친 자 하 고 양 반 간

兒亦病親亦病 醫兒不比醫親症. 割股還是親的肉
아 역 병 친 역 병 의 아 불 비 의 친 증 할 고 환 시 친 적 육

動君亟保雙親命.
권 군 극 보 쌍 친 명

    저자 안의 약 파는 가게에 오직 비아환(肥兒丸)은 있고 부모를 튼튼하
게 하는 것은 없으니, 무슨 까닭에 두 가지로 보는가? 아이도 병이 나고
부모도 병이 나면, 아이를 고치는 것은 부모의 병을 고치는 것에 비하지
못할 것이다. 다리를 베어도 도리어 이 부모의 살이다.

    그대에게 권하노니, 빨리 부모의 목숨을 보전케 하라.

【글자 뜻】賣:팔 매. 肆:가게 사. 肥:살찔 비. 丸:둥글 환. 般:가지 반.
   看:볼 간. 醫:의원 의, 고칠 의 症:증세 증. 割:벨 할. 股:다리 고.
   還:돌아올 환, 도리어 환. 的:표적 적, 어조사 적. 亟:빠를 극. 保:보
   전할 보. 雙:쌍 쌍.

【말의 뜻】市間:시중(市中). 賣藥肆:약 파는 가게. 약방. 肥兒丸:아이를
   살찌게 하는 약. 未有:없음. 壯親者:부모를 튼튼하게 하는 약. 兩般
   看:두 가지로 보는가. 醫兒:아이의 병을 고침. 醫親症:부모의 병을
   고침. 割股:넓적다리를 벰. 還是:도리어 곧. 親的肉:부모의 살. 的
   은 之의 뜻. 亟保:빨리 보호함. 雙親命:부모의 목숨.

【뜻 풀이】병이 나도 그렇다. 부모가 병환이 드시면 느긋하게 굴지만
   자식이 병이 나면 지체하지 않고 병원으로 달려간다. 그렇기 때문에

시중 약방에도 아이들을 위한 약은 많지만 늙으신 부모를 건강하게
해 드릴 약은 많이 팔지 않는 것이다.

옛 사람은 부모가 고기를 잡수시고 싶어하시므로 자기 넓적다리
의 살을 베어 부모에게 봉양했다고 한다. 따지고 보면 자신의 넓적
다리도 부모가 주신 살인 것이다. 요즈음에는 굳이 다리의 살을 벨
필요까지는 없다. 마음먹기에 달린 것이다. 미루지 말고 부모가 건
강하게 오래 사시도록 힘써야 하겠다.

6

> 富貴養親易 親常有未安 貧賤養兒難 兒不受饑寒.
> 부 귀 양 친 이　친 상 유 미 안　빈 천 양 아 난　아 불 수 기 한
>
> 一條心兩條路 爲兒終不如爲父. 勸君兩親如養兒
> 일 조 심 양 조 로　위 아 종 불 여 위 부　권 군 양 친 여 양 아
>
> 凡事莫推家不富.
> 범 사 막 추 가 불 부

부귀하면 부모를 봉양하기 쉽지만 부모는 항상 마음이 편치 않고, 가난하고 천하면 아이를 기르기 어렵지만 아이는 배고픔과 추위를 받지 않는다. 한 가지 마음, 두 가지 길에 아이를 위함이 마침 부모를 위하는 것과 같지가 않다.

그대에게 권하노니, 두 부모 섬기기를 아이 기르듯 하고, 모든 일을 집안이 가난한 탓으로 미루지 말라.

【글자 뜻】 易:쉬울 이. 바꿀 역. 常:항상 상. 떳떳 상. 未:아닐 미. 貧:가난할 빈. 賤:천할 천. 難:어려울 난. 受:받을 수. 饑:주릴 기. 條:가지 조. 路:길 로. 終:마침 종. 凡:무릇 범. 推:밀 추.

【말의 뜻】 養親易:부모를 봉양하기가 쉬움. 常有:항상 지니고 있음. 未安:마음이 편치 않음. 미안한 생각. 養兒難:아이 기르기가 어려움. 不受:받지 않음. 饑寒:배고픔과 추위에 떪. 兩條路:두 가지 길. 兩親如養兒:부모 섬기기를 자식 기르듯 함. 凡事:모든 일. 莫推:미루지 말라. 不富:부자가 아님. 가난함.

【뜻 풀이】 돈이 많으면 부모를 봉양하기가 쉽다. 부모를 잘 봉양하면 부

모는 항상 이를 고맙게 여기고 미안한 생각까지 지니고 있다. 이와 반대로 집이 가난하면 자식을 기르기가 어렵지만, 그렇다고 자식들이 배를 주리거나 추위에 떨지 않는다. 하지만 집이 가난하다면 부모를 봉양하는 일은 뒷전으로 미루게 될 것이다. 원래는 하나의 마음이지만 부모를 위하거나 자식을 위하는 두 가지 길에 있어서는 자식을 더 위하고 부모를 덜 위하는 것이 요즈음의 세태다.

그러므로 자식을 사랑하는 마음으로 부모를 성심껏 봉양하여, 부모를 섬기는 모든 일에 있어서 가난하다는 핑계로 부모의 봉양을 소홀히 해서는 안 된다. 효도는 원래 마음에서부터 우러나와야 한다. 설사 아무리 가난하더라도 부모를 위하는 마음만 있으면 얼마든지 부모의 마음을 즐겁고 편안하게 해 드릴 수 있는 것이다.

7

養親只有二人　常與兄弟爭　養兒雖十人　君皆獨自
양 친 지 유 이 인　상 여 형 제 쟁　양 아 수 십 인　군 개 독 자

任.　兒飽煖親常問　父母饑寒不在心.　勸君兩親須
임.　아 포 난 친 상 문　부 모 기 한 부 재 심.　권 군 양 친 수

竭力　當初衣食被君侵.
갈 력　당 초 의 식 피 군 침

　부모를 봉양함에는 단지 두 분이 계실 뿐인데도 항상 형제간에 서로 다
투고, 자식을 기름에는 비록 열 명이라도 그대가 다 혼자 맡아 기른다.
아이들의 배부르고 따뜻함을 부모는 항상 물으시되 부모가 굶주리고 추
위에 떠는 것은 마음에 있지 않다.

　그대에게 권하노니, 부모 봉양하기에 모름지기 힘을 다하라. 당초에 입
으실 것과 잡수실 것을 그대에게 빼앗기셨다.

【글자 뜻】只:다만 지.　爭:다툴 쟁.　皆:다 개.　獨:홀로 독.　任:맡길 임,
　　맡을 임.　煖:따뜻할 난.　須:모름지기 수.　竭:다할 갈.　當:당할 당.
　　初:처음 초.　被:입을 피.　侵:침노할 침.

【말의 뜻】只有二人:오직 두 사람이 있을 뿐임.　與兄弟爭:형제간에 서로
　　다툼.　皆獨自任:다 혼자서 스스로 맡아 기름.　親常問:부모는 항상 물
　　음.　不在心:마음에 없음.　須竭力:모름지기 힘을 다하라.　被君侵:그
　　대에게 빼앗겼음.

【뜻 풀이】요즈음 세상에 흔히 있는 일이다. 부모는 단지 두 분밖에 안 계
　　신데도 서로 모시지 않으려고 형제간에 다툼을 한다. 당신이 나중에

늙었을 때 이런 처지에 놓이게 된다면 얼마나 서운하겠는가? 마치 당신이 자식들을 끔찍이 사랑하고 위하듯이, 부모도 입을 것을 못 입고 못 잡수시면서 당신을 길러냈는데 말이다.

한편 자식들이 아무리 많아도 당연한 것처럼 당신이 다 맡아 기르며 애정을 쏟는다. 이 얼마나 모순된 일인가! 그런데도 부모는 손자들을 그리워하여 잘들 자라느냐고 항상 물으신다. 그렇지만 당신은 부모의 고생이 전혀 마음에 없다. 이래서야 되겠는가? 동방예의지국이라는 우리 나라에서 말이다.

그러므로 당신도 힘을 다해서 부모를 잘 봉양해야 한다. 당신이 어린 시절부터 성인이 될 때까지 기르고 가르치신 부모의 노고를 생각해 보라. 더구나 당신은 부모의 옷과 음식까지 뺏어 입고 먹으면서 자라지 않았는가!

親有十分慈 君不念其恩 兒有一分孝 君就揚其名.
친 유 십 분 자 군 불 념 기 은 아 유 일 분 효 군 취 양 기 명

待親暗待兒明 誰識高堂養子心. 勸君漫信兒曹孝.
대 친 암 대 아 명 수 식 고 당 양 자 심 권 군 만 신 아 조 효

兒曹親子在君身.
아 조 친 자 재 군 신

부모는 한껏 그대를 사랑하시는 마음이 있으나 그대는 그 은혜를 생각하지 아니하고, 자식이 조금이라도 효도함이 있으면 그대는 곧 그 이름을 드날리려 한다. 부모 대접하는 데는 어둡고 자식 대접하는 데는 밝으니, 누가 부모의 자식 기르는 마음을 알 것인가!

그대에게 권하노니, 함부로 아이들의 효도를 믿지 말라. 아이들의 아버지요 부모의 자식이 바로 그대 몸이다.

【글자 뜻】 慈:사랑 자. 念:생각할 념. 恩:은혜 은. 就:나아갈 취. 곧 취. 揚:날릴 양. 暗:어두울 암. 誰:누구 수. 識:알 식. 堂:집 당. 漫:멀 만. 함부로 만. 曹:무리 조.

【말의 뜻】 十分慈:충분한 사랑. 不念其恩:그 은혜를 생각지 않음. 一分孝:조그만 효도. 就:곧. 揚其名:그 이름을 드날림. 待親暗:부모를 대접함에는 어두움. 誰識:누가 알랴! 高堂:부모. 養子心:자식을 기르는 마음. 漫信:함부로 믿지 말라. 親子:부모의 자식.

【뜻 풀이】 우리는 부모의 지극한 사랑을 받으면서 자랐건만 저절로 자란 줄 알고 부모의 은혜는 생각지 않는다. 그러면서도 자기의 자식이 조

금만 효도하면 곧 효자라는 이름을 빛내려 한다. 부모의 애정에는 어둡고 자식의 애정에는 밝으니, 누가 자식을 길러낸 부모의 마음을 알 수 있으랴! 그러니 자식들의 효도를 헛되이 믿지 말라. 당신이 부모에게 효도하면 자연히 자식들도 당신에게 효도하게 될 것이다.

그래서 이 책 '효행편(孝行篇)'에서도 "내가 부모에게 효도하면 자식 또한 나에게 효도한다. 내가 부모에게 효도하지 않는다면 자식이 어찌 나에게 효도하겠는가?"라고 말하였고, 또 "부모에게 효도하고 순종하는 사람은 다시 효도하고 순종하는 아들을 낳고, 부모에게 불효하는 사람은 다시 불효하는 아들을 낳는다."라고 말한 것이다.

제23장
효행 속편
(孝行 續篇)

효도를 행한 사람들의 이야기.

손순(孫順)은 집이 가난하여 아내와 함께 품팔이를 해서 어머니를 봉양
하였다. 그런데 자식이 있어 어머니의 음식을 뺏어 먹자 손순이 아내에
게 말했다.

"아이가 어머니의 음식을 뺏어 먹으니, 아이는 다시 얻을 수 있거니와
어머니는 다시 구하기 어렵다."

상덕(尙德)은 흉년과 전염병을 당하여, 부모가 굶주리고 병환이 들어 돌
아가실 지경이 되었다. 상덕은 자기 넓적다리의 살을 베어 부모에게 드
리고 어머니의 종기를 빨아 낫게 하였다.

도씨(都氏)는 숯을 팔아 어머니의 반찬을 떨어뜨리지 않았다. 하루는 저
자에서 늦게 돌아오는데 솔개가 고기를 채 갔다. 슬피 울며 집에 돌아와
보니 솔개가 이미 고기를 뜰에 떨어뜨려 놓고 갔다.

孫順家貧 與其妻傭作人家以養母 有兒每奪母食.
손 순 가 빈　여 기 처 용 작 인 가 이 양 모　유 아 매 탈 모 식

順謂妻曰 兒奪母食 兒可得母難再求 乃負兒往歸醉
순 위 처 왈　아 탈 모 식　아 가 득 모 난 재 구　내 부 아 왕 귀 취

山北郊外 欲埋掘地 忽有甚奇石鐘 驚恠試撞之 春
산 북 교 외　욕 매 굴 지　홀 유 심 기 석 종　경 괴 시 당 지　용

容可愛. 妻曰 得此奇物 殆兒之福 埋之不可 順以爲
용 가 애　처 왈　득 차 기 물　태 아 지 복　매 지 불 가　순 이 위

然 將兒與鐘還家 懸於樑撞之 王聞鐘聲淸遠 異常而
연　장 아 여 종 환 가　현 어 량 당 지　왕 문 종 성 청 원　이 상 이

覈聞其實 曰昔郭巨埋子 天眼金釜 今孫順埋兒 地出
핵 문 기 실　왈 석 곽 거 매 자　천 사 금 부　금 손 순 매 아　지 출

石鐘 前後符同 賜家一區 歲給米五十石.
석 종　전 후 부 동　사 가 일 구　세 급 미 오 십 석

　　손순(孫順)이 집이 가난하여 그 아내와 더불어 남의 집에 품팔이를 해서 어머니를 봉양했는데 아이가 있어 어머니의 음식을 뺏어 먹었다. 순(順)이 아내에게 일러 말하기를,

　　"아이가 어머니의 음식을 뺏어 먹으니, 아이는 다시 얻을 수 있거니와 어머니는 다시 구하기 어렵다."

　　하고 아이를 업고 취산(醉山) 북녘 기슭으로 가서 아이를 묻고자 땅을 파니 홀연 몹시 기이한 석종(石鍾)이 있거늘, 놀라고 괴이하게 생각하여 시험 삼아 두드리니 그 울리는 모습이 가히 사랑스러웠다. 아내가 말하기를,

　　"이같이 기이한 물건을 얻은 것은 거의 아이의 복이니 아이를 묻는 것은 옳지 않나이다."

하니 순(順)도 그렇게 생각하여 아이와 종을 가지고 집으로 돌아와 종을 대들보에 달고 두드렸다. 왕(王)이 종소리가 맑고 멀리까지 들려 예사가 아님을 알고 그 사실을 조사하여 듣고 말하기를,

　"옛날에 곽거(郭巨)가 아들을 묻음에는 하늘이 금솥을 내려주시더니 이제 손순(孫順)이 아이를 묻음에는 땅에서 석종(石鍾)이 나왔으니 앞뒤가 꼭 맞는다."

　하고 집 한 채를 주고 해마다 쌀 오십 섬씩을 주었다.

【글자 뜻】傭:품팔이 용. 每:매양 매. 奪:뺏을 탈. 謂:이를 위. 乃:이에 내. 負:질 부. 往:갈 왕. 醉:취할 취. 郊:들 교. 欲:하고자 할 욕. 埋:묻을 매. 掘:팔 굴. 忽:홀연 홀. 奇:기이할 기. 驚:놀랄 경. 怪:괴이할 괴. 試:시험할 시. 撞:칠 당. 舂:찧을 용. 殆:거의 태. 將:장수 장, 장차 장, 거느릴 장. 還:돌아올 환. 懸:달 현. 梁:대들보 량. 異:다를 이. 覈:조사할 핵. 實:열매 실, 참 실. 昔:옛 석. 郭:성 곽. 巨:클 거. 賜:줄 사. 釜:솥 부. 符:부적 부, 맞을 부. 區:갈피 구, 거처 구. 歲:해 세. 給:줄 급.

【말의 뜻】孫順:신라 때 모량리(牟梁里) 사람. 傭作人家:남의 집에 가서 품팔이를 함. 每奪母食:항상 어머니가 잡수시는 음식을 뺏어 먹음. 母難再求:어머니는 다시 구할 수 없음. 負兒:아이를 업음. 北郊:북녘 기슭. 欲埋掘地:아이를 묻으려고 땅을 팜. 甚奇:몹시 기이함. 驚怪:놀라고 이상히 여김. 試撞之:시험 삼아 두드림. 舂容:울리는 모습. 殆:거의. 埋之不可:묻는 것이 옳지 않음. 爲然:그렇게 여김. 將兒與鐘:아이와 종을 가지고. 還家:집으로 돌아옴. 懸於樑:대들보에 매달음. 鐘聲淸遠:종소리가 맑고 멀리까지 들림. 異常:예사가 아님. 보통과 다름. 覈聞其實:그 사실을 조사하여 들음. 郭巨後漢:사람으로 효

성이 지극했음. 중국 이십사 孝의 한 사람. 前後符同:옛날 郭巨의 일
과 지금 孫順의 일이 맞아떨어짐. 家一區:집 한 채. 歲給:해마다 줌.

【뜻 풀이】옛날 중국의 곽거(郭巨)란 사람은 자기 아들이 항상 어머니가
잡수시는 음식을 뺏어 먹자 아이를 땅에 묻으려고 구덩이를 팠다. 그
런데 땅속에서 금으로 만든 솥이 나와 금 솥과 아이를 데리고 집으로
돌아왔다. 사람들은 이를 보고 효성이 극진하여 하늘이 내려 주신 것
이라고 말했다.

　　그런데 신라시대 손순(孫順) 역시 어린 자식이 항상 어머니가 잡수
시는 음식을 뺏어 먹는지라, 아내와 상의하고 취산 기슭에 아이를 묻
을 구덩이를 파니 돌로 된 종이 나왔다. 아이와 종을 가지고 집에 돌
아와 대들보에 종을 달고 치니, 그 소리가 맑고 멀리까지 들려 보통
일이 아님을 왕이 알고 사람을 시켜 조사하게 한 다음, 집을 마련해
주고 해마다 쌀 오십 섬씩을 내려 주었다는 얘기다.

　　손순(孫順)은 자기 아내에게 이렇게 말했다.

　　"자식은 다시 낳으면 되지만 어머니는 다시 구할 수 없다."

　　우리들의 부모는 단 두 분뿐이다. 자식을 사랑하고 위하는 마음으
로 부모가 살아계신 동안 정성껏 봉양해야 하겠다.

2

尚德値年荒癘疫 父母飢病濱死. 尚德日夜不解衣
상 덕 치 년 황 려 역 부 모 기 병 빈 사 　 상 덕 일 야 불 해 의

盡誠安慰 無以爲養則 刲髀肉食之 母發癰吮之卽
진 성 안 위 　 무 이 위 양 즉 　 규 비 육 식 지 　 모 발 옹 연 지 즉

癒. 王嘉之賜賚甚厚 命旌其門 立石紀事.
유 　 왕 가 지 사 뢰 심 후 　 명 정 기 문 　 입 석 기 사

　　상덕(尚德)은 흉년과 전염병을 당하여 부모가 굶주리고 병환이 들어 돌아가실 지경이 되었다. 상덕(尚德)이 낮이나 밤이나 옷을 풀지 아니하고 정성을 다하여 편안히 위로해 드리되, 봉양할 것이 없으면 넓적다리 살을 베어서 잡수시게 하였으며 어머니가 종기가 나자 빨아서 곧 낫게 하였다. 왕이 이를 가상하게 생각하여 상을 아주 후하게 내려 주고 그 집에 정문(旌門)을 세우도록 명하고 비석을 세워 이 일을 기록하게 하였다.

【글자 뜻】値:값 치, 당할 치. 荒:거칠 황, 흉년들 황. 癘:염병 려. 疫: 돌림병 역. 飢:주릴 기. 濱:물가 빈, 임박할 빈. 解:풀 해. 盡:다할 진. 誠:정성 성. 慰:위로할 위. 刲:벨 규. 髀:넓적다리 비. 癰:종기 옹. 吮:빨 연. 癒:나을 유. 嘉:아름다울 가. 賚:줄 뢰. 旌:정문 정, 기 정. 紀:적을 기, 해 기, 법 기.

【말의 뜻】尚德:신라시대 사람. 値年荒:흉년을 당함. 癘疫:전염병. 飢病:굶주리고 병들음. 濱死:거의 죽게 됨. 日夜:낮과 밤. 解衣:옷을 풀음. 盡誠:정성을 다함. 安慰:편안하게 위로함. 無以爲養:무엇으로 봉양할 것이 없음. 刲髀肉:넓적다리의 살을 베어냄. 發癰:종기가 남. 吮之卽癒:빨아서 곧 낫게 함. 嘉之:가상하게 여김. 賜賚:상을

내려 줌.　甚厚:아주 후함.　命旌其門:그 가문에 정문을 세우도록 명함.　立石紀事:비석을 세워 그 일을 기록하게 함.

【뜻 풀이】이 글은 신라시대 상덕(尙德)의 뛰어난 효행을 적은 것이다.

　흉년이 든 데다 전염병까지 돌아, 상덕의 부모는 굶주리고 병까지 들어 빈사 상태에 이르게 되었다. 효성이 극진한 상덕은 낮이나 밤이나 옷을 풀지 않고 정성껏 병간호를 하고 봉양했다. 부모가 고기가 잡숫고 싶다고 말씀하시자, 흉년이 들어 고기를 살 돈이 없는지라 상덕은 자신의 넓적다리 살을 베어 고아 드렸다. 또 어머니께서 종기가 나 고생하시자, 상덕은 피와 고름을 더럽게 여기지 않고 종기를 입으로 빨아 낫게 해 드렸다.

　왕이 이 이야기를 듣고 가상하게 여겨 많은 재물을 상으로 내려 주었을 뿐 아니라 그 가문에 정문(旌門)을 세워 상덕의 효행을 기리게 하고 비석을 세워 상덕의 효행을 기록하게 하여 후세 사람들에게 그 효행을 본받게 하였다.

　우리는 상덕과 같은 뛰어난 효행까지는 바라지 않는다. 단지 마음으로부터 우러나온 효도를 부모에게 바치기만 하면 되는 것이다. 그러려면 우선 부모의 마음을 편하게 해 드려야 한다. 모든 인간관계는 물질보다도 마음에 달려 있다. 진심으로 공경하는 마음이 없이 물질만으로 부모의 마음을 편하게 해 드릴 수는 없는 법이다.

　우리가 부모에게서 받은 은혜를 생각한다면 아무리 정성을 다하여 부모에게 효도를 한다고 해도 그 은혜의 백분의 일도 갚지 못할 것이다. 부모가 돌아가시기 전에 부지런히 효성을 베풀어 드려야겠다.

3

都氏 家貧至孝 賣炭買肉 無闕母饌. 一日於市 晚
도 씨 가빈지효 매 탄매육 무 궐모찬 일일어시 만

而忙歸 鳶忽攫肉都悲號至家 鳶旣投肉於庭. 一日
이 망 귀 연홀확육도비호지가 연기투육어정 일일

母病 索非時之紅柿 都彷徨柿林不覺日昏 有虎屢
모 병 색비시지홍시 도방황시림불각일혼 유호루

遮前路 以示乘意 都乘至百餘里山村 訪人家投宿
차 전로 이시승의 도승지백여리산촌 방인가투숙

俄而主人 饋祭飯而有紅柿. 都喜問柿之來歷 且述
아 이주인 궤제반이유홍시 도희문시지내력 차술

己意 答曰 亡父嗜柿故 每秋擇柿二百個 藏諸窟中
기 의 답왈 망부기시고 매추택시이백개 장제굴중

而至此五月則 完者不過七八 今得五十個完者故
이 지차오월즉 완자불과칠팔 금득오십개완자고

心異之 是天感君孝 遺以二十顆 都謝出門外 虎尙
심 이지 시천감군효 유이이십과 도사출문외 호상

俟伏 乘至家 曉鷄喔喔. 後母以天命 終都有血淚.
사 복 승지가 효계악악 후모이천명 종도유혈루

도씨(都氏)는 집은 가난했지만 효성이 지극하였다. 숯을 팔아 고기를 사서 어머니의 반찬을 빠뜨리는 일이 없었다. 하루는 저자에서 늦어 바쁘게 돌아오는데 솔개가 갑자기 고기를 채어가거늘, 도씨(都氏)가 슬피 울면서 집에 이르니 솔개가 이미 고기를 뜰에 던져 놓고 갔다.

하루는 어머니가 병환이 들어 때 아닌 홍시를 찾으시거늘 도씨가 감나무 숲속을 방황하여 날이 저무는 것을 깨닫지 못하다가 호랑이가 있어 앞길을 여러 번 가로막고 타라는 뜻을 나타내는지라, 도씨가 타고 백여 리나 떨어진 산마을에 이르러 인가를 찾아 투숙하였더니 이윽고 주인이 제

삿밥을 차려 내오는데 홍시가 있었다. 도씨가 기뻐서 감의 내력을 묻고
자기의 뜻을 말하니 주인이 대답하여 말하기를,

"돌아가신 아버지께서 감을 좋아하셨으므로 해마다 가을이면 감 이백
개를 골라 굴속에 저장하여 이 5월에 이르면 완전한 것이 7, 8개에 불과
하더니, 이번에는 오십 개의 완전한 것을 얻어 마음에 이상하게 생각하였
더니 이는 하늘이 그대의 효성에 감동하신 것이다."

하고 이십 개를 내어 주거늘 도씨가 사례하고 문밖에 나오니 호랑이가
아직도 엎드려 기다리는지라, 타고 집에 이르니 새벽닭이 꼬끼오 하고 울
었다. 나중에 어머니가 천명으로 돌아가시자 도씨가 피눈물을 흘렸다.

【글자 뜻】都:도읍 도. 賣:팔 매. 炭:숯 탄. 買:살 매. 闕:궐할 궐, 궁궐
궐. 饌:반찬 찬. 晚:늦을 만. 忙:바쁠 망. 鳶:솔개 연. 忽:홀연 홀.
攫:움킬 확. 號:이름 호, 울 호. 旣:이미 기. 投:던질 투. 庭:뜰 정.
索:찾을 색. 紅:붉을 홍. 柿:감 시. 彷:방황할 방. 徨:방황할 황.
覺:깨달을 각. 昏:어두울 혼. 屢:여러 루. 遮:가릴 차. 乘:탈 승.
意:뜻 의. 訪:찾을 방. 宿:잘 숙. 俄:잠시 아. 饋:보낼 궤. 飯:밥 반.
歷:지낼 력. 且:또 차. 述:펼 술. 答:대답 답. 亡:없을 망. 嗜:즐길
기. 每:매양 매. 擇:가릴 택. 藏:감출 장, 저장할 장. 諸:모두 제, 어
조사 제. 窟:굴 굴. 完:완전할 완. 感:느낄 감, 감동할 감. 遺:끼칠
유. 顆:덩이 과. 謝:사례 사. 尙:오히려 상. 俟:기다릴 사. 伏:엎드
릴 복. 曉:새벽 효. 鷄:닭 계. 喔:울 악. 終:마침 종. 淚:눈물 루.

【말의 뜻】都氏:조선 철종(哲宗) 때 사람. 至孝:효성이 지극함. 無闕:빠
뜨림이 없음. 於市:저자에서. 攫肉:고기를 채 감. 悲號:슬피 울음.
非時之紅柿:제철이 아닌 때의 홍시. 不覺日昏:날이 어두워지는 것을
깨닫지 못함. 屢遮前路:앞길을 여러 번 가로막음. 示乘意:타라는 뜻

을 나타냄. 訪人家投宿:인가를 찾아 투숙함. 俄而:이윽고. 饋祭飯:
제삿밥을 차려 내옴. 述己意:자기 뜻을 말함. 亡父:돌아가신 아버지.
嗜柿:감을 좋아함. 藏諸窟中:굴속에 저장함. 諸는 之於의 뜻. 完者:
썩지 않고 용전한 것. 心異之:마음에 이상히 여김. 天感君孝:하늘이
그대의 효성에 감동함. 虎尙俟伏:호랑이가 아직도 엎드려 기다리고
있음. 曉鷄喔喔:새벽닭이 꼬끼오하고 울음. 以天命終:천명으로 돌
아감. 有血淚:피눈물을 흘림.

【뜻 풀이】 지성이면 감천이란 말이 있다. 정성이 지극하면 하늘도 감동한
다는 뜻이다. 효성이 극진하면 하늘도 감동하게 마련이다.

　도씨(都氏)는 집이 가난하여 산에 올라가 숯을 구워서 장터에 갖다
파는 생활을 했다. 그는 효성이 극진하여 숯을 판 돈으로 고기를 사다
가 어머니의 반찬을 떨어뜨리는 일이 없었다.

　그런데 하루는 숯이 늦게 팔려 부지런히 고기를 사서 돌아오는데,
갑자기 솔개란 놈이 나타나 어머니에게 드릴 고기를 채 갔다. 도씨(都
氏)는 어머니가 반찬 없는 진지를 잡수실 것을 생각하고 슬프게 목 놓
아 울었다. 그런데 집에 돌아와 보니 솔개가 그 고기를 이미 마당에
떨어뜨려 놓고 갔다.

　또 한 번은 어머니가 병환이 나셨는데 때 아닌 홍시가 잡수시고 싶
다는 것이었다. 때는 5월이라 홍시가 어디 있겠는가? 그래도 도씨(都
氏)는 감나무 밭에 가서 혹시 홍시가 없는가 하고 살펴보았다. 이윽고
날이 저물어 어두워졌다.

　실망하고 집으로 돌아오려 하는데 갑자기 호랑이 한 마리가 나타나
앞길을 가로막으며 제 등에 타라는 시늉을 했다. 도씨가 타자 호랑이
는 쏜살같이 달렸다. 백여 리나 되는 어느 산마을에 이르자 호랑이는

도씨를 내려놓았다.

도씨는 하는 수 없이 인가를 찾아가 그날 밤을 지내기로 했다. 이윽고 밤중에 주인이 제삿밥을 차려 내왔다. 그런데 거기에 홍시가 있는 것이 아닌가! 도씨는 기뻐서 감의 내력을 묻고 자신의 사정을 얘기했다.

그러자 주인이 말하기를, 오늘은 아버지의 제사로 돌아가신 아버지께서 생전에 홍시를 좋아하셨으므로 해마다 가을이면 좋은 감 이백 개씩 골라 굴속에 저장해 두었다가 5월 아버지 제사에 쓰는데 전에는 항상 7, 8개밖에 성한 것이 없다가 이번에는 무려 오십 개나 성한 것이 나와 이상하게 생각했더니 이는 하늘이 그대의 효성에 감동하신 것이라 하고, 홍시 이십 개를 내어 주었다.

도씨가 감사하다는 인사를 하고 나오니 호랑이가 아직도 엎드려 기다리고 있었다. 다시 호랑이를 타고 집에 이르니 그제야 새벽닭이 홰를 치며 꼬끼오 하고 울었다. 이리하여 도씨는 어머니가 그처럼 잡수시고 싶어하시는 홍시를 드릴 수 있었던 것이다.

뒤에 그의 어머니는 천수를 다 누리고 돌아가셨는데, 이때 도씨는 피눈물을 흘리며 슬피 울었다.

여기에 노계(盧溪) 박인로(朴仁老)의 시조 한 수를 들어 두겠다. 이 시조는 박인로가 한음(漢陰) 이덕형(李德馨)의 집에 갔을 때 일찍 익은 감을 내놓자 돌아가신 어버이를 생각하고 지었다고 전한다.

반중(盤中) 조홍(早紅)감이 고와도 보이나다
유자(柚子) 아니라도 품음직 하다마는
품어가 반길 이 없을 새 그를 설워하노라.

제24장
염의편
(廉義篇)

청렴결백하고 의리를 아는 사람이 되자.

인관(印觀)이 솜을 파는데 서조(署調)가 곡식을 주고 솜을 사갔다. 그런데 솔개가 채어 인관의 집에 떨어뜨렸다. 인관이 그 솜을 서조에게 돌려보내자 서조는 받지 않았다. 곡식을 돌려주려 했으나 그것도 받지 않았다. 두 사람은 솜과 곡식을 시장에 버렸다.

홍기섭(洪蘷燮)은 집이 가난했지만 솥 안에 있는 돈을 쓰지 않았다. 유(劉)가란 사람이 나타나 자기가 두고 간 것이라고 말했지만 끝내 받지 않았다. 홍기섭은 뒤에 판서가 되었다.

고구려 평원왕의 딸이 어려서 울기를 잘했다. 왕이 '바보 온달에게 시집보낸다.'고 말했다. 자라서 공주는 바보 온달에게 시집가, 글과 무예를 가르쳐 남편을 출세시켰다.

印觀賣綿於市 有署調者 以穀買之而還 有鳶攫其
인관매면어시 유서조자 이곡매지이환 유연확기

綿 墮印觀家 印觀歸于署調曰 鳶墮汝綿於吾家 故
면 타인관가 인관귀우서조왈 연타여면어오가 고

還汝. 署調曰 鳶攫綿與汝天也 吾何爲受. 印觀曰
환여 서조왈 연확면여여천야 오하위수 인관왈

然則還汝穀. 署調曰 吾與汝者市二日 穀已屬汝矣
연즉환여곡 서조왈 오여여자시이일 곡이속여의

二人相讓 並棄於市 掌市官以聞王 並賜爵.
이인상양 병기어시 장시관이문왕 병사작

　　인관(印觀)이 장에서 솜을 파는데 서조(署調)라는 사람이 곡식을 주고
솜을 사서 돌아가더니 솔개가 그 솜을 채어 인관(印觀)의 집에 떨어뜨렸
거늘, 인관이 서조에게로 돌려보내며 말했다.

　　"솔개가 그대의 솜을 우리 집에 떨어뜨렸는지라, 그러므로 그대에게
돌려보내는 것이다."

　　그러자 서조가 말했다.

　　"솔개가 솜을 채어 그대에게 준 것은 하늘의 뜻이다. 내가 어찌 받을
수 있겠는가?"

　　인관이 말했다.

　　"그러면 그대의 곡식을 돌려보내리라."

　　서조가 말했다.

　　"내가 그대에게 준 것이 장이 두 번 지났으니 곡식은 이미 그대에게 속
한 것이다."

　　하고 두 사람이 서로 사양하다가 솜과 곡식을 아울러 장에 버리니, 장

을 관리하는 관원이 이를 왕에게 알리고 아울러 벼슬을 주었다.

【글자 뜻】印:도장 인. 觀:볼 관. 綿:솜 면. 署:마을 서. 調:고루 조. 墮:
  떨어질 타. 歸:돌아갈 귀. 于:어조사 우. 汝:너 여. 與:줄 여, 더불 여.
  受:받을 수. 然:그럴 연. 已:이미 이. 屬:속할 속. 讓:사양할 양. 並:
  아울러 병. 棄:버릴 기. 掌:맡을 장, 손바닥 장. 賜:줄 사. 爵:벼슬 작.

【말의 뜻】印觀·署調:신라 사람이라 전해짐. 於市:장에서. 以穀買之:
  곡식을 주고 솜을 삼. 歸于署調:서조에게 돌려보냄. 還汝:그대에게
  돌려줌. 吾何爲受:내가 어찌 받을 수 있는가. 然則:그러하면. 吾與
  汝者:내가 그대에게 준 것이. 市二日:장이 두 번 지났음. 穀已屬汝:
  곡식은 이미 그대에게 속함. 곡식은 이미 그대의 것임. 相讓:서로 사
  양함. 並棄於市:둘 다 장터에 버림. 掌市官:장을 관할하는 관원. 以
  聞王:그것을 왕에게 알림. 並賜爵:두 사람에게 벼슬을 줌.

【뜻 풀이】그야말로 인정이 아름답게 꽃핀 장면이다. 인간이 이처럼 청렴
  결백하고 정의를 자기 목숨보다 더 존중할 때 인간의 존엄성은 살아
  나고 도의 사회가 이루어지는 것이다. 우리 다 같이 청렴결백하고 정
  의를 사랑하는 사람이 되지 않으려는가!
    인관(印觀)은 장에서 솜을 파는 솜 장사였다. 그런데 서조(署調)라
  는 사람이 곡식을 주고 솜을 사 가지고 돌아가는데, 난데없이 솔개란
  놈이 나타나 서조의 솜을 채어 가지고 날아가 그것을 인관의 집에 떨
  어뜨렸다. 인관은 그 솜을 가지고 서조를 찾아가, "그대의 솜을 솔개
  가 내 집에 떨어뜨렸으므로 돌려준다."고 말했지만, 서조는 "솔개가
  내 솜을 채어 그대에게 준 것은 바로 하늘의 뜻이니 내가 어찌 받을
  수 있느냐."고 사양했다.

인관이 "그렇다면 그대 곡식을 돌려주겠다."고 말하자, 서조는 "내가 그 곡식을 그대에게 준 것이 벌써 두 장파 수나 지났으니 곡식은 이미 그대의 것이다."하고 서로 사양하다가 하는 수 없이 솜과 곡식을 장터에 내다버렸다.

이 광경을 본 장을 맡아 다스리는 관원이 이 사실을 왕에게 아뢰어, 왕은 두 사람에게 벼슬을 내려 주었다. 얼마나 아름다운 이야기인가!

2

洪夔燮少貧甚無料 一日早婢兒踊躍獻七兩錢曰
홍기섭소빈심무료　일일조비아용약헌칠량전왈

此在鼎中　米可數石柴可數駄天賜. 公驚曰　是何
차재정중　미가수석시가수태천사　공경왈　시하

金. 卽書失金人推去等字　付之門楣而待俄而姓劉
금　즉서실금인추거등자　부지문미이대아이성유

者 來門書意　公悉言之　劉曰　理無失金於人之鼎內
자　내문서의　공실언지　유왈　이무실금어인지정내

果天賜也　盍取之. 公曰　非吾物何. 劉俯伏曰　小的
과천사야　합취지　공왈　비오물하　유부복왈　소적

昨夜爲窃鼎來　還憐家勢蕭條而施之　今感公之廉
작야위절정래　환련가세소조이시지　금감공지염

价　良心自發　誓不更盜　願欲常侍　勿慮取之. 公卽
개　양심자발　서불갱도　원욕상시　물려취지　공즉

還金曰　汝之爲良則善矣　金不可取　終不受. 後公
환금왈　여지위량즉선의　금불가취　종불수　후공

爲判書 其子在龍爲憲宗國舅　劉亦見信 身家大昌.
위판서　기자재룡위헌종국구　유역견신　신가대창

홍기섭(洪耆燮)이 젊었을 때 헤아릴 수 없을 만큼 몹시 가난하더니, 하루는 이른 아침에 어린 계집종이 기뻐 날뛰며 돈 일곱 냥을 드리며 말했다.

"이 돈이 솥 안에 있는데 쌀 몇 섬이 되고 나무가 몇 바리나 되니, 하늘이 주신 것입니다."

공(公)이 놀라서 말했다.

"이것이 어찌된 돈인고?"

하고 곧 '돈 잃은 사람은 찾아가라.'는 글자를 써서 대문 위에 붙이고 기다리니, 이윽고 유(劉)가라는 성을 가진 사람이 와서 글의 뜻을 묻거늘, 공(公)이 사실대로 다 말하니,

"남의 솥 안에 돈을 잃어버릴 까닭이 없으니 과연 하늘이 주신 것입니다. 어찌하여 취하시지 않습니까?"

했다. 공(公)이 말했다.

"내 물건이 아닌데 어찌하겠는가?"

유(劉)가가 꿇어 엎드려 말했다.

"소인이 어젯밤에 솥을 훔치러 왔다가 도리어 가세가 쓸쓸함을 딱하게 여겨 두고 갔는데, 지금 나리의 청렴하심에 감동하고 양심이 스스로 발동하여 다시는 도둑질을 하지 않기로 맹세하고 항상 옆에서 모시기를 원하오니 염려 마시고 취하소서."

공(公)이 곧 돈을 돌려주며 말했다.

"네가 어질게 되는 것은 좋은 일이나 돈은 취할 수 없다."

하고 드디어 받지 않았다. 뒤에 공(公)이 판서(判書)가 되고 그의 아들 재룡(在龍)이 헌종(憲宗)의 장인이 되었으며, 유(劉)가 또한 신임을 얻어 자신과 집이 크게 번창했다.

【글자 뜻】 洪:넓을 홍. 耆:조심할 기. 燮:화할 섭. 料:헤아릴 료. 뮤:일

찍 조.　婢:계집종 비.　踴:뛸 용, 踊과 같음　躍:뛸 약.　獻:드릴 헌.
鼎:솥 정.　柴:나무 시.　馱:바리 태.　驚:놀랄 경.　失:잃을 실.　推:밀
추, 찾을 추.　付:붙일 부.　楣:상인방 미.　悉:다 실.　果:실과 과, 과연
과.　盍:어찌 아니할 합.　俯:엎드릴 부.　伏:엎드릴 복.　的:표적 적,
어조사 적.　窃:훔칠 절.　還:돌이킬 환, 도리어 환.　憐:불쌍할 련.
勢:형세 세.　蕭:쓸쓸할 소.　條:가지 조, 쓸쓸할 조.　施:베풀 시.　廉:
청렴할 렴.　价:클 개.　誓:맹세할 서.　更:다시 갱.　盜:도둑 도.　侍:모
실 시.　慮:생각 려.　判:판단할 판.　憲:법 헌.　舅:외삼촌 구, 장인 구.
昌:창성할 창.

【말의 뜻】洪夔燮:조선시대 말기 사람으로 판서(判書)를 지냈으며, 청렴
하기로 이름이 높음.　無料:헤아릴 수 없음.　早:이른 아침.　婢兒:어
린 계집종.　踴躍:좋아서 날뜀.　米可數石:쌀이 몇 섬이나 됨.　數馱:몇
바리.　推去:찾아감.　門楣:대문 위.　俄而:이윽고.　來問書意:와서 글
의 뜻을 물음.　悉言之:사실대로 다 말함.　理無:까닭이 없음.　失金於
人之鼎內:남의 솥 안에 돈을 잃어버림.　盍取:어찌 취하지 않는가.　俯
伏:무릎을 꿇고 엎드림.　小的:소인(小人).　爲窃鼎來:솥을 훔치기 위
하여 옴.　還憐:도리어 딱하게 생각됨.　家勢蕭條:집안 형세가 쓸쓸함.
施之:두고 감.　廉价:청렴하고 마음이 큼.　良心自發:양심이 스스로 발
동함.　誓不更盜:다시는 도둑질하지 않기로 맹세함.　願欲常侍:항상
모시고자 원함.　勿慮:염려하지 않음.　不可取:취할 수 없음.　爲判書:
판서(判書)가 됨.　在龍:홍기섭의 아들로 헌종(憲宗)의 장인이 되어 益
豊府院君에 봉함.　國舅:왕의 장인.　見信:신임을 얻음.　身家大昌:자
신과 집안이 크게 번창함.

【뜻 풀이】이 책 첫머리에 "선행을 하는 사람에게는 하늘이 복을 주고 악

행을 하는 사람에게는 하늘이 재앙을 준다."는 공자(孔子)의 말씀이 있거니와, 이 글의 주인공인 홍기섭(洪蘷燮)이야말로 청렴결백한 올바른 마음을 지니어 복을 받은 예라고 하겠다.

　홍기섭은 젊었을 때 집이 몹시 가난하여 끼니를 걱정하는 형편이었다. 그런데 어느 날 아침, 어린 계집종이 부엌에 들어가 솥뚜껑을 열어 보니 돈 일곱 냥이 들어 있지 아니한가! 계집종은 기뻐서 날뛰며 그 돈을 상전인 홍공(洪公)에게 갖다 드리며,

　"이 돈이 솥 안에 들어 있었습니다."

　라고 말했다. 그 돈이면 쌀도 몇 섬 살 수 있고 땔나무도 몇 바리 들여놓을 수 있었다. 그래서 계집종은 좋아한 것이다. 그런데 홍공(洪公)은 곧 '돈을 잃어버린 사람은 찾아가라.' 는 글을 써서 대문 위에 붙여 놓고 기다리는 것이었다.

　이윽고 성이 유(劉)가인 사람이 찾아와 글의 뜻을 묻는지라 홍공(洪公)은 사실 그대로 말해 주었다. 그러자 유(劉)가는,

　"남의 집 솥 안에 돈을 잃어버릴 사람이 어디 있습니까? 이것은 하늘이 주신 것이니 염려 마시고 거두어 가지십시오."

　하고 말했다. 그러나 홍공(洪公)은,

　"이 돈은 내 물건이 아닌데 어찌 내가 가질 수 있는가?"

　하고 말했다. 그러자 유(劉)가는 홍공(洪公)의 청렴결백함에 감동되어 사실을 고백했다.

　"사실은 간밤에 소인이 댁의 솥을 훔치려고 부엌에 들어가 보니 집안이 너무 쓸쓸하고 찬바람이 불어, 제가 가지고 있던 돈을 솥 안에 넣고 간 것입니다. 나리의 청렴하고 곧은 마음에 감동되어 제 양심이 눈떠 다시는 도둑질을 하지 않고 인생을 떳떳하게 살기로 결심했습니다. 그리고 항상 나리 곁에서 모시고 싶사오니 염려 마시고 가지시옵

소서."

이 말을 들은 홍공(洪公)은 즉시 돈을 그에게 돌려주며,

"네가 착해지는 것은 좋은 일이지만 돈은 받을 수 없다."

라고 말하고 끝내 받지 않았다고 한다.

웬만한 사람 같으면 끼니를 끓이지 못하는 판국인데 돈을 보고도 자기 것이 아니라고 물리칠 수 있겠는가?

이와 같이 청렴결백하고 올바른 마음을 지니고 있었기 때문에 나중에 홍공(洪公)은 지금의 장관인 판서(判書) 벼슬을 지내게 된 것이다.

선한 씨앗을 뿌리면 자손도 복을 받게 마련이다. 홍공(洪公)의 아들인 홍재룡(洪在龍)은 조선시대 24대 왕인 헌종(憲宗)의 장인이 되어 익풍부원군(益豊府院君)에 봉해져 부귀와 영화가 절정에 이르렀다. 또 홍공(洪公)에게 감화를 받은 유(劉)가 역시 그 이후로 마음을 고쳐 성실하게 살았기 때문에 홍공(洪公)의 신임을 얻어 그 자신과 집안이 크게 번창하여 행복을 누리며 살았다고 한다.

3

高句麗平原王之女 幼時好啼 王戲曰 以汝將歸于
고구려평원왕지녀 유시호제 왕희왈 이여장귀우

愚溫達. 及長欲下嫁于上部高氏 女以王不可食言
우온달 급장욕하가우상부고씨 여이왕불가식언

固辭終爲溫達之妻. 蓋溫達家貧 行乞養母 時人目
고사종위온달지처 개온달가빈 행걸양모 시인목

爲愚溫達也. 一日溫達自山中 負楡皮而來 王女訪
위우온달야 일일온달자산중 부유피이래 왕녀방

見曰 吾乃子之匹也 乃賣首飾而買田宅器物 頗富
견왈 오내자지필야 내매수식이매전택기물 파부

多養馬以資溫達 終爲顯榮.
다양마이자온달 종위현영

고구려 평원왕(平原王)의 딸이 어렸을 때 잘 울더니, 왕이 희롱하여 말했다.

"너로 하여금 장차 바보 온달(溫達)에게로 시집보내리라."

자람에 이르러 상부(上部) 고씨(高氏)에게로 시집보내려 하니, 딸은 왕이 식언(食言)하는 것은 옳지 않다 하여 굳이 사양하고 마침내 온달의 아내가 되었다.

대저 온달은 집이 가난하여 돌아다니며 구걸하여 어머니를 봉양하니 그때 사람들이 이를 보고 바보 온달이라 하였다. 하루는 온달이 산속으로부터 느릅나무 껍질을 지고 돌아오니 왕녀(王女)가 찾아와 서 말하였다.

"나는 곧 그대의 아내입니다."

하고 이에 머리의 장식을 팔아 밭과 집과 기물을 사서 몹시 부유해지고 말을 많이 기름으로써 온달을 도와 마침내 이름을 빛내고 영달하게 되었다.

【글자 뜻】麗:고울 려.　原:들 원.　啼:울 제.　戱:희롱할 희.　將:장차 장,
장수 장.　歸:돌아갈 귀, 시집갈 귀.　愚:어리석을 우.　溫:따뜻할 온.
達:달할 달.　及:미칠 급.　長:긴 장, 자랄 장.　嫁:시집갈 가.　固:굳을
고.　辭:말씀 사, 사양할 사.　蓋:대개 개, 덮을 개.　乞:빌 걸.　負:질
부.　楡:느릅나무 유.　皮:가죽 피.　訪:찾을 방.　子:아들 자, 자네 자,
그대 자.　匹:짝 필.　首:머리 수.　飾:꾸밀 식, 장식 식.　宅:집 택.　器:
그릇 기.　頗:자못 파.　養:기를 양.　資:바탕 자, 재물 자, 도울 자.
顯:나타낼 현.　榮:영화 영.

【말의 뜻】平原王:고구려 25대 임금.　好啼:울기를 잘함.　戱曰:희롱으로
말함.　以汝:너로써. 너로 하여금.　歸于愚溫達:바보 온달에게 시집보
냄.　溫達:처음에는 바보 온달로 불렸지만 왕녀의 도움으로 글과 무예
를 익혀 많은 무공을 세웠음.　及長:성장함에 이르러.　下嫁:왕녀를 백
성에게 시집보냄.　上部高氏:당시의 귀족.　以王不可食言:왕으로서 거
짓말하는 것은 옳지 않음.　固辭:굳이 사양함.　行乞:돌아다니며 구걸
함.　時人:그때 사람들.　楡皮:느릅나무 껍질.　訪見:찾아와 봄.　吾乃
子之匹:나는 곧 그대의 배필임.　首飾:머리에 꽂은 장식품.　田宅器物:
밭과 집과 세간살이.　頗富:몹시 부자가 됨.　多養馬:말을 많이 기름.
資溫達:온달을 도움.　顯榮:이름을 날리고 부귀영화를 누림.

【뜻 풀이】이것은 너무나 유명한 바보 온달의 이야기이다.
　　고구려 평원왕의 딸이 어릴 때 울기를 잘했다. 평원왕은 농담으로
바보 온달에게 시집보내겠다고 말했다. 그런데 그 공주가 장성하자
상부 고씨 집안으로 시집보내려 하니, 공주는 "예사 사람도 거짓말을

하면 안 되는데 더구나 왕이 거짓말을 하는 것은 옳지 않다."고 고집
하여 온달의 아내가 되었다.

원래 온달은 집이 가난하여 돌아다니며 구걸을 하여 어머니 봉양을
했다. 그래서 당시 사람들은 그를 '바보 온달'이라고 불렀으며, 이것
이 왕의 귀에까지 들어갔던 것이다.

하루는 온달이 산에 들어가 느릅나무 껍질을 벗겨서 지고 집으로
돌아오니 공주가 찾아와 기다리고 있다가, "나는 바로 그대의 아내입
니다."하고 말하는 것이었다.

공주는 곧 가지고 온 금은과 패물을 팔아 집과 논밭을 장만하고 많
은 세간을 들여놓아 온달은 큰 부자가 되었다. 또 많은 말을 길러 가
세를 부유하게 하는 한편, 온달에게 글과 무예를 가르쳐 나중에 많은
무공을 세워 입신양명하고 부귀영화를 누렸다 한다.

사람은 항상 거짓을 말해서는 안 된다. 거짓말을 하면 남을 속이기
에 앞서 자기의 마음을 속이는 것이 되기 때문이다.

제25장
권학편
(勸學篇)

젊은 시절에 배움에 힘쓰라.

오늘 배우지 아니하고서 내일이 있다고 이르지 말며, 금년에 배우지 아니하고서 내년이 있다고 이르지 말라.

소년은 늙기 쉽고 배움은 이루기 어려우니, 한 치의 시간이라도 가벼이 해서는 안 된다. 아직 연못가 봄풀의 꿈을 깨기도 전에 뜰 앞의 오동잎은 이미 가을 소리를 낸다.

젊은 나이는 거듭 오지 아니하고, 하루에는 새벽이 두 번 있지 않다.

때가 이르거든 마땅히 배움에 힘쓰라. 세월은 사람을 기다리지 않는다.

반걸음이 쌓이지 않으면 천 리에 이르지 못하고, 작은 흐름이 쌓이지 않으면 큰 강을 이루지 못한다.

朱子曰 勿謂今日不學而有來日 勿謂今年不學而
주자왈 물위금일불학이유내일 물위금년불학이

有來年. 日月逝矣 歲不我延 嗚呼老矣 是誰之愆.
유내년 일월서의 세불아연 오호노의 시수지건

주자(朱子)가 이렇게 말했다.

"오늘 배우지 아니하고서 내일이 있다고 이르지 말며,

금년에 배우지 아니하고서 내년이 있다고 이르지 말라.

날과 달이 지나간다. 세월은 나를 위해서 더디 가지 아니하니,

슬프다! 늙었구나, 이 누구의 허물인가?"

【글자 뜻】謂:이를 위. 逝:갈 서. 歲:해 세. 延:끌 연, 뻗을 연. 嗚:슬플
오. 呼:부를 호, 숨 내쉴 호, 슬플 호. 誰:누구 수. 愆:허물 건.

【말의 뜻】勿謂:이르지 말라. 말하지 말라. 日月逝矣:날과 달은 지나간
다. 歲不我延:세월은 나를 위하여 더디 가지 않음. 嗚呼:슬프다. 是
誰之愆:이것이 누구의 허물인가.

【뜻 풀이】공자(孔子)는 '삼계도(三計圖)'에서 "일생의 계획은 어릴 때에
있다."고 말씀하시고, "어려서 배우지 아니하면 늙어서 아는 것이 없
다."고 말씀하셨다. 사람은 평생 동안 꾸준히 배워야 하지만 특히 어
린 시절에 배움을 게을리하면 늙어서 반드시 후회하게 된다.

　　사람이 인생을 살아가는 것은 언제나 '오늘'에 사는 것이다. 어제
에 살 수도 없고 내일에 살 수도 없다. 그러므로 항상 '오늘'을 성실
히 살아야 하는 것이다.

배움만 하더라도 그렇다. 앞으로 날이 많은데 오늘 하루쯤 배우지 않으면 어떠랴 하는 생각은 버려야 한다. 금년에는 놀고 내년에 공부하자 하는 것은 더욱 나쁘다.

세월은 사람을 기다리지 않고 계속 흘러간다. 한 번 흘러간 강물이 다시 제자리로 돌아올 수 없듯이 한 번 흘러간 세월을 다시 찾을 수가 없는 것이다. 어물어물하다 보면 인생은 이미 늙어 있기 마련이다. 어리고 젊었을 때 부지런히 배우자. 늙은 뒤에 후회한들 무슨 소용이 있는가! 그리고 그것이 누구의 잘못인가! 우리 다 같이 책임 있는 인생을 살도록 노력하자!

2

少年易老 學難成 一寸光陰 不可輕. 未覺池塘 春
소년이로 학난성 일촌광음 불가경 미각지당 춘

草夢 階前梧葉 已秋聲.
초몽 계전오엽 이추성

소년은 늙기 쉽고 배움은 이루기 어려우니,

한 치의 시간이라도 가벼이 해서는 안 된다.

아직 연못가 봄풀의 꿈을 깨기도 전에

뜰 앞에 오동잎은 이미 가을 소리를 낸다.

【글자 뜻】難:어려울 난. 陰:그늘 음. 輕:가벼울 경. 覺:깨달을 각. 池:
못 지. 塘:못 당. 夢:꿈 몽. 階:섬돌 계. 梧:오동 오. 葉:잎 엽.

【말의 뜻】少年易老:소년은 늙기 쉬움. 學難成:배움은 이루기 어려움.
一寸光陰:한 치의 광음. 짧은 시간. 不可輕:가벼이 해서는 안 됨. 未
覺:아직 깨지 못함. 池塘:연못. 春草夢:봄풀의 꿈. 봄날의 꿈. 階前:
섬돌 앞. 뜰 앞. 梧葉:오동잎. 已秋聲:벌써 가을 소리를 냄.

【뜻 풀이】이 시도 주자(朱子)가 지은 것이다.

세월은 빨리 흘러가 어린이가 곧 소년이 되고 청년이 되고 장년이
되고 늙어서 죽게 마련이다. 시간은 누구에게나 같다. 부지런히 배우
고 열심히 노력하는 사람은 성공을 거두지만, 학문을 게을리하고 불
성실하게 사는 사람에게는 실패의 쓴잔이 돌아올 뿐이다. 또, 한 번밖
에 태어나지 못하는 소중한 인생을 헌신짝처럼 팽개치거나 취생몽사
(醉生夢死)할 수는 없는 노릇이다.

소년은 늙기 쉽고 학문이나 기술을 이루기는 어려우니, 아무리 짧은 시간이라도 가볍게 생각해서는 안 된다. 소년 시절에 부지런히 학문과 기술을 배우고 익혀야 한다. 아직 봄날의 꿈을 깨기도 전에 뜰 앞의 오동잎은 가을 소리를 낼 만큼 세월은 빨리 지나간다.

3

陶淵明詩云 盛年不重來 一日難再晨. 及時當勉勵
도 연 명 시 운   성 년 부 중 래   일 일 난 재 신   급 시 당 면 려
歲月不待人.
세 월 부 대 인

도연명(陶淵明)의 시에 이렇게 말하고 있다.

"젊은 나이는 거듭 오지 아니하고
하루에는 새벽이 두 번 있지 않다.
때가 이르거든 마땅히 배움에 힘쓰라.
세월은 사람을 기다리지 않는다."

【글자 뜻】陶:질그릇 도. 淵:못 연. 盛:성할 성. 重:거듭 중. 晨:새벽
    신. 及:미칠 급. 勉:힘쓸 면. 勵:힘쓸 려. 待:기다릴 대.
【말의 뜻】陶淵明:동진(東晉)의 시인. 이름은 잠(潛). 팽택(彭澤)의 원이
    되었으나 부패한 정치로 인하여 벼슬을 버리고 고향으로 돌아가며
    유명한 《귀거래사(歸去來辭)》를 지었음. 盛年:젊은 나이. 不重來:거
    듭 오지 않음. 難再晨:새벽은 두 번 오지 않음. 及時:때가 이름. 當

勉勵:마땅히 (학문에) 힘쓰라.　歲月不待人:세월은 사람을 기다리지 않음.

【뜻 풀이】 하루에 새벽이 두 번 오지 않듯이 젊은 시절은 두 번 오지 않는다. 그러므로 젊은 시절에 마땅히 학문과 기술을 배우기에 힘써야 한다. 세월은 잠시도 쉬지 않고 흘러간다. 개인의 사정 같은 것은 돌보지 않고 계속 흘러만 가는 것이다.

　마치 농부가 봄철에 씨앗을 뿌리고 여름 동안 부지런히 북돋우고 가꿔야 가을에 좋은 수확하듯이, 인생도 젊은 시절에 부지런히 배움에 힘써야 성공을 거둘 수 있는 것이다.

　베이컨은 "지식은 힘이다."라고 말했고, 강태공(姜太公)은 "사람이 배우지 아니하면 마치 어두운 밤길을 가는 것과 같다."고 말했다. 어리고 젊은 시절에 부지런히 배움에 힘써야겠다.

4

荀子曰 不積蹞步 無以至千里 不積小流 無以成江河.
순 자 왈 부 적 규 보 무 이 지 천 리 부 적 소 류 무 이 성 강 하

　순자(荀子)가 이렇게 말했다.
　"반걸음이 쌓이지 않으면 천 리에 이르지 못하고, 작은 흐름이 쌓이지 않으면 큰 강을 이루지 못한다."

【글자 뜻】 荀:풀이름 순.　積:쌓을 적.　蹞:반걸음 규.　步:걸음 보.　至:이

를 지. 流:흐를 류. 河:물 하.

【말의 뜻】不積:쌓지 않음. 蹞步:반걸음. 無以至:이르지 못함. 小流:작은 흐름. 無以成:이루지 못함. 江河:큰 강. 양자강과 황하.

【뜻 풀이】우리 나라 속담에 '천 리 길도 한 걸음부터.'라는 말이 있고, 또 '공든 탑이 무너지랴.'라는 말이 있다. 인생에 있어서의 모든 일은 하루아침에 이루어지지 않는다. 성실하게 꾸준히 노력을 쌓아올려야 비로소 목적지에 도달할 수 있는 것이다. 마음을 닦아 선행을 쌓는 일이나 교양을 쌓는 일이나 행복을 얻는 일이나 성공을 거두는 일 모두가 그렇다.

인생은 목표를 설정하고 그 목표 달성을 위하여 꾸준한 노력을 기울여야 한다. 목표가 없는 인생은 움직일 뿐이지 사는 것이라고 할 수 없다. 더구나 하루아침에 벼락부자가 되려는 허망한 꿈을 지녀서는 안 된다. 공들여 쌓아올린 탑은 무너지지 않게 마련인 것이다.

꾸준히 걸어가지 않으면 천 리 길을 가지 못하고, 작은 흐름들이 모여서 큰 강이 이루어지는 법이다. 목표를 가지고 하루하루의 생활을 성실하게 해 나가는 길만이 성공에 이르는 방법인 것이다.

세상을 보는 눈과
마음을 키우는 책!

온고지신(溫故知新)

'온고(溫故)'는 옛것을 익힌다는 뜻이고, '지신(知新)'은 새것을 안다는 뜻으로
새로운 것을 알기 위해서 옛것을 익히고 배워야 한다.

학문을 키워주는 미래로의 산책

온고지신
인문학